LE
TOUR DE LA FRANCE
PAR DEUX ENFANTS
D'AUJOURD'HUI

PIERRE ADRIAN

CHEZ LE MÊME ÉDITEUR

La Piste Pasolini, 2015.
Des âmes simples, 2017.

Pierre Adrian

Philibert Humm

LE
TOUR DE LA FRANCE
PAR DEUX ENFANTS
D'AUJOURD'HUI

ÉQUATEURS

www.equateurs.fr
contact@editionsdesequateurs.fr

À nos mamans.

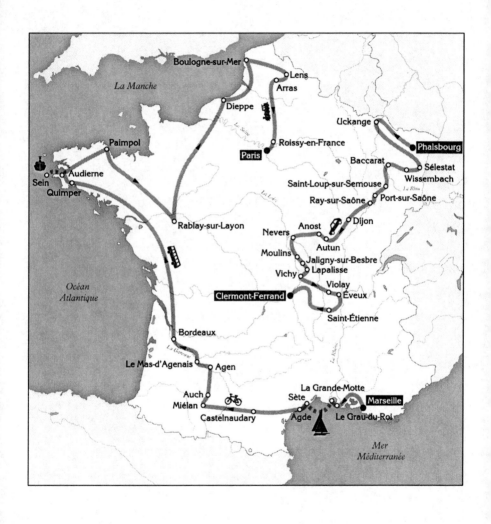

Première partie

I. – Le départ de Pierre et Philibert.

Il y avait à Phalsbourg quatre auto-écoles. Une cinquième allait ouvrir, à la mi-juin. Avec les marbreries et les agences immobilières, le commerce roulait fort. Passé dix-sept ans, la jeunesse s'y ruait, potassait l'examen du code, avant celui de la conduite. L'idée étant à terme de foutre le camp, d'aller voir ailleurs si nous y étions. Tous, ici, rêvions de plus grand, de plus neuf, de moins chagrin. Nous étions la génération de la crise, celle du pas de pot mes enfants, mais il faudra passer votre tour. Mauvaise pioche. Une époque particulière, non de vaches maigres – nous étions gavés –, mais de vaches tristes, anémiques.

J'avais roulé Pierre alors qu'il amassait une mousse, au café-bar Au Cheval Noir. Nous étions presque enfants et pas encore adultes. Majeurs et pas tout à fait vaccinés. À la fête foraine, je regardais les filles mais préférais les gaufres.

Comme une mouche vous pique, nous voulûmes à notre tour décamper. Je n'avais pas le permis mais je savais des blagues. Pierre avait le sien et ne supportait pas la solitude. Tout indiquait qu'il fallait faire équipe. Le grand départ étant fixé au lendemain, j'avais rempli deux vieilles malles, l'une de livres, l'autre de chaussettes. Lui se contenterait, je le savais, d'un sac banane et de ces cinq objets : ficelle, crayon, carnet, mouchoir et casquette Pirelli. Ce soir, je ne reprendrai pas deux fois des nouilles, j'irai me coucher de bonne heure, avant la fin du feuilleton. Et seul sous ma couette, je fixerai au plafond les étoiles de plastique phosphorescent. Demain à onze heures, nous serions partis.

II. – Une auto de l'avant-dernier cri : la Peugeot 204.

Je tournais la clé depuis un moment. Et mon pied forçait la pédale d'accélérateur. Ça ne voulait pas. La voiture ahanait, faisait semblant. Fallait nous voir, tous les deux, dans ma vieille 204. Il faisait un froid canaille. La buée condamnait le pare-brise, la carrosserie était trempée. Le confort 1975 avait pris du vieux. L'air se glissait à travers les portières. Les vitres étaient fines comme du papier. Ce matin-là, on était lourds, emmitouflés dans nos manteaux, en lutte contre la fraîcheur mosellane. Le coffre était rempli des valises de Philibert. La banquette arrière aussi. Je traînais une Parisienne en vacances. Et la voiture ne démarrait pas.

« Ça va y aller, ça va y aller, tu vas voir que ça va y aller. »

Philibert me voulait plus insistant. Il tripotait le starter au risque de noyer le moteur. Il s'agitait, cherchait des choses dans ses poches, se retournait vers la banquette arrière. Ma belle banquette couleur sable qu'il étouffait sous ses valoches. La voiture tanguait.

J'appuyai lentement sur l'accélérateur, comme on donne son biberon à un nouveau-né. On s'est regardés avec satisfaction. Je n'avais plus qu'à tourner dix fois le volant dans un sens puis dans l'autre pour quitter notre place, devant l'Hôtel Erckmann-Chatrian. Philibert repoussait la buée d'un revers de bras. Je comprenais mieux pourquoi il ne quittait jamais sa canadienne. Multipoche, torchon, radiateur, sac de couchage... Le manteau de son grand-père était devenu sa deuxième peau. Pour sûr, ça nous servirait au cours de cette drôle d'équipée.

La 204 avançait lentement dans Phalsbourg, en seconde vitesse. Nous cherchions la porte de France, départ de notre aventure.

On en avait rêvé de ce voyage. C'était une sorte de pari, et le livre d'Augustine Fouillée, dite G. Bruno, traînait depuis longtemps sur nos chevets. On avait sorti les cartes et retracé le voyage exact d'André et Julien Volden. Des générations d'écoliers avaient appris l'histoire et la géographie de France, avec *Le Tour de la France par deux enfants*. En classe, ils avaient ouvert le manuel des cours moyens et s'étaient évadés avec les frères Volden. Le livre de quelque trois cents pages, maquillées de gravures et de cartes, avait tenu pendant des décennies, là où les manuels nouvelle génération ne résistent pas cinq ans. Et si les livres scolaires traumatisent, celui-là avait laissé derrière lui le parfum des grandes vacances et la vue d'un ciel bleu par la fenêtre d'une école. On n'en avait pas gardé la morale républicaine dévote et réductrice. Le livre d'Augustine Fouillée était resté comme le voyage initiatique de deux garçons de sept et quatorze ans, avec la France des régions à portée de main : ses métiers, ses monuments, ses grands hommes... Sur la route, un homme à qui nous raconterons notre piste répondra : « *Le Tour de la France par deux enfants* ? Bien sûr : c'est André et Julien Volden ! » Pour ceux qui avaient lu le livre, il n'y avait plus que deux gosses en liberté. Et voilà ce que nous voulions être, afin de tirer, aujourd'hui, le film négatif des photographies d'alors. Voyager avec ce petit éloge de la sobriété et de la prudence ; passer notre temps à le trahir. Nous serions des irréguliers, des égarés, à une époque où le bonheur privé avait remplacé le bonheur public. Patrie, maison, famille, conseillait Augustine Fouillée. Éduqués sans les souvenirs d'aucune guerre, sans passion pour le travail, nous réclamions : les copains et la route.

Depuis 1877, la France avait bien changé. Des villes nouvelles étaient nées, d'autres avaient périclité, mais le gros des communes restait en place. Avec Philibert, on voulait faire au mieux. Suivre la route des enfants et se permettre quelques incartades en pays étrangers. Faire un pas de côté sur la carte. Surtout, il fallait qu'on s'égare un peu. Les trains à grande vitesse, les autoroutes et le GPS avaient supprimé le goût d'un risque : celui de se perdre. On filait sur des routes à quatre voies sans une halte dans les sous-préfectures. Le Morvan, le Gâtinais, le Perche, le Beaujolais… Je voulais enfin les situer sur une carte. Alors on ne payerait pas une section péage. On prendrait le chemin des écoliers. Départementales, nationales, et roule ! On dormirait dans des petites chambres d'hôtel en centre-ville, chez des amis et chez des amis d'amis. On dormirait dans notre vieille 204 s'il le fallait. Ouais, on serait les Kerouac lorrains. Et j'avais bien veillé à ce qu'une fiole de whisky valdingue toujours entre nos pattes. Philibert serait Julien Volden, le cadet, et moi André, l'aîné. Le choix avait été facile. Je savais conduire, et lui se laissait trimballer. L'affaire était réglée.

On était copains depuis la classe de cinquième. Que restait-il de notre enfance ? De nos virées à vélo, des renvois disciplinaires du collège, des nuits de gel sous la tente, de la ferveur des stades de football ? Conduire une voiture et avoir de l'argent étaient déjà des affaires d'adulte. Mais il devait bien rester quelque chose en nous. On passait un test, d'une certaine manière.

Nous partions donc voir la France, et tout début est fascinant. Les points de départ donnent une origine minuscule à l'immensité d'un voyage. On allait en voir des villages, et du bitume, des routes, des bistrots… Nous en étions aux premiers pas, au kilomètre zéro. Derrière la porte de France, le pays s'ouvrirait, infini. L'aventure serait à nous, pour de vrai cette fois. Hors manuel scolaire ou voyage de classe.

Nous roulions dans une ville cernée. Prise en étau entre la France et l'Allemagne, annexée, assiégée… Traverser Phalsbourg, ce serait faire les cent pas dans le bureau des douanes. Un espace indéfini et trouble entre deux frontières. À l'est, la porte d'Allemagne s'ouvrait comme un entonnoir sur la route de Saverne. Elle entrevoyait les Vosges. À l'ouest, c'était le grand terminus de la nationale 4. Et la fameuse porte de France tout en pierre mauve. La principauté de Phalsbourg fut annexée par Louis XIV en 1661. La ville devint une forteresse entre la Champagne et l'Alsace. Vauban y était pour quelque chose. Voilà ce qui donnait à Phalsbourg les formes d'un corps recroquevillé. Un petit corps en boule entre les États de Lorraine, où les maisons semblaient tassées les unes sur les autres, agglutinées autour de la place d'armes. Je m'y sentais bien, et je crois que Philibert aussi. C'est rare qu'une ville vous prenne dans ses bras. On dit bien « être à la rue », non ? Eh bien, ici, à Phalsbourg, être à la rue c'était se sentir au chaud. Malgré le froid de l'aube qui persistait jusqu'au matin. Ainsi, l'histoire de Phalsbourg avait des allures de pièce de monnaie qu'on jette en l'air. Pile ou face ? Face, puis pile. Face à nouveau. Pfalzburg côté pile, son nom d'origine au XVIe siècle. Et Phalsbourg côté face. Annexée par l'Allemagne en 1871, la ville ne redevint française qu'à la sortie de la Grande Guerre. C'était donc une ville allemande que nos orphelins quittèrent en « vêtements de deuil » et « à l'air de tristesse ». Augustine Fouillée avait situé le départ de son livre après une cuisante défaite face à l'Empire d'Allemagne. Le pays était fiévreux, il fallait redonner foi en ses drapeaux. Bien plus tard, il y avait eu la Seconde Guerre mondiale, le même enjeu du pile ou face. Pfalzburg redevenait Phalsbourg. Et c'est cette ville-là que nous laissions avec Philibert. Non pas main dans la main, mais au volant d'un bolide de premier choix.

III. – Le passage de la porte de France.

Par une fine brume d'avril, deux enfants, deux frères, sortaient de la ville de Phalsbourg, en Lorraine. Ils venaient de franchir la grande porte fortifiée qu'on appelle porte de France. Plus exactement, nous l'avions contournée. La municipalité avait choisi d'en barrer l'accès par un pot de bégonias. Un con de pot de bégonias, planté là, sans doute pour endiguer la fuite des jeunes gens. Par goût des solennités, nous étions tout de même descendus de voiture au passage des fortifications. Pierre, comme à son habitude, montait aux créneaux tandis que je restais terre à terre. Regardais cette lourde porte derrière laquelle s'étalait le pays. À mi-hauteur, sous l'arche, un peu au-dessus des ferronneries, je lus une inscription gravée dans la pierre : à compter du 4 juillet 2001, Andrew + Juliette égalait cœur. J'en conclus qu'il n'y avait rien à conclure.

Coup de klaxon, Pierre était déjà en voiture. Il n'avait même pas eu à la pousser. Elle était repartie dans une quinte, crachant par le pot ses 4-temps. Son conducteur faisait le fier.

« Alors, qu'est-ce que t'en dis de ma berline ? »

J'en disais ce que j'en avais lu : la firme Peugeot, avant de fabriquer des autos, s'était d'abord illustrée dans la conception de moulins à café. Un peu comme si Moulinex se piquait soudain d'aéronautique. Ou Babybel se lançait dans l'industrie pharmaceutique. Je ne voulais pas mourir en Babybel.

« Mais qu'est-ce que tu racontes ? Philibert, s'il te plaît, boucle-moi ta ceinture et ta gueule ! »

On pouvait dire qu'il en avait de la chance, Pierre. Tomber sur un type de mon calibre, sans blague, il était verni. D'accord les autorités n'avaient pas jugé bon de m'accorder le permis de conduire, d'accord je ne m'étais jamais présenté à l'examen. D'accord j'étais une bille en mécanique et ne savais pas changer une roue. Mais pour ma défense, mieux que personne, j'étais apte à supporter Pierre. Je veux dire à le supporter sur le long terme. Treize années d'amitié m'avaient permis d'atteindre ce stade de perfectionnement. Colères, lubies soudaines, caprices... Il était une plaie, j'étais le Mercurochrome. Pourquoi avais-je accepté de m'embarquer dans cette débâcle ? Pour la même raison que nous roulions en 204 : le goût de l'aventure, donc des ennuis. J'avais pris le parti de me farcir sa pomme et les pépins avec. Sans quoi nous aurions loué une Laguna. C'est bien pratique, une Laguna. Vitres automatiques, chauffage dans l'habitacle, direction assistée... Plus indiqué que cette tire vacillante, caisse à savon sur une baignoire détrempée.

Ainsi donc, m'avait-il expliqué, je serais Julien Volden, le petit frère. J'avais encaissé, sans rien dire. Il verrait bientôt de quel mazout se chauffait le cadet. Et, pour commencer, j'imposai un crochet.

IV. – **Premier détour. L'indécision.**

Nous roulions depuis une heure, déjà. Imaginez un pays désolé, et les corbeaux au bord de la route. On était perdus au milieu d'une zone commerciale. Ou industrielle, je ne sais jamais. Un ensemble de hangars froids, et leurs parkings, entourés par des clôtures. Un peu plus loin, la Moselle semblait disparaître. Elle s'enfonçait, perdait pied. C'était devenu impossible de la garder à vue, pour se repérer sur la carte. On ferait avec le nom des villes : Hayange, Hagondange, Gandrange, Uckange... et débrouillez-vous. La route fendait des espaces vides. Les ronds-points venaient briser un peu la monotonie du trajet. Et chacun d'eux était sujet à débat. « La première sortie, tu dis ? Nan, la deuxième ? Demi-tour ? La deuxième, OK, donc tout droit quoi… » J'avais la main sur le levier de vitesses, et Philibert le doigt sur la carte. Nous n'assumions pas nos choix. L'indécision nous offrait un tour gratuit à chaque carrefour.

« Bon, allez, passe-moi la carte.

– …

– Ho, Phil ? Passe-moi la carte. T'es paumé, on est paumés, donc passe-moi la carte.

– Attends, Pierrot, je gère.

– Tu gères rien du tout mon pote. On fait des ronds depuis des plombes !

– Tiens, prends la troisième, à droite. Je crois que j'ai retrouvé la Moselle, c'est bon.

– Il a retrouvé la Moselle…

– Calme-toi, je te dis que je vois où on est. Tu continues vers Thionville. On peut pas louper ça.

– Ouais…

– Mais si !

– Ouais, ouais… »

À peine partis, Philibert nous obligeait déjà à faire fausse route. On avait tiré au nord-ouest, vers la vallée de la Fensch. Il voulait voir les cathédrales d'acier, grandeur nature. Les derniers hauts-fourneaux. Philibert aimait les époques révolues. On était en plein dedans. Et je craignais un vrai détour pour une vraie déception. Je me trompais. Tout à coup, derrière le monticule, se dressaient plusieurs silhouettes. Fines, tortueuses. On aurait dit un coucher de soleil rouillé.

V. – Les hauts-fourneaux. La vallée des anges.

Derrière les essuie-glaces, Pierre, le premier, avait vu poindre l'insecte mort. Le prodigieux squelette du haut-fourneau « U4 ». Terrassé par la désindustrialisation, les restructurations, la mondialisation. Dans deux ou trois siècles, des archéologues le trouveraient fossilisé dans la glaise et s'interrogeraient : quel prédateur avait provoqué l'extinction de ce mastodonte ?

Accoudé au comptoir du bar-tabac-presse-loto-PMU-jeux, Jean-Paul avait son avis sur la question. Il l'avait aussi sur d'autres – l'assassinat du Président Kennedy, les lasagnes au canasson, la disparition du vol MH370, le complot de la grippe aviaire... Tellement d'avis qu'il lui fallait de quoi les écouler. Très vite, il proposa un marché : on lui commandait un demi et il nous servait son laïus. Nous n'avons pas cherché à négocier.

« Je vais vous le dire, moi. C'est la faute aux Chinois ! Et aussi un peu à l'anémone. »

Anne-Aymone Giscard d'Estaing, nous enseignait-il, avait un grand-père dans le métier.

« Les aciéries Schneider, ça vous parle ? Ben, Giscard les a sauvées et nous, ici, on a pu s'aligner. »

Quant aux Chinois, Jean-Paul était formel, ils n'avaient eu qu'à se baisser pour ramasser les morceaux.

« T'aurais dû les voir, pièce par pièce, démonter nos machines pour les remonter tout pareil à Pékin. »

C'était à la fin des années 80. La sidérurgie battait de l'aile, les syndicalistes syndiquaient, les grévistes grevaient, Bernard Lavilliers avait même composé un refrain.

Fensch Vallée, c'est un vieux pays pas très connu
Y a pas de touristes dans les rues.

Bernard pouvait prendre sa grosse voix et froncer les sourcils, rien à faire, ceux d'en face étaient plus costauds.

« Je me souviens d'une manif, la première voiture était à Metz que la dernière avait pas encore quitté Moyeuvre. Trente bornes de cortège, tu te rends compte ? »

À l'hiver 91, l'U4 avait rendu sa dernière coulée, un sale arrière-goût dans la cheminée. « C'était pour l'honneur, parce que c'est allé dans les choux. » Huit cent cinquante gueules jaunes sur le carreau, trois millions dans toute la région Nord. Les vieux s'en étaient tirés avec un billet. Les plus jeunes avaient émigré en Allemagne ou au Luxembourg. À Jean-Paul et aux autres, on avait fait comprendre qu'ils n'étaient plus dans le coup. L'heure était à la reconversion. Après tout, c'est vrai, Jean-Paul n'avait qu'à être de son temps. Il pouvait à loisir se recycler dans l'économie 2.0, concevoir des logiciels ou devenir community-manager. Le cas échéant, e-commercialiser des vaporettes. Mais non, Jean-Paul n'avait pas su négocier le virage, prendre le bon wagon. Il était tombé du train en marche et dépensait sa retraite au bar de l'U4.

Avec son Allemagne, son Luxembourg, Jean-Paul me rappelait un vieux cours d'histoire. La CECA était au programme de la classe de quatrième. Communauté européenne du charbon et de l'acier, autour de laquelle l'Europe nouvelle était née. Qui donc s'en souvenait de celle-là ? À la sidérurgie, nous devions peut-être la paix. Ce matin-là, Pierre m'avait justement lu dans le journal que Schengen rouvrait son musée. Fermé un an pour cause d'effondrement de faux plafond. À Uckange aussi, le ciel leur était tombé sur la tête.

Dix ans après l'extinction de l'U4, une association parvint à le faire classer « monument historique ». Sans transition, les ouvriers passaient de l'usine au musée. De la pointeuse à l'audioguide. Parce qu'il connaissait le type qui connaissait le mec en cheville avec le bonhomme qui avait les clés, Jean-Paul en a profité pour nous faire la visite. Longeant la gueuse, les silos, le funiculaire de minerais, nous avions l'impression de visiter des ruines grecques ou romaines. Des ruines de trente ans d'âge. Là-haut, sur la passerelle, on pouvait voir les fumées d'ArcelorMittal, derniers feux d'une époque. Ici, pour de bon, le silence avait succédé au vacarme. Restaient les roucoulements de pigeons ramiers. Et, au pied de la cheminée, le vent dans les feuilles d'un jeune arbre. Un arbre à l'écorce blanche, très blanche. Pas de doute, c'était un bouleau. Alors même qu'il n'y avait plus de boulot. La nature, pensai-je en rattrapant Pierre, avait quelquefois l'humour déplacé.

VI. – Himmelsleiter : l'échelle du ciel.

Monter cette rue, c'était gravir une montagne, une rue debout, dressée vers le ciel bleu des Vosges comme un pont-levis. On ne ment pas, d'ailleurs, lorsqu'on parle de la ligne bleue des Vosges. Avant que la nuit ne tombe, on la devine à l'horizon. Car toute montagne, même petite, a un rapport privilégié au ciel. Nous ne serions pas surpris, une fois arrivés chez notre hôte ce soir-là, d'apprendre que sa rue s'appelle « Himmelsleiter » : l'échelle du ciel. Comment la 204 allait-elle grimper l'échelle ? En première, c'était une certitude. Il ne fallait pas craindre le vertige, ni regarder dans le rétroviseur. Hésiter, c'était prendre le risque de caler au milieu de la pente et de ne jamais repartir. Après la vallée des anges, l'échelle du ciel... Nous étions dans le cœur battant de l'Alsace, entre Saint-Dié-des-Vosges et Sélestat, au pied des ballons. Mon ami Albert avait proposé de nous héberger. Il parlait de son chalet comme d'un refuge. Lui, il avait trouvé sur terre un lieu pour communiquer avec le ciel. Arrivés au bon numéro, à mi-pente, j'ai serré le frein à main comme un damné. S'il cassait dans la nuit, on retrouverait la voiture en Franche-Comté. Albert est apparu, descendant le jardin. À soixante ans passés, ses cheveux blonds, tirés en arrière, viraient au gris clair. Il avait le visage doux et pâle, la poigne forte. Il nous a escortés jusqu'au chalet, en prenant des nouvelles. Philibert traînait le pas derrière, usé par le poids de sa valise. Nous sommes entrés par le rez-de-jardin. Il y avait un buffet avec des livres. Pas trop, mais choisis. Ils vivaient.

Nous avons pris l'apéritif devant la longue baie vitrée qui s'ouvrait sur les Vosges. « C'est un peu mieux que la télé », disait Philibert. Avec ses blagues et le vin blanc sucré, c'est comme si on avait commencé par le dessert. Dans l'alcool et les récits, la soirée prenait la douceur de l'été. Nous étions attendus, et nous ne le savions pas. Attendus par les Vosges blotties au loin, et qui disparaissaient dans la nuit. Par cet homme au regard bleu, à la malice contenue. Attendus par ses histoires. Elles racontaient nos vies à tous. Nous avons veillé autour d'une tourte lorraine cuisinée par Albert. On se confiait sans se connaître tout à fait. Il partageait ses lectures fétiches et ses plus lointains souvenirs. Les chroniques de Georges Haldas, les visites à Alfred Kern à Haslach, sur les hauteurs de Munster. Il racontait sa recherche du grand-père qu'il n'avait jamais connu. Les matchs du Racing, le Strasbourg de Gilbert Gress et Robert Szczepaniak. Son père l'emmenait au stade. Albert se rappelait des retours en train d'après-match, la nuit, vers Sessenheim. « Les raffineries étaient des villes lumières que le train traversait. J'imaginais Paris. » Albert parlait lentement, choisissait ses mots et ne se trompait d'aucun. Ses yeux englobaient les choses avec tendresse. Nous l'écoutions, enveloppés d'une heureuse fatigue. Sa vie était faite des jours de grâce. Nous tendions l'oreille sur un pays intérieur. Une terre qu'il avait battue, cultivée, moissonnée. Le silence s'invitait entre deux récits. Albert dégageait le réconfort des hommes réconciliés avec le monde et qui y ont trouvé leur place. Paisible dans sa sagesse. Nous n'osions rien interrompre. Comme des enfants, nous nous laissions bercer. Oubliant nos assiettes, la nappe jaune et le bois clair du chalet. Né de parents illettrés, Albert a raconté le quotidien de son père, manœuvre alsacien. Il partageait la simplicité de son regard. Cet ouvrier n'avait jamais ouvert un livre, mais il s'émerveillait du réveil à l'aube des matins d'usine, des promenades à vélo au bord du Rhin. Il écoutait le chant du merle et jetait des bouts de pain aux cygnes sur le fleuve. Chaque geste avait conduit le père d'Albert à ces tout derniers mots avant la mort : « N'oubliez pas que la vie est belle ! » Albert avait veillé à côté du lit. Non, il n'oublierait pas.

Nous apprenions qu'on reste un fils à soixante ans. Et donc un enfant. En l'accompagnant dans la vieillesse, Albert avait engendré son père. C'était ses mots. Et nous songions aux nôtres.

« Depuis mon enfance, la vie de petit père était rythmée par l'horloge de la salle à manger. Il n'y avait qu'elle chez nous. Pas de livres, pas de télévision, ni tableaux. Il y avait l'horloge, au mur, et elle était presque tout ce qu'il possédait. Un jour, je lui ai offert une peinture avec quelques vers écrits dessus. C'était dans ses dernières années. Je ne savais pas ce qu'il en ferait. »

Avec Philibert, nous regardions Albert comme les bigotes écoutent un sermon.

« Je suis repassé à la maison quelques jours plus tard. Petit père avait fixé ma peinture à la place de l'horloge… »

Dehors, la ligne bleue était devenue un trait noir. La nuit était totale et, des Vosges, nous ne voyions plus rien désormais. Le lendemain, Albert nous montrerait son pommier en fleur. Il le contemplait chaque matin, c'était une de ses joies. Pleins d'affection, nous avons chacun regagné nos chambres. « À demain, les enfants. »

VII. – **La rencontre avec Michel. Une entreprise alsacienne.**

J'aurais voulu m'installer à demeure, renier nos ambitions nomades et m'établir ici, pour toujours. Planté à perpète devant cette baie vitrée, plus captivante qu'un plasma 19 pouces. Mais au matin, la tartine engloutie, le café liquidé, nous avions dû filer. N'emporter que le souvenir de cet ermite joyeux, philosophe défroqué depuis que Kierkegaard avait décrété la philosophie « nourrice sèche de la vie ». Albert lui préférait la poésie. Plusieurs fois il nous l'avait seriné : « Restez alertes, changez à votre guise de cap, ne suivez jamais l'aiguille d'aucune boussole. » Et au moment de partir, tandis qu'il nous serrait la main, ce vieux proverbe juif : « Ne demande jamais ton chemin à quelqu'un qui le connaît, car tu risquerais de ne pas te perdre. »

Moi qui croyais les poètes barbus, je découvrais qu'on pouvait l'être rasé de frais, peigné, en pull Champion et chaussettes dans les Birkenstock. Tout du long, Albert n'avait cessé d'ouvrir en nous des parenthèses. Il ne les fermait pas toujours et ne fermait d'ailleurs pas grand-chose. Ni son cœur, ni sa porte. Les clés de sa maison étaient rangées dehors sur le paillasson, cachées dans une paire de vieilles bottes. Façon à lui de lier l'errance à la demeure. Albert habitait le mouvement.

Un temps, il avait fait de la politique. Chef de cabinet ou quelque chose comme ça. Puis s'en était lassé : « Je ne veux pas de vos partis, de vos foutus courants. » À monsieur le maire de Sélestat, il avait un jour déclaré qu'un homme de parti n'est jamais qu'une partie d'homme. Albert, sans doute, n'aurait jamais la Légion d'honneur. « De toute façon, je préfère les pin's. »

Cela, nous le ressassions en silence tandis que la voiture reprenait un ballon. Dans le mange-disque, Alain Souchon chantait sa *Foule sentimentale*, la radio grésillait. Longtemps nous avions suivi un car de ramassage scolaire. Le nez collé sur la vitre arrière, la moitié des gosses de la vallée révisaient leurs grimaces. Sans crier gare ni rien du tout, j'ai fait arrêter Pierre, les sales gosses et Souchon. L'instinct qu'il fallait faire demi-tour. En contrebas, sur la droite de la route, j'avais aperçu les dents de scie d'une vieille usine : ces toits crénelés que dessinent les enfants pour dire le travail. Pierre a maugréé. Je l'emmerderais jusqu'au bout.

Nous en étions à fouiner autour de l'entrepôt lorsque Michel a surgi. Sec comme un coup de trique, affûté, féroce.

« On peut savoir ce que vous cherchez ? »

Nous ne l'avions pas vu venir.

« C'est parce qu'on est des... en fait on avait pensé que... mais on peut s'en aller, balbutiai-je minablement.

– Ça, mes cocos, c'est le patron qui va en décider. »

Par le col, il nous traînait maintenant à l'intérieur. Sur les murs, des panonceaux vantaient des chiffres d'affaires records. Dans quel merdier nous étions-nous fourrés ? Arrivés devant le bureau du directeur, il en fit le tour et s'installa : « Enchanté, Michel. » À cinquante-neuf ans, ce type avait déjà vécu douze fois. Il déroula son curriculum : tel qu'on le voyait, Michel était à ce jour président-directeur général de la plus grande carrelagerie d'Alsace, guide de chasse à l'arc, officier public, auxiliaire de justice, professeur de boxe thaïe et adepte de krav-maga. Le genre de bonhomme à ne pas contrarier. En moi-même, je repensais au bon Albert, qui trouvait déjà brusque le tai-chi. Michel était l'archétype du self-made-man. Un gars qui en croquait, fonçait, prenait des risques.

« Je vais te dire : y a que ceux qu'ont pas vécu qui meurent. Café ? »

Par la force de sa volonté, il avait sauvé du délabrement la vieille cotonnière et installé sa fabrique de carrelage. De pleins semi-remorques en partaient chaque jour. Depuis ce petit patelin, il approvisionnait le vingtième du marché français. Michel était arrivé, comme on dit. Fils d'ouvrier, il racontait avoir morflé dans son enfance. Moqué, humilié parce que ses parents n'avaient pas le sou. « Une fois, le boulanger m'a dit : j'te filerai du pain le jour où ton papa me rendra mon fric. » Et papa ne rendait pas le fric. «Alors aujourd'hui que ça roule pour moi, tu comprends, je me marre qu'on vienne me bouffer dans la main et qu'on m'invite au Rotary. Coluche disait : "Pour enculer les capitalistes, il faut manger à leur table." C'est pour ça que j'y passe de temps en temps. Je fais rire les rombières, me fous de la gueule de leurs maris et le pire c'est qu'elles aiment ça. »

Un patron à l'ancienne, voilà ce que se voulait Michel. Paternaliste sur les bords, et au milieu aussi un peu. Attentif à chacun de ses employés, « gérant les craintes sans véhiculer la peur », et les menant à coups de citations. À ses frais, il avait d'ailleurs publié un petit recueil de son cru. Entre Boileau, Myke Tyson et Confucius, on y trouvait du Michel : « Les mains sales sont signe d'argent propre », « Quand tu portes ton enfant trop longtemps sur tes épaules, il finit par te pisser dans le cou », « Avant cinquante ans, on est jeune et beau. Après, on est beau ».

Dans son bureau, une étagère de livres, des peaux d'ours, de loup et cette grande banderole : « Les syndicats ont été utiles au XIXᵉ siècle, abusifs au XXᵉ, nuisibles au XXIᵉ ». On pouvait n'être pas d'accord, Michel avait au moins le mérite de jouer franc jeu, cartes sur table. « D'ailleurs, mes petits amis, prenez des notes tant que vous voulez mais si je retrouve une seule connerie sur mon compte, que vous soyez au Venezuela ou en Seine-et-Oise, je vous chercherai. Et alors, soyez tranquilles, je m'occuperai de vous. »

J'ai entendu Pierre déglutir. Puis se reprendre :

« Et ces voitures de course, là, dans la cour ? »

C'était joliment joué de la part de mon binôme, qui dissipait le malaise. Devant l'ancienne filature s'alignaient en effet des voitures de course, bolides à stickers et châssis surbaissés. Michel avait sa danseuse et sa danseuse avait des ailerons. Ce soir, nous apprenait-il, pour la première fois, il courrait la Coupe de France des rallyes. Spéciale chronométrée nocturne dans les ruelles de Baccarat. Ce même Baccarat dont les verreries fascinaient les petits Volden. En pleine ville du cristal, la six cylindres de Michel allait visiter le magasin de porcelaine. Et nous serions de la fête.

VIII. – Le premier auto-stoppeur.

Faire monter les auto-stoppeurs était une des règles de bonne conduite de la 204. On respecterait nos copains de la route. On s'entraiderait. La Lorraine n'étant pas l'Ariège, le premier pouce levé se fit attendre. En fin de journée, alors que nous filions vers Baccarat, un trentenaire en dreadlocks inaugura la série. Il s'installa sur la banquette arrière, entre les valises de Philibert. Gabriel était chanteur de reggae pour les amis, et architecte dans la vie. Il rentrait du boulot, « sur Nancy », et la gare TER de Bayon était loin de son village. Il devait longer la départementale. Lever le pouce, au hasard, ne coûtait rien. On croyait prendre un dreadeux abîmé, en sweatshirt rastafari. On avait fait monter le Guide Bleu. À trente-huit ans, Gabriel était un vrai roots : proche de ses racines. Spécialisé dans l'étude de la pierre, il s'est mis à nous raconter un tas de choses sur les carrières de calcaire, les maisons lorraines. Sur cette pierre de Jaumont qui donne à Metz la couleur du soleil. Il était fier d'habiter à quelques mètres de la plus vieille église de Lorraine, à Froville. Un ancien prieuré fondé au XIe siècle. « Un truc de dingue », clunisien. De la pure architecture romane. Les bras posés sur le dossier de nos sièges, la tête entre nous deux, Gabi déballait son savoir sans prétention. Sa soif d'authenticité s'accompagnait d'un émerveillement pour la voiture. « Franchement, respect total les gars. » Ça valait bien un détour. Son père l'attendait sur le palier, en chaussons, clope aux lèvres. Il a bien rigolé en nous voyant débarquer. Gabriel a embrassé sa fille qui tournait déjà autour de la voiture en trottinette. « C'est qui, eux ? »

IX. – Découverte d'une ferme en Lorraine.

Il était marrant, le père de Gabriel. On aurait dit Jean Rochefort vivant. Vérification faite, ça n'était pas Jean Rochefort. De lui-même, il avait tendu la main et décliné son pedigree. Né en 1949 à Chaouilley, sur l'autre rive de la Moselle, il avait longtemps cru que son village natal était le seul en France à contenir chacune des six voyelles. Jusqu'au jour où le *Quid* l'avait mouché : en Haute-Marne, il existait un Chamouilley. Et encore un peu plus loin des Nyoiseau, Royaumeix et Pouillenay. Ça lui en avait fichu un coup. Plus moyen de se vanter. C'était là typiquement le genre d'information que je retenais pour toujours. Alors même que je ne savais pas ma table de 7.

Planté devant sa ferme, il avait voulu nous la faire voir. Un long couloir succédait à la porte d'entrée. C'est par ce corridor qu'entraient jadis les bêtes. À côté, la pièce à vivre s'organisait autour d'une grande cheminée. Peu de fenêtres, pour tenir la chaleur, et une chambre au-dessus, maintenue à température par les vaches du rez-de-chaussée. Les toits du coin étaient traditionnellement couverts de tuiles rondes, une exception dans la France du Nord. Mais depuis quelque temps, peut-être une vingtaine d'années, on cédait comme partout à la tuile à emboîtement grand moule... Voilà ce qui l'ennuyait, le grand-père : la tuile à emboîtement grand moule ! Il tenait aux particularismes régionaux et craignait qu'un jour « on

35

coiffe tout pareil Colmar et Luchon »… C'était aussi ça, l'uniformisation.

En attendant que Luchon s'enardoise, il pointa du doigt une grosse bâtisse, là-bas, juste à côté du prieuré. Elle appartenait à un Alsacien. Les Alsacos étaient nombreux dans le secteur. Après la guerre de 1870 (d'entre toutes ma favorite), ils n'avaient pas eu le choix. Rester chez eux et devenir allemands ou s'exiler dans l'année. Certains étaient partis en Algérie, à Paris et jusqu'au Nouveau Monde. D'autres n'avaient que passé la frontière.

Parce qu'un Folio de Gaston Bonheur traînait sur la lunette arrière, le vieux nous conseilla de pousser jusqu'à Fontenoy-la-Joûte, à quinze bornes de là. Dans les années 70, ce patelin de Meurthe-et-Moselle recensait une centaine d'agriculteurs. Trente ans plus tard, ils se comptaient sur les doigts d'une main. Le curé d'alors, voyant les rangs du fond s'approcher des premiers, avait eu l'idée de consacrer Fontenoy « village du livre ». Il y poussait depuis des librairies comme ailleurs des salons de toilettage canin. Un restaurant s'était ouvert dans la foulée et une dame tenait à disposition ses chambres d'hôtes. Le salut par la lecture, en plein XXIe siècle, il y avait de quoi retrouver la foi.

Parlant de foi, sans mon consentement, Pierre nous déportait maintenant à Sion, sur la colline inspirée. Il avait lu Barrès, moi non. Tout le long de l'ascension, je choisis de nous faire entendre la *France* de Jean Ferrat. Pas vraiment le même bord politique. Pourtant ces deux-là passeraient les vacances ensemble, de gré ou de force. J'étais pétri de paradoxes et Pierre n'était pas mieux. Non seulement nous l'assumions, mais encore nous le revendiquions. J'espérais déteindre sur la géographie, brouiller nos pistes. Tout à ce programme, je retrouvais quelque temps plus tard Pierre endormi au sommet. La colline lui avait inspiré une sieste. Je le réveillai : nous avions rendez-vous à Baccarat.

X. – Baccarat. Rallye du Cristal en centre-ville.

« Y a plus de hot-dogs ! Plus de hot-dogs ! J'ai que des râpés ! » En sueur, un bénévole hurlait au-dessus des têtes. On pouvait attendre, mais il n'y avait plus de sandwichs. Les choses avaient donc vraiment changé. Les Chinois avaient racheté la cristallerie Baccarat, et il n'y avait plus que des beignets de pomme de terre à la buvette. Les nouveaux investisseurs promettaient de maintenir les emplois « Made in France ». In Baccarat donc, où la maison reine du cristal était née au XVIIIe siècle. L'arrivée du consortium Fortune Fountain Capital était dans les tuyaux depuis un moment. Si ça allait changer quelque chose ? Forcément, à la longue. Mais, le soir de notre arrivée, une autre inquiétude rôdait en ville. Celle du pilote automobile avant sa spéciale. Le rallye du Cristal de Baccarat commençait à la nuit tombée. Et, visiblement, le service était débordé. On n'avait pas prévu assez de saucisses.

Derrière des tréteaux, des bénévoles en T-shirt uni servaient les spectateurs. Ça sentait la friture et la bière tiède. On venait se ravitailler en moutarde et ketchup. J'avais garé la voiture à l'entrée de la ville. Baccarat était bouclée. Ils avaient posé des chicanes sur les ronds-points et des barrières pour contenir la foule, rassemblée devant l'hôtel de ville. La coupe de France des rallyes passait en Lorraine ce vendredi soir. Nous étions vernis. Je craignais que Philibert nous fît visiter le musée du Cristal. Au lieu de ça, on allait voir des Peugeot 206 et des Citroën C2 customisées tourner en centre-ville. Le bruit des pots d'échappement rappelait les soirs de feu d'artifice. La radio locale s'était installée sur la ligne de départ, mais des haut-parleurs prêchaient la bonne parole jusqu'aux rives de la Meurthe. Sur le balcon de la mairie, les élus fêtaient ça avec nous. J'ai enveloppé les râpés lorrains dans leur serviette, et Philibert m'a rejoint, levant les gobelets en l'air pour prévenir la bière d'une bousculade. La tension montait plus la nuit s'effondrait. Les premiers pilotes devaient partir sur le circuit qui frôlait le pas des portes. C'était Monte-Carlo à Baccarat.

« Faut qu'on retrouve Michel ! » a aussitôt lancé Philibert. Tant bien que mal, grignotant sur le pouce, on a pris le chemin des stands. Éclairés au projo, des hommes en combinaison se jetaient dans le ventre de leur voiture. Ils bidouillaient, ils s'assuraient que tout fonctionne. On avait dressé des tentes. Les pilotes buvaient un café, les équipiers préféraient la bière. Ma casquette fétiche, ma « Pirelli », se fondait dans le décor. Nous étions incognito. Le village s'agitait, excité par l'annonce des premiers départs. Nous découvrions un monde, Philibert et moi. Celui des pages automobiles dans les quotidiens locaux, qu'on affiche sur les pancartes, à l'entrée des villes, pendant les grandes vacances. Le cœur de la France battait aussi pour les rallyes. Chaque région avait le sien et il n'était pas rare qu'une entreprise locale sponsorise un pilote : un membre de la famille, un salarié… Michel avait longtemps regardé son fils courir. Ce soir-là, il prenait le départ de sa toute première course. Nous avons aperçu sa tente. L'équipe, les amis dînaient sur des longues tables en bois. Michel s'est approché de nous. Même dans ce foutoir, il prenait la peine de nous présenter son monde. Il voulait nous montrer le parc automobile. On y verrait sa voiture, noir et blanc, aux couleurs de son entreprise. Michel était d'un calme froid qui contrastait avec la rencontre du matin. Les mains dans les poches de son sweat, il avançait, rigide et tendu, parmi les voitures.

« Tu sais, c'est ma première course. L'important, c'est de finir. Faut pas se croûter, c'est tout. »

Il serrait quelques pognes, et sa voix même avait changé. Hésitante, moins claire. Moins définitive. Dans le lot, il croisait des employés. Un enfant a demandé : « Bonjour, monsieur, c'est toi le boss ? » On a tous rigolé. C'est bien, ça détendait l'atmosphère. Derrière le village, les voitures s'alignaient déjà. Elles partaient une à une pour la spéciale chronométrée. Au micro, un journaliste du coin présentait les pilotes. On est rentrés au stand. Michel jetait un œil ici et là, chez les voisins. On l'a alors salué une dernière fois. Il fallait le laisser dans l'intimité de l'avant-course.

Avec Philibert, il n'était pas question d'exploser en vol. Le spectacle était partout. Sur le circuit, dans la chaleur des stands et celle des bistrots. La buvette fermait, et on a trouvé une adresse où l'aventure continuait. Le monde se rapatriait sur un long comptoir où on servait la bière d'Alsace aux blousons colorés des écuries automobiles. Au fond, de jeunes Bachâmois jouaient au billard, et les filles s'asseyaient sur les genoux de leur mec. La fête commençait. Sans toit pour la nuit, il valait mieux pour nous qu'elle durât longtemps. Il y avait un juke-box au mur. Une machine tactile, mais quand même, c'était l'occasion d'ajouter notre touche à la soirée. Après une vive discussion, Philibert s'est rabattu sur mon idée initiale. La voix de Mylène Farmer a résonné aux quatre coins du bar. « Tout est chaos, à côté, tous mes idéaux : des mots abîmés… » On s'est tapé l'affiche. La génération désenchantée s'offrait un vendredi soir de gala, à Baccarat.

XI. - **Du grand danger des boissons fermentées.**

Oh ! qu'il était beau le pâté lorrain de la maison Felt, à Rambervillers. « Bravo, les Vosges ! » disait la coupure de journal scotchée en vitrine. Autant le dire d'emblée, j'étais patraque. Salement esquinté de la veille. Abus de grenadine, peut-être, ou séquelle d'une nuit passée sur la banquette arrière de la 204.

> « *Les deux enfants épouvantés et silencieux réfléchissaient tristement. – Mon Dieu ! pensait André, que l'ivresse est un vice horrible et honteux !* »

Tout avait pourtant bien commencé. L'ambiance de kermesse, les grands gosses jouant aux Majorettes et le gobelet de bière à 2 euros. Jusqu'à Mylène Farmer, j'avais assez convenablement tenu le coup. C'est par la suite que ça avait tourné vinaigre et Jet 27. Pierre s'était souvenu des trois bouteilles d'Edelzwicker achetées la veille et abandonnées dans le coffre.

« C'est salaud de les laisser toutes seules comme ça, pendant qu'on s'amuse. »

Après quoi mes souvenirs devenaient plus confus. Le blanc sec accouchait d'ellipses. Je revoyais Pierre à demi immergé dans la Meurthe, et moi sur la rive, chantant *Aline*, pour qu'il revienne. Je me remémorais aussi cette paire de types que j'avais un temps (mais un temps très court) pensé bastonner après qu'ils m'eussent prié d'abaisser le volume. Leurs seuls avant-bras pesaient deux fois mon poids et je m'étais ravisé, ou plus certainement m'avaient-ils ravisé. Je

41

me souvenais enfin, toute honte et vin bus, du caprice de Pierre. Devant une camionnette de produits dérivés, il avait repéré une veste Ford Racing que, grand prince sans le sou, je lui offrais comptant. Ce matin seulement me venait à l'idée que le chèque n'était peut-être pas provisionné. Nous devenions les Bonnie and Clyde vosgiens.

« Donc je vous mets deux pâtés ?

– C'est-à-dire que... »

C'est-à-dire que j'avais comme une barre de traction dans le crâne : la seule évocation du pâté lorrain me collait la nausée. Pensant non, j'avais semble-t-il hoché la tête dans le mauvais sens puisque, tout sourire, la boulangère me les emballait maintenant.

«Vous avez raison, sans se vanter on n'en fait pas de meilleur dans la région. »

À côté de la caisse, une coupe « Prix France Bleu 2017 du pâté lorrain » en attestait. Nous n'étions pas n'importe où, Madame n'était pas n'importe qui. Et, à l'en croire, l'échine de porc marinée une nuit au vin rouge et fourrée dans une pâte feuilletée, c'était bon pour ce que nous avions.

« Croyez-moi, ça requinque. Avec ceci ce sera tout ? »

Oui madame, merci madame et gardez la monnaie. Me voyant déballer le butin, Pierre avait fait la moue. Nous étions repartis sans un mot. La radio bourdonnait dans les graves. Nous commencions à faire le deuil du système stéréo.

Une heure plus tard, perdus dans la zone industrielle de la Voivre, j'ai remarqué une pancarte plantée dans la glaise. Elle indiquait le Mounky Parc d'Épinal, ouvert mercredi, samedi et dimanche jusqu'à dix-neuf heures. Avec son toboggan spiral, ses structures gonflables et sa piscine à bulles, ce « centre d'amusement » était présenté comme « le paradis des petits pour un prix mini », trois points d'exclamation. Ce paradis ne coûtait pas cher : 4 euros pour les moins de trois ans, 9 euros ensuite, et quinze ans de réclusion assortis d'une obligation de se soigner pour les adultes non accompagnés.

Ils ne voudraient pas croire que nous étions des enfants ; je suggérai de passer notre chemin. D'autant que le pâté lorrain commençait à faire effet, je retrouvais du poil de la bête. Fenêtres ouvertes, nous traversions Dounoux, Xertigny et Plombières-les-Bains, station thermale Second Empire, blottie dans son fond de vallée. Napoléon III, Berlioz et Lamartine étaient venus s'y curer. Selon toute vraisemblance ils n'y étaient plus. D'un bout à l'autre on ne croisait personne. La ville aux mille balcons passait Pâques aux tisons.

À hauteur de Saint-Loup-sur-Semouse, nous avons longé une filature abandonnée. Par un carreau cassé, je suis entré voir qu'il n'y avait plus rien à voir. Le seul spectacle d'un hangar creux. Creux comme une coque sans noix, un Kinder sans surprise. L'eau filtrait par endroits. Dans le fond, de vieux bidons remplis de laine et, au milieu de ce grand vide, un bureau couvert d'agendas. J'ai fait grincer le tiroir en métal. Gondolant, le dernier cahier des observations remontait à l'année 2003. Deux siècles plus tôt, l'industrie textile faisait la fierté des vallées vosgiennes. Puis l'Asie du Sud-Est s'était invitée dans la danse et en l'espace de quelques mois personne ne dansait plus. Les prix du marché s'étaient effondrés, le carnet de commandes restait vide et ici même quatre-vingt-deux emplois avaient été supprimés. Ceux-là s'en iraient ailleurs filer la laine de leurs moutons dondaine. Ploc, ploc, faisait la fuite en tombant dans un seau. Breuh, Breuh, faisait un booster au-dehors. Là où retentissaient jadis le fracas des machines et la grande gueule du contremaître, on n'entendait plus tonner que le silence... C'était l'époque qui voulait ça, personne n'y pouvait rien. Je voulais croire qu'il s'en fallait quelquefois d'un Michel.

XII. – **Un dénommé Jacky.**

Chez moi, les lendemains d'excès étaient semblables au hasard d'un jeu à gratter. La plupart du temps, je jouais de malchance. Les verres de la veille tapaient dans le crâne. Je ne voulais voir personne, et j'errais, de mon lit aux toilettes, comme un fantôme en jogging. Si j'avais un coup de bol, la journée se passait dans une douceur exquise. Je me levais tôt, déterminé à agir pour ne rien regretter du jour d'après. Je planais, et ma fatigue facilitait mon rapport aux autres. Tout devenait léger. Et, surtout, j'avais comme de l'intuition. C'était à moi de mener l'équipée. Fallait me laisser faire. En bref, je devenais, le temps d'une journée, aussi doué que Philibert.

Ce lendemain de fiesta était une veille d'élection présidentielle. Cela faisait des mois, des années qu'on ne parlait plus que de ça. Nous vivions donc un samedi bâtard, une zone grise. Pour moi, ça ressemblait au jour précédant une finale de Coupe du monde. J'avais repêché Philibert, tout content de visiter sa filature. On était à la diète depuis vingt-quatre heures. Bière et pâté lorrain ne suffisaient pas. Il était temps de manger. À la sortie de Saint-Loup, sur le rond-point, un panneau indiquait : « Chez Jacky, brocante et restaurant ». Je faisais deux tours de giratoire et nous embarquais dans la rue du Jacky. Je garais la voiture devant un hangar. Affamés, nous avons ouvert les portes de la brocante comme dans un western. Devant nous, une dizaine de tables se partageaient l'espace entre des meubles « à vendre ». La salle était vide. Pas de clients. Un autoradio crachait *New York avec toi* des Téléphone. Et, au fond, un type buvait un verre de blanc au comptoir.

« Pour déjeuner ? Installez-vous, les jeunes, Jacky va venir. » Il a augmenté le volume de la radio. « Bercés par le ronron de l'air conditionné, dormir dans un hôtel délatté... »

On avait à peine fait les présentations. J'avais envie de danser, et Philibert filait déjà voir la brocante. Il touchait à tout : un cuissard cycliste Crédit Agricole, des figurines Disney, un cinématographe...

Je suis resté au comptoir boire un Coca, imaginant déjà la voiture remplie de gadgets. « Philibert au pays des merveilles »... Pendant qu'il vibrionnait dans le grand tout, Jacky est sorti de la cuisine. J'ai tout de suite compris qu'on rencontrait une figure de la région. Jacky avait l'esprit aussi généreux que sa carrure. Un costaud, fringant, totalement speed malgré sa démarche balancée. Il passait de la cuisine au comptoir, dans son tablier bleu. Derrière des lunettes fines, ses yeux vifs nous passaient au scanner. Son débit de paroles avait la vitesse de l'éclair. Il trahissait l'accent franc-comtois. Le « e » disparaissait, et les voyelles s'allongeaient. À cinquante ans, Jacky avait déjà vécu dix fois. Des petits boulots, des entreprises de jour et des entreprises de nuit. Jacky aimait la cuisine et la compagnie des copains. Il avait donc ouvert son restaurant. Et il ne comptait pas s'arrêter là.

« J'ai pas fait que ça ! Tiens, avec Guy que tu vois là... Guy, viens voir ! » Le bonhomme grisonnant, un peu plus âgé, est venu me serrer la main.

« Avec Guy on a tenu une boîte de nuit sur la route de Lure.

– Ouais, le Beverly ! On a déjà eu mille personnes à l'entrée. La queue débordait sur la route.

– Regarde-le ! Guy, c'est pas un canon de beauté !

– Tu me cherches, Jacky ?

– Attends, attends, regarde-le bien. Eh bah, il avait toutes les nanas pour lui. Ça n'arrêtait pas, on faisait ce qu'on voulait. »

Jacky racontait son histoire, entrecoupée par ses disparitions en cuisine. Il revenait en s'essuyant les mains sur son tablier. Je l'imaginais bien, leur discothèque. Les néons bleus du Beverly arrosant le parking, où les bandes de copains agacés par l'alcool convergeaient vers l'entrée. « She is crazy like a fool, Daddy Daddy Cool... » Dehors, la musique donnait l'envie de se jeter un nouveau verre. À la porte, on ne refusait personne. Filles et garçons se rencontraient sur la piste de danse. On se faisait des films sous les sunlights. Chacun avait une histoire liée aux banquettes du Beverly : un mauvais vomi en fin de soirée, une pelle roulée à une fille. C'était avant la drague virtuelle, le smartphone et les sites de rencontre. Avant les enceintes portatives et la musique américaine à domicile. Pour Jacky, cela avait sonné le glas des boîtes rurales, avec la multiplication des contrôles routiers. Endettées, les discothèques ont disparu aussi vite que les vidéoclubs. Au bord des routes nationales, elles sont devenues des hypermarchés, des salons de coiffure, ou des granges abandonnées.

Dieu ce qu'on était bien, chez Jacky. Je déjeunais entouré de vieux vélos. Et Philibert sortait de table entre les plats pour piquer un livre dans une bibliothèque. Nous avions encore le nez dans une terrine de campagne quand on a vu Jacky arriver avec deux côtes de bœuf de cinq cents grammes sur une planche.

« Je vous laisse faire les présentations...

– Mais on mangera jamais ça, Jacky !

– Vous rigolez ! À votre âge, je bouffais la table... »

En effet, on a bien rigolé. Pour lui, nous étions encore des enfants en pleine croissance. On l'a accompagné à la cuisine. Jacky a cuit la viande devant nous, au feu de bois. Sur un long billot en zinc, Guy épluchait les échalotes. Un autre copain retapait une armoire. Jacky remuait la poêle en haussant la voix. On l'entendait, malgré les bruits de marteau et la hotte aspirante. Il nous a demandé de filer nous asseoir. La suite arrivait. Et Guy nous apportait les plats. Plus réservé, moins gouailleur, il en profitait pour nous écouter. On a raconté notre voyage. Les deux enfants, la vallée des anges, l'Alsace, le rallye de Baccarat... Et Guy souriait. Il riait même. Le miracle de la jeunesse, c'est ce qu'elle a d'éternel en chacun. Il avait aussi pris la route, il se souvenait. « Guy ! » Il était soudain rappelé à son devoir par Jacky qui hurlait dans la cuisine. Un autre festin se préparait. Notre hôte cuisinait le repas pour ses amis. Les coups de marteau se sont arrêtés, et la hotte avec. Le type qui buvait son verre au comptoir a rejoint la tablée. Et la petite bande a déjeuné en décalé, juste après nous. Les enfants d'abord, les adultes après. Jacky ne s'asseyait jamais plus de cinq minutes. Il filait en cuisine ou derrière le comptoir, puis il retrouvait sa place. Ils parlaient des élections du lendemain.

On aurait pu rester toute la journée chez Jacky, temple de la curiosité et de la gastronomie. On s'attachait, mine de rien. Mais la route nous appelait.

Philibert est reparti avec un appareil photographique antédiluvien, et un livre sur l'AS Saint-Étienne. Encore des objets qui viendraient encombrer la banquette arrière. Jacky m'a offert *Les Planches courbes*, un recueil de poèmes d'Yves Bonnefoy.

« De toute façon, personne le prendra. Je te l'passe.

– Je le lirai en pensant à toi, Jacky !

– Ouais pas trop quand même, hein ! »

Les adieux se sont éternisés, au restaurant puis devant la voiture. Jacky tournait autour, fasciné. C'était « toute sa jeunesse », la 204. Guy nous a salués sur le pas de la porte, en souriant. Il avait la bienveillance d'un grand-père. Philibert nous a pris en photo, juste avant de se quitter. On pose sur le trottoir, Jacky et moi, devant les panneaux gris de la campagne présidentielle. Plus loin, on devine le château des Bouly. Dans sa chemise blanche de cuistot, son pantalon noir, Jacky me tient par l'épaule, amicalement. Il a toujours le torchon qui pend sur son tablier usé. La main droite dans la poche, il apparaît décontracté, sûr de lui. Je me contente de sourire, sous ma casquette Pirelli. Ma chemise en laine doit sentir la viande et les bières de la veille. Derrière nous, sur fond gris, le portrait des candidats, et quelques slogans : « Nos vies pas leurs profits », « La Force du peuple », « Debout la France »...

En voiture, on est repassés devant le restaurant à grand renfort de klaxon. Puis on a quitté les quais de la Semouse en direction du Sud-Ouest. Saint-Loup était désert. Une ville nue, où seuls les restaurants kebab restaient ouverts un samedi après-midi. Saint-Loup avait attiré les travailleurs d'Afrique du Nord aux grandes heures des usines d'ameublement Parisot. La population avait presque doublé au cours des années 1960. Malgré le redressement judiciaire du groupe en 2012, le site de Saint-Loup restait en activité. Parisot résistait à Ikea. On a traversé l'étang du Roupoix désolé et ses tables de pique-nique couleur de vase. Nous voulions rejoindre les ports de Saône. Et si un jour Philibert cherchait des meubles en bois de Franche-Comté, il irait Chez Jacky.

XIII. – Le grand détournement.

Dans le département, tout le monde connaissait le calvaire des habitants de Port-sur-Saône. Une rivière comme on n'en faisait plus, des berges pas croyables, un port de plaisance très plaisant et, par-dessus le marché, la route nationale 19. Comme une balafre sur un minois joli, la RN19 traversait la commune en droite ligne, sans s'attarder. Tout juste un léger coude devant le Niagara, débit de boissons local. Douze cents véhicules l'empruntaient chaque jour, dont quelque 1 600 camions. Le bruit, l'odeur, la pollution, j'imaginais les riverains tenant leur verre quand passaient les trente tonnes. Et la vaisselle tintant dans le buffet. Sans compter les citernes, véritables bombes roulantes : 27 000 litres de gazole et des étincelles au bas de caisse en passant les dos-d'âne. Port-sur-Saône crachait ses poumons, sa rage ; son crépi noircissait. Depuis quarante ans, les élus successifs promettaient une déviation, depuis trente-cinq ans personne n'y croyait plus. Et voilà que la chose allait se faire ! *L'Est républicain* avait relayé la nouvelle. Contre 130 millions d'euros TTC, on allait construire au large une deux fois deux voies répartie sur neuf ouvrages d'art, dont deux viaducs et un passage « grande faune ». Le journal avait reproduit un photomontage de ce fameux passage. On y voyait une biche et deux marcassins prendre du bon temps sous les piles d'un pont.

En centre-bourg, la nationale serait requalifiée départementale ou communale. Les mamans n'auraient plus peur de sortir les poussettes et les poussettes leurs mamans. Les anciens iraient à pied chercher de quoi remplir leur pilulier et les plus jeunes pourraient sans risque s'adonner à la pratique du motocross. Port-sur-Saône, se réjouissait le maire, deviendrait bientôt une Ville fleurie. Horizon 2020, la ville rouvrirait ses fenêtres.

Brossant les tapis de sa Xantia, il se trouvait une dame pour s'en plaindre. Déjà que le commerce n'allait pas fort, mais avec le contournage, comme elle l'appelait, tout allait fermer dans l'année. Les Français, pensions-nous, n'étaient pas simples à gouverner. Pas vraiment méchants, jamais contents. Pierre me fit promettre de ne jamais nous lancer en politique. Il ne voyait pas que je croisais les doigts. Comme tous les garçons en âge mental de fréquenter le Mounky Parc, j'hésitais encore entre devenir président, sapeur-pompier ou Kylian Mbappé.

« Il y a aussi la rivière, reprit la dame à la Xantia. Dans le temps, on s'y baignait tout l'été. Aujourd'hui c'est fini : la dernière fois que mon gamin a coulé une brasse, il a chopé une infection. »

Elle nous parlerait bientôt des saisons, du grésil en avril et des tomates qui n'avaient plus le goût de tomates.

« Au fait, vous couchez où ? Au camping ? Gaffe, c'est plein de moustiques tigres. »

J'ai regardé Pierre. La suggestion valait le coup d'être étudiée. Il était tôt encore mais j'en avais plein le dos et lui les pattes. Un peu plus bas, le camping de la Maladière nous tendait ses battants de portail. Au bungalow d'accueil, Eugénie annonça d'entrée la couleur :

« Alors pour ce soir... il va me rester que la roulotte. »

Ce qui signifiait qu'elle nous la destinait. Gamelles, piquets de tente, sac à viande et réchaud, c'en était plus ou moins fini des campings à l'ancienne. Beaucoup montaient en gamme, diversifiaient leur offre ou donnaient dans l'insolite.

Et l'insolite, à Port-sur-Saône, c'était la roulotte. Une véritable roulotte tzigane en bois d'arbre, avec la clim en prime, des prises 220 volts et une parabole sur le toit. Le temps d'un week-end, il était permis de se rêver bohémien. Car les Français aimaient la bohème, si tant est qu'elle ait les dents blanches et s'appelle Kendji Girac. Ou porte le mulet de Tony Vairelles et plante deux buts à Valenciennes. Au camping de la Maladière, contre 50 euros la nuitée, taxe de séjour comprise, les deux enfants devenaient un peu gens du voyage.

XIV. – **Jour de scrutin.**

« A voté ! »

Un des deux préposés au vote a fait tinter la cloche. Dans l'ancienne salle de classe de Rupt-sur-Saône, la République s'observait dans un huis clos. En poussant la porte, nous entrions dans un tableau. Le soleil de dix heures éclaboussait le décor, la poussière volait dans la lumière en rayons. Au milieu de la salle, une grande table avait été installée. Sur la toile cirée, les onze piles de bulletins précédaient une urne transparente. Sur des chaises de jardin en plastique, deux hommes accueillaient les votants. Et derrière eux, contre le mur, les flammes dansaient dans le poêle à bois. Bienvenue à la mairie.

« Attends, qui nous dit que ce sont pas des djihadistes ? » Notre arrivée était un événement. Dans la commune d'une centaine d'habitants, nous étions inconnus au bataillon. Gérard, doudoune bleue, jogging vert et chaussettes dans les Birkenstock n'avait pas attendu cinq secondes pour faire la blague. Dans les grandes villes, certains bureaux de vote étaient surveillés dans la crainte d'une attaque terroriste.

« Nous venons en amis », a répondu Philibert. De toute façon, nous n'avions pas vraiment la tête de fous d'Allah. Nous étions doux comme des agneaux halal, et nous voulions simplement passer notre dimanche à observer le rite républicain. Dans 69 000 mairies, écoles, salles des fêtes ou autres, les Français étaient appelés à voter. Depuis 1962 et l'élection du président au suffrage universel direct, le droit de vote apparaissait comme un « devoir républicain ». Dans *Le Tour de la France par deux enfants*, nous n'avions pas trouvé la moindre trace du passage à l'urne. Pourtant, le retour du suffrage universel masculin direct par le décret du 5 mars 1848 avait fait grand bruit. Augustine Fouillée, née en 1833, ne pouvait pas ignorer ces mots du gouvernement avant l'élection de la nouvelle Assemblée constituante : « À dater de cette loi, il n'y a plus de prolétaires en France. Tout Français en âge viril est un citoyen politique. » Certes précoces, André et Julien n'étaient pas en âge de voter. Mais on aurait pu les initier, préparer l'avenir. Rien, que dalle. Pour l'heure, le choix de notre destination s'était porté sur Rupt-sur-Saône. Le village m'avait plu. Il ressemblait à certains centres-villes du Vexin, dans la vallée de la Seine. Avec les maisons couleur de craie, les champs qui couraient jusqu'au fleuve. L'église du XVIIIe fermée, en péril, entourée de son cimetière aux croix penchées. Et le château plus haut, ses pierres blanches qui veillaient sur la combe.

De djihadistes, nous sommes vite devenus des confidents. Quelques blagues, deux, trois questions, et l'affaire avait été réglée. Gérard et les deux conseillers municipaux en charge du vote avaient fait leur scolarité ici. Mieux, ils avaient tous été dans la même classe. À quelque soixante ans, ils étaient à nouveau réunis ce dimanche dans leur salle de classe. Gérard parlait à toute vitesse, et l'accent franc-comtois n'aidait pas. « Le poêle n'a pas bougé. Tiens, un élève allait chercher le bois de chauffage dehors, là, sous la remise, et se chargeait de le remplir. Hein, les gars ? » Gérard traversait la salle de classe pour nous montrer la cour de la mairie. Leur ancienne cour de récréation. Avec Gérard, on avait mis le doigt sur un bavard. Il continuait.

« Moi, j'adorais les enterrements. Vous vous rappelez ? On quittait l'école pour aller servir la messe. On loupait une heure de cours. La veuve nous donnait une pièce, et le curé aussi ! »

Les deux autres ont ri. Gérard a traversé la salle encore une fois. Le parquet en bois clair craquait. On avait remué ses souvenirs, il racontait.

« Et là, dans le coin, c'était pour les punis. Regardez ! »

Il s'est serré contre le mur à droite du tableau en ardoise, mimant le bonnet d'âne.

« Exactement ici. Et tu passais le cours dos aux copains. »

Ce jour d'élection devenait pour nos amis un retour en enfance. Évidemment, il n'y avait plus d'école à Rupt-sur-Saône. Il n'y avait même plus un commerce. Et Gérard a récité la litanie des grandes disparitions : la fromagerie, l'épicerie, le bureau de tabac, le bistrot, les deux boucheries, le cinéma des lundis soir. « Maintenant, on n'a plus que nos yeux pour pleurer. » Il a répété cette phrase plusieurs fois.

Pendant ce temps-là, de rares familles accomplissaient leur devoir citoyen. En entrant, chacun se serrait la main. Les enfants étaient intimidés par la solennité des gestes.

« Si c'est eux qui votaient, on serait peut-être mieux gouvernés, nan ?

– Bah qu'est-ce tu fais là, Gérard ? s'est étonnée une femme.

– Ils m'ont embauché pour garder le bureau. »

De nouveau, tout le monde a ri. Les entrants passaient rapidement derrière le rideau blanc de l'isoloir et revenaient devant l'urne. Les préposés cherchaient les noms sur la liste électorale.

« C'est à moi qu'y faut que tu donnes ta carte, Josyane, c'est moi le chef !

– Oh ça va, tu sais comment je m'appelle, nan ?

– Oui mais c'est la règle... »

Gérard restait en faction, le regard alerte. Il voyait les gens entrer et repartir, prêt à sortir une vanne. « Tu mets l'enveloppe dans la fente, c'est comme une tirelire. »

Il feignait la méfiance à chaque nouveau visage. Il a même refait la blague des djihadistes. En fait, il connaissait tout le monde.

À midi, ils étaient cinquante-trois à avoir voté. Dans l'urne, les enveloppes ressemblaient à des poissons morts. Nous étions là depuis deux heures, et ça faisait déjà une éternité. Les bons mots de Gérard, sa façon de traîner dans le bureau prouvaient bien qu'un jour d'élection était un jour d'ennui. Même le soleil d'avril semblait s'ennuyer. Dehors, le vent soufflait mollement. Les gens allaient voter sans conviction. Nul enthousiasme. Ce qui animait Gérard, et les hommes qui se succédaient sur les chaises en plastique blanc, c'était plutôt l'état du village. Ses commerces qu'on ne reverrait plus et les deux millions d'euros à trouver pour la rénovation de l'église. Ils parlaient d'organiser un loto. Les affaires traînaient. Pour chacun, il était temps de déjeuner. La relève est arrivée. Les deux nouveaux avaient mangé de bonne heure et se sont fait expliquer le processus. Nous sommes sortis avec ceux du matin. Gérard aussi. Je crois qu'on finissait tous par étouffer. Le soleil dorait les pierres, et la grand-rue était vide. Le clocher comtois a sonné les douze coups de midi. Amorphe, Rupt-sur-Saône faisait déjà la sieste. Ce dimanche après-midi serait une longue absence. Gérard nous a ensuite salués devant chez lui, fatigué de ses blagues. C'était un temps à épouser les courbes de la Saône, à se laisser guider par l'eau. Descendre encore, avancer. La voiture a ronronné, et puis l'autoradio : « Le temps est bon, le ciel est bleu, nous n'avons rien à faire, rien que d'être heureux… »

La voix d'Isabelle Pierre inondait la 204. Tant pis pour notre « immersion totale » en bureau de vote. Nous n'étions pas prêts pour ce genre de marathon.

XV. – L'hirondelle, le président et les mystères de l'amour.

On était bien, là. Paisibles, à la fraîche, décontractés du devant. La France comptait les heures avant Pujadas et bientôt commencerait à dépouiller. Quant à nous, versés sur une grève de la Saône, les coudes en traversin, nous comptions dans le ciel les hirondelles. Nous ne comptions pas longtemps. Ces vingt dernières années, leur population avait décru de moitié. Une hécatombe. Surtout pour l'hirondelle rustique, la plus commune. Je n'inventais rien, c'est RTL qui me l'avait raconté : à l'automne, les hirondelles partaient se dorer le plumage en Afrique, puis s'en retournaient par le Sahara. Le réchauffement climatique rendait plus périlleuse encore la traversée. Celles qui revenaient de l'enfer, comme les poilus de 14, trouvaient un pays qui ne se ressemblait plus. L'Europe vermifugeait, arrosait ses cultures de pesticides qui tuaient les insectes. Les maisons modernes, sans combles, étaient tartinées de crépi et l'hirondelle n'avait plus où construire son nid. De tout cela le printemps se foutait bien qui bourgeonnait sans souci des oiseaux. Je le trouvais vache. Non, l'hirondelle ne faisait pas le printemps, mais au moins elle y contribuait.

Au bureau de vote, on nous avait parlé d'un petit bistrot de carte postale. Chez Yvette, à Ray-sur-Saône. Midi et soir, paupiettes pour tous et chariot de fromages. Je m'étais renseigné, Yvette possédait un poste de télévision. Nous irions chez elle connaître les résultats.

Très occupé à ne rien faire, je songeais à notre Augustine. Son livre était une exhortation au labeur. Le « travail » y revenait à deux cent cinq reprises. Parmi les « devoirs envers soi-même », il était recommandé de ne pas perdre de temps. Et nous faisions scrupuleusement l'inverse. Notre voyage sur les traces de ce manuel devenait un hymne à la promenade. En quelque sorte, nous tuions la mère. Qu'aurait-elle pensé de nos déambulations durables, de notre tour de l'errance par deux sales gosses ?

Pierre coupa court :

« Merde ! t'as vu l'heure ? On va louper le score ! »

D'un bond, nous avons tressailli. Samba délacées, Pierre a sauté sur les pédales tandis que je plongeais sur la banquette. Pied au plancher, il abordait les virages en expert, comme à Baccarat. Je versais dans les chicanes. 19 h 54, passage de la voie ferrée, 19 h 58 devant le store de l'Yvette, crissement de pneus. Je me suis projeté hors du véhicule avant même que Pierre ait tiré le frein à main. Entré en trombe, j'ai fondu sur Yvette :

« Alors ? Alors ?

– Alors quoi ? » a répondu la patronne.

Sans blague ! Les élections, tout le ramdam depuis des mois, l'édition spéciale et *Le 20 heures*, ça lui passait très au-dessus de la tête à Yvette. Oui, sa télé était bien allumée, mais branchée sur une autre chaîne. Ce soir, TMC diffusait l'épisode 25 de la quatorzième saison des *Mystères de l'amour*, et Yvette, pour rien au monde, n'aurait cédé la télécommande.

Je me tournais vers Pierre, pareillement estomaqué. Puisque nous restions, il fallut s'asseoir. Yvette tirait deux chaises et nous fit passer le *Télé Loisirs*, ouvert à la bonne page :

DANGER DE MORT

> Saison 14, épisode 25, série TV. – « *Après la disparition de Doumé, Ingrid reçoit la visite d'un inconnu. Mélanie prépare sa vengeance auprès de Chloé et Sylvain. Olga fait une découverte surprenante concernant Lucky, mais comment l'annoncer à Laly ?* »

Et comment annoncer à Yvette que je m'en balançais ? Tout de même, cela faisait réfléchir. Et relativisait l'importance de l'événement. Ce soir, des tas de gens préféreraient la compagnie d'Olga, Lucky et Laly à leur personnel politique. D'autres choisiraient *Super Nanny*, le foot sur Canal ou le bêtisier de NRJ12. Nous prenions ça pour du désintérêt, c'était aussi l'expression d'une rancœur. Yvette estimait qu'on s'était trop longtemps moqué d'elle. À gauche comme à droite, aucun président n'avait jamais respecté ses promesses. Le prochain, la prochaine, continuerait de mentir.

Doumé, lui, ne mentait pas. Sinon à Ingrid, qu'il avait séduite en lui dissimulant qu'il était homosexuel et marié, ce que l'enquêteur Anthony ne tarderait pas à révéler à Ingrid. Mais Ingrid l'ignorait-elle vraiment ? Ou feignait-elle d'apprendre d'Anthony que

Doumé lui avait menti ? Ce serait l'objet de l'épisode 26, « Armes, larmes et alarmes ».

XVI. – **Le sang des Ray.**

Nous avons trouvé refuge dans une chambre d'hôtes, à quelques rues de Chez Yvette. À la campagne, elles avaient remplacé les hôtels qui s'abîmaient comme des épaves en centre-ville. Dans l'entrée, nous percevions déjà la rumeur de la télévision. Il n'était pourtant pas question de rejoindre l'après-vacarme des élections, et notre hôte nous parla plutôt du château de Ray-sur-Saône. Cette femme chaleureuse d'une soixantaine d'années, aux cheveux courts et gris, avait presque toujours vécu ici, au pied du château. Elle se souvenait du parc ouvert aux enfants du village. Ils jouaient à cache-cache dans les jardins. Elle nous tendit un livret jauni sur lequel était écrit : « Le sang des Ray ». Oui, depuis le XIe siècle, la transmission du château était assurée par le sang. Guy de Ray, Isabelle baronne de Ray et duchesse d'Athènes, Marie-Célestine, François-Philippe II marquis de Marmier... Les Ray avaient traversé la grande Histoire de père en fils et de père en fille sans que jamais la chaîne ne se brise. De 1080 à aujourd'hui, les dates se succédaient sur le papier. Une fleur de lys ajoutait même à trois reprises du sang royal à la famille. Captivés par la lignée des Ray, nous avons oublié les discours des candidats qui se succédaient à la télévision. Notre hôte avait la chaleur rassurante d'un feu de bois. Elle nous a raconté une dernière histoire, avant d'aller dormir. Sa voix affectueuse nous berçait.

Au cours des années 1970, le châtelain fut marié de force avec une noble de la région parisienne. C'était le drame des lignées qui trop souvent excluent l'amour. L'homme n'était plus à la hauteur de son rang. Il passait ses soirées au village à boire des bocks. Les alcools noyaient le sang des Ray. Le châtelain découchait, il se perdait dans les bars. Sa femme restait cloîtrée, là-haut. Tout le monde à Ray la savait dépressive, et on regardait son mari, pathétique, rentrer le soir en cognant les murs. On ignorait la voix de la châtelaine. Pour les enfants qui jouaient dans le parc, elle n'était qu'une ombre, une idée. Elle passait ses journées à peindre dans sa chambre, sous les combles. On devinait seulement sa présence à la fenêtre. La lumière restait allumée toute la nuit. Et, le jour venu, elle tirait le rideau. Nul ne savait ce qu'elle peignait. L'autorité du sang enfermait une artiste et son chevalet dans un château qu'elle haïssait. Depuis le bourg, on voyait la propriété comme un lieu de malheur. Même les enfants ne voulaient plus monter pour jouer entre ses murs. Le château sentait la mort. Un jour, la châtelaine cessa de peindre. La maladie avait gagné la bataille. Elle se jeta dans le vide, par la fenêtre de sa chambre. Depuis lors, la lumière resta toujours éteinte sous les combles.

Nous avons gagné nos lits, étourdis. Ainsi, les villages que nous traversions étaient pleins d'histoires en dormance. Il fallait des conteurs et des voyageurs pour les ravir à leur sommeil. La France aussi avait ses Mille et une nuits. Avant d'éteindre la lampe de chevet, j'ai regardé une dernière fois le livret du *Sang des Ray*. Sur une photo en noir et blanc, on voyait le château en forme de fer à cheval. Et les pelouses autour, tondues de près entre les allées de gravier. J'essayais de deviner quelle pouvait être la fenêtre de la pauvre morte. En exergue, il était écrit : « Ne sommes-nous en effet, ici-bas, autre chose qu'un anneau de cette longue chaîne qui, à travers les siècles, nous unit au passé. » J'ai éteint la lumière. Philibert dormait déjà.

XVII. – Au chevet de Vincenot.

Pierre me l'avait fait admettre ce matin. De la géographie je ne savais rien. Dix ou douze villes à peine sur une carte muette. Je me défendais mieux pour les fleuves. Le Rhône à droite, la Garonne dans un coin, la Somme au nord. Pierre s'était bien marré lorsque j'avais greffé le Rhin en Côte-d'Or. Je ravalais mon orgueil. Pas plus brillant en géo qu'en arithmétique, au moins connaissais-je des histoires.

« Très bien, allons-y, raconte-moi quelque chose sur le Vexin par exemple... »

Je négociai une seconde chance.

« Bon... disons... la Bourgogne alors. »

Coup de pot. Plus bourguignon qu'Henri Vincenot tu mourrais et d'Henri Vincenot je savais un rayon :

« Mon petit Pierre, est-ce que tu connais la Peuriotte ? »

Il a levé l'œil, circonspect.

« ... Eh ben, laisse-moi te dire que la Peuriotte, mon pote, ça vaut le détour. »

Je misai tout là-dessus. Tapis complet de ma réputation. Par le menu je commençai à raconter Vincenot, l'auteur de *La Billebaude*, du *Pape des escargots* et le héros de cette anecdote, qu'entre toutes j'avais retenue :

« Vincenot devait avoir quinze ans. Un léger duvet venait d'emménager sous son nez (cela je l'inventais, pour le reste tout était vrai). Le jour de battue. Les camarades planquaient au loin, Henri, le tempérament musardier, avait pris le large avec un chien. C'était l'hiver 1927, 28, par là. Comme à son habitude, il billebaudait, c'est-à-dire qu'il furetait, fusil cassé, nez au vent, vent dans le dos, au hasard des enceintes et des bois. Soudain le soleil avait basculé sur l'autre versant. Il se couchait de bonne heure : c'était l'hiver.

– Tu l'as déjà dit que c'était l'hiver...

– C'était l'hiver, donc. Depuis belle "heurette", il ne reconnaissait plus ni les rochers ni les ravins familiers. Henri devait se rendre à l'évidence : il était perdu. Perdu dans cette âpre Bourgogne, la haute, paysanne et forestière qui donnait plus de lait que de vosne-romanée.

– Merci Jamy… accouche !

– Dans les futaies, l'ombre prenait ses quartiers. Misère, jamais il ne serait rentré à temps pour la soupe… Le petit gars n'était pourtant pas du genre à s'apitoyer. D'autant qu'il venait, gaillard, de débusquer un petit ruisseau. C'était simple, l'eau coulant vers le bas, il suffisait d'en suivre le courant pour retrouver la vallée, donc les maisons. Il serait bientôt tiré d'affaire. Les brodequins détrempés, comme deux serpillières, Henri pataugeait à travers bois, à travers champs. Une demi-heure plus tard, tandis qu'il n'y voyait presque plus rien, le jeune Vincenot crut rêver. Il venait de déboucher dans une petite combe profonde, où la forêt digérait lentement un hameau de pierres grises.

"Certains toits étaient effondrés et même de jeunes frênes s'élançaient de l'intérieur de plusieurs maisons éventrées, d'autres étaient encore intactes ou presque, quoique moussues et couvertes de petites joubarbes rouges."

« D'entre deux roches coulait l'eau d'une source qui remplissait un vieux lavoir et se perdait dans le cresson. Il y avait aussi le semblant d'une étable, affalée sur elle-même.

"Face à la vallée perdue, les quelques maisons ouvraient l'œil mort de leurs fenêtres. Un beau silence recouvrait tout ça. De temps en temps, le

grand cri féroce d'un couple de circaètes qui pla-
naient très haut dans le ciel. À côté d'un seuil, un
banc de pierre où l'on voyait des coquilles de noix
brisées. Sur un perron s'ouvrait une porte béante.
Je n'avais jamais vu ces maisons qui dormaient
sous un édredon de ronces et de troènes au milieu
des bois, sur le bon versant d'une combe mysté-
rieuse, et même, je n'en avais jamais entendu par-
ler. C'était la Belle au Bois dormant, j'en étais le
Prince charmant. "

« Ce soir-là, Henri se jura qu'il y reviendrait un
jour, réunirait les parcelles, faucherait, désherberait,
remonterait une à une les vieilles pierres, jusqu'à la
dernière, celle qui serait tombale. Car il avait choisi,
ce Vincenot de quinze ans, qu'il mourrait là, cou-
cherait pour toujours dans le lit de cette combe
endormie... »

L'écrivain avait rendu l'âme en 1985, je crevais
d'envie de visiter son paradis. Contre un pain de
campagne et son comptant de pâté, Pierre daigna me
suivre. Nous avions, pour les besoins de l'expédition,
rempli deux musettes dudit pâté, de lard, d'une cafetière italienne, d'une grande gourde, d'un canif et de
duvets. À la mairie de Commarin, où nous garions la
voiture, quelqu'un nous avait renseignés :
« Personnellement parlant j'y suis jamais monté,
mais je sais que je crois que c'est par là. »
Nous n'avions pas tardé à nous perdre. Après
deux ou trois kilomètres, le sentier s'arrêtait soudain.

Nous en trouvions un autre un peu plus loin, puis un troisième, prenions à gauche au premier embranchement, à droite au second et rebroussions chemin. Vers la fin de l'après-midi, Pierre laissa tomber son sac à terre. Il était, disait-il, « plus que l'heure de casser la croûte ».

Assis sur un talus, je retournais la carte dans tous les sens quand une dame apparut, on ne savait d'où, bâtons de marche et casquette de trekking, avec rabat anti-UV. Poliment, je priai l'apparition de nous indiquer la Peuriotte. « C'est très simple », répondit-elle en se lançant dans une explication très compliquée.

À la tombée du jour, je débusquai enfin mon Amérique. Trois petites croix plantées en rang d'oignons. L'écrivain, sa femme et le petit prince : leur fils aîné François.

Henri Vincenot ne s'était pas dédit. Sa vie durant, il avait racheté les parcelles et rendu son âme au lieudit. Les fougères avaient depuis récupéré l'usufruit mais une maison tenait encore. Courbatu, Pierre dévissait déjà la cafetière italienne. Nous avions l'eau courante, qu'il suffisait d'aller chercher en courant mais il manquait le café.

« Rassure-moi, Philou, tu l'as pas oublié ? »

Je baissai les yeux, pleinement conscient de ma faute. Pierre entre ses maxillaires aurait broyé du béton. Je mesurai l'immense torrent de haine en lui-même, au regard qu'il me jeta. Noir espresso. Plus tard, il me citerait Georges Perros, de mémoire :

« Vivre sans arrêt avec une personne, du matin au soir, au bout de huit jours on la déteste. »

Pierre pouvait me détester tant qu'il le voudrait : j'étais heureux parce que nous étions loin de tout. Loin des nationales et de la frénésie, loin des rames de métro, d'internet et de l'arabica doux. Rien qu'avec un copain dans la bruyère. Nous dormirions ce soir dans le rêve de Vincenot.

XVIII. – Une grande agglomération : Dijon.

Nous n'avancions plus. Depuis Plombières-lès-Dijon, on jouait à touche-touche avec la voiture de devant. Sans blague, je craignais une tendinite à force de tirer le levier de vitesses. On ne roulait pas en automatique, et les bouchons en 204 pouvaient finir en déroute. La surchauffe, le burn-out. Entre deux 4 × 4, notre voiture se faisait toute petite. Elle patientait, comme tout le monde, dans la file interminable.

« Et si je mettais les warnings et qu'on grillait par la gauche, là ?

– Je préfère pas, Pierrot. En plus c'est sûrement un accident devant.

– C'est surtout l'enfer... »

En voiture, Philibert s'était toujours montré un copilote raisonnable. Un accident entre copains l'avait refroidi, il y avait des années de ça. Il ne supportait plus l'imprudence, et pouvait patienter des heures sans broncher, emmitouflé dans sa canadienne. L'entrée dans Dijon était donc notre première excursion dans une agglomération. Nous apercevions le lac Kir, sur la droite, enveloppé de parkings et de joggeurs. Nous sommes passés au ralenti devant le Bar de la Plage. Un café de routiers à l'américaine, avec des Indiens coloriés à taille humaine et des drapeaux du monde entier sur le toit. J'ai demandé à Philibert s'il était cap de traverser la route pour nous acheter des glaces. Visiblement, ça ne l'intéressait pas. Pour une fois, il était calme et reposé. Il semblait revivre son pèlerinage chez Vincenot et continuait à prendre des notes sur son calepin. On a snobé la brasserie, passant sous son nez à la vitesse d'un déambulateur. À notre gauche, par endroits, des rues étroites et raides s'enfonçaient sous la voie ferrée. Elles se jetaient dans les combes qui entourent Dijon. J'hésitais à lâcher un gros coup de volant pour tenter une aventure sur les chemins de traverse. Mais notre carte n'était pas assez précise et, selon le copilote, il valait mieux patienter encore un peu. Rester sur la route de Dijon. Philibert vous dira que les bouchons me rendent dingue. Que je deviens fou et prédis l'enfer. Il n'aura pas tout à fait tort. Je souffrais de la jambe droite qui cherchait le point de patinage très haut. « L'enfer, l'enfer, l'enfer !! » C'était ça Babylone, un embouteillage géant. Je pestais. Et l'autre qui s'en foutait à ma droite et regardait par la fenêtre comme un teckel dans une voiture de mamie. Dans le foutoir du tableau de bord, j'ai trouvé le coupe-ongles, sous la paperasse. Je me suis refait une beauté au-dessus de la portière.

Ça m'occupait. « Merde quoi, si même à Dijon tu te tapes des bouchons... »

J'avais depuis longtemps fini mes soins, quand nous avons repris de la vitesse. Les bouchons se terminaient enfin, sans la moindre explication. Je subissais l'injustice des punitions gratuites. Nous avons longé la gare, et j'ai cherché au plus vite à me débarrasser de la voiture. Le centre-ville était le royaume du « semi-piéton ». Et ma jambe droite avait subi les affres des ralentissements. Accélérer sans caler. Freiner. Reprendre de la vitesse, freiner à nouveau... Plus éprouvant pour le genou qu'une séance de vélo elliptique. Je voulais me « dégourdir les jambes », comme disent les parents sur les aires d'autoroute. Dans Dijon, les rues s'animaient. La fin de matinée annonçait l'arrivée des premières pauses-déjeuner. Où l'on ne sait plus si on peut boire le café en terrasse lorsque le couvert est déjà mis. Nous découvrions la ville comme deux retraités en excursion. Flânant à la bonne aventure. Dijon nous est apparue vivante, douce à vivre. Nous avons débouché sur le marché couvert où se précipitaient des vieux couples avec des caddies ; des halles en fonte cernées par les vendeurs de sapes et de plastique. Sous la verrière, derrière les étals, les maraîchers préparaient déjà leur fuite. L'air s'engouffrait dans les allées, la lumière de midi filtrait par les persiennes en verre. La fin de marché avait des allures de chantier fatigué. Les odeurs étaient sales. Il fallait célébrer ici notre arrivée dans le chef-lieu de la Bourgogne. Attablés à la buvette du marché, au milieu du souk, nous avons commandé notre premier ballon de vin blanc. Un verre de maranges, un fumé, vieilli. Aussi frais que les courants d'air qui sprintaient sous les arcades. C'était notre participation à l'économie locale. À nos côtés, deux hommes finissaient leur discussion. Ils parlaient du scrutin de l'avant-veille. L'un d'eux a tourné sans conviction les pages froissées du *Bien public*. À son copain, il a dit :

« Tu sais, c'est beau ce qu'on est en train de vivre.

– Ah ouais ?

– Emmanuel, c'était le vrai nom du Christ. Il faut l'accueillir comme le nouvel évangile.

– D'accord... »

L'humour sauverait la France.

XIX. – La fleur et le tramway. Un jeu de croquet.

Au coin de la rue Michelet et de la rue du Chapeau-Rouge était l'enseigne d'un magasin d'art floral. Nous n'avions pas d'aïeul à fleurir ni d'adultère à nous faire pardonner, pourtant je ralentis le pas. Sentir, sentir seulement, ne coûtait rien. Dans son arrière-boutique, la fleuriste cultivait ses arrière-pensées. Cette phrase, je l'avais cueillie quelque part et voilà qu'elle me revenait dans les senteurs de pivoines et de jacinthes. En vitrine se bousculaient de jolies plantes, tout un enchevêtrement de compositions florales et de petits arbustes. Les doigts en jumelle, nous avons collé nos fronts à la vitre, pour mieux voir.

Derrière un rhododendron, à même la moquette imitation pelouse, était entreposée une boîte en sapin. En sapin mort, précisons-le. Ses planches mesuraient environ 1,20 mètre de long par 30 ou 40 centimètres de large.

« C'est peut-être un cercueil d'enfant », dit Pierre.

Je n'accordais aucun crédit à son hypothèse. À supposer, à supposer seulement qu'il s'agisse d'un cercueil d'enfant, je ne voyais pas nettement ce qu'il foutait là, au pied d'une Azalea japonica, dans la vitrine d'un magasin d'art floral sis rue Michelet à Dijon, département de la Côte-d'Or... À quatre heures de l'après-midi qui plus est. Et quand bien même s'agissait-il d'un défunt juvénile, pourquoi l'exposer ici, à la vue de tous, plutôt qu'en remise, dans un sac de terreau horticole, par exemple ? Il devenait urgent de le savoir.

Au son du carillon de la porte d'entrée, la fleuriste parut, pimpante. C'était le mot, pimpante. « Madame, vous êtes pimpante », j'aurais voulu lui dire. Et ne le dis pas.

« Messieurs, en quoi puis-je vous renseigner ? C'est pour un anniversaire ? pour une maman ? Vous êtes frères ? »

Dieu l'Emmanuel, qu'elle était belle ! Pierre et moi la dévisagions béatement, l'effeuillions un peu beaucoup du regard, sans rien répondre. J'étais ce petit garçon qui achète une rose pour l'offrir à la dame qui la lui vend. Et, devant notre silence :

« ... Un deuil peut-être ? une communion ?

– Non, non, simplement… la boîte, là, en vitrine, on se demandait si ça n'était pas des fois… »

Elle ne nous laissa pas finir :

« Il s'agit d'un jeu de croquet, les garçons… Il dormait dans le grenier d'une maison de famille et je m'en débarrasse parce que je déménage à la fin du mois.

– Donc la boutique elle aussi est à vendre ?

– Malheureusement, oui. Ça ne marche plus comme avant. »

Plus comme avant… Ça y est, c'était reparti. Mais comme avant quoi ? La guerre des boutons ? Les chocs pétroliers ? Le passage à l'euro ? Pourquoi tous ces gens nous donnaient-ils le sentiment d'être nés à contretemps ? Étions-nous retardataires à perpétuité, condamnés pour toujours à la fumée des cierges ?

« Non, je veux dire : ça ne marche plus comme avant le tramway. »

C'était pour la fleuriste une évidence. Le « transport électrique suburbain » aurait bientôt raison de ses graminées. Très en vogue au début du siècle, la mode du tramway était passée vers 1960 ; elle revenait en force depuis vingt ans. Aujourd'hui, tout député-maire qui se respectait devait avoir en sa bonne ville un tram, ainsi qu'un enfant des baskets neuves à la rentrée. À Nantes, Grenoble, Rouen, Strasbourg, Lyon, Le Mans, Bordeaux, Le Havre, Nice, Orléans, on posait les rails qu'on avait démontés un demi-siècle plus tôt. C'était, disait-on, une recette infaillible pour emporter les élections.

Aux élus perplexes, les constructeurs proposaient même des prix de gros. Dijon avait négocié de mutualiser la facture avec Brest. Deux tramways pour le prix d'un. Dans la foulée de grands travaux, on avait repensé « l'aménagement urbain », orchestré une « requalification urbaine » et planté deux mille arbres. L'hypercentre, rendu aux habitants, était devenu piétonnier. Manque de chance, la boutique d'art floral était mal desservie par le tram. L'arrêt le plus proche était à 550 mètres, c'était 500 mètres de trop pour les petites dames qui composaient sa clientèle. Elles iraient se fournir au centre commercial de la Toison d'or, où l'on tolérait encore le stationnement. Je perdais courage. Rien ne servait de courir la France, l'histoire, chaque fois, se répétait : la dévitalisation des centres-villes, l'agonie des commerces et l'étalement de leurs concurrents en périphérie. En l'honneur de cette petite fleuriste victime de sa ville verte, je décidai de n'aimer passionnément pas du tout le tramway.

« Puisque c'est comme ça, madame, on vous le prend, votre jeu de croquet. »

Pierre s'était voulu très solennel. L'acquisition du jeu de croquet lui semblait un geste engagé, une forme de résistance militante et citoyenne. Guy Môquet des temps nouveaux, il entendait gagner la guerre avec une canne-marteau et des arceaux rouillés. La fleuriste a souri. Elle était contente de voir que le jeu passerait aux mains d'enfants plutôt que d'antiquaires.

Nous repartions donc la boîte sous le bras. Ce machin pesait deux ânons mort. Au 51 de la rue de la Liberté, libérée de voitures, la fleuriste nous avait parlé du Pauvre Diable, un grand bazar monté en 1875 par un chef de rayon du Printemps parisien. Une institution dijonnaise. Gravée sur la pierre blanche de l'édifice, on lisait encore sa devise, « *Omnia labore* », on arrive à tout par le travail. Au Pauvre Diable avait marqué les débuts du commerce de masse. Il visait une clientèle peu fortunée et affichait dès les années 20 son titre de « grand magasin de nouveautés le plus important de la région ». On y trouvait de tout et plus encore. Mais, comme les cheminées de la vallée des anges, le Pauvre Diable avait rejoint le ciel à l'aube du deuxième millénaire. En lieu et place avait poussé un magasin d'habillement bon marché… L'un des deux cents H&M de France, qui camelotaient de la fripe bon marché. À l'intérieur, des nappes de groove R'n'B dégorgeaient au-dessus de bacs « Soldes Suprêmes », tandis qu'au-dehors un grand vigile noir surveillait les entrées. D'un drôle d'air, il vit passer deux enfants trimballant sur le trottoir d'en face ce qui semblait le cercueil d'un troisième.

XX. – Premières neiges. Autun, porte du Morvan.

Il neigeait sur nos bouilles fatiguées, saisies par le froid. Les bouts de papier blanc venaient se coller sur mon écharpe. Ils tombaient de travers. Je les voyais s'abattre comme des serpentins, éclaboussés par la lumière des réverbères. La place était vide devant la cathédrale Saint-Lazare. La place était une bosse nue et trempée. Et la neige ne tiendrait pas sur le pavé. Tout finirait en pluie. Autour, les maisons semblaient se blottir l'une contre l'autre, effrayées par la cathédrale. Le soir était sinistre, et pourtant. L'apparition de la neige, fin avril, nous ravit. Nous ne voulions pas être ailleurs. Nous ne rêvions plus d'aucune chaleur. Heureux d'être à Autun, d'être au voyage comme deux mousses éloignés de leur port d'attache. Autun, un soir de neige... Portique ouvert au Morvan et à sa vie sauvage. Jamais nous n'avions été aussi près du cœur de la France. Au milieu du buste, là, sur la gauche. Si on voulait tuer la France, on tirerait d'abord sur Autun. On viserait l'organe vital.

En fin d'après-midi, nous avions pourtant quitté Dijon sous une pluie obscène. Ça n'avait jamais coulé aussi fort, depuis notre départ. Le ciel était fielleux et, dans notre fuite, il nous fit faire des erreurs. Sous l'orage, la 204 était aussi fébrile qu'une vieille dame en talons. Il fallait rouler lentement. Et les essuie-glaces cognaient la vitre, désespérés comme deux Sisyphe automatiques. Je conduisais à vue. Philibert ne parvenait même pas à déchiffrer les panneaux. « L'aquaplaning », ou « aquasplashing », osait-il même parfois, était sa grande peur. En à peine deux rocades, nous fûmes embarqués sur l'autoroute en direction de Beaune. Nous avions rejoint le circuit interdit et ses catadioptres effrayants. Je m'accrochais au volant. À nos pieds, un filet d'eau coulait déjà sur la moquette. La pluie rentrait par la bouche d'aération. Philibert installa une bouteille en plastique dans la précipitation. Il écopait. Nous roulions à droite, sur la voie réservée aux véhicules lents. Les 33 tonnes nous dépassaient avec fracas. Nous étions comme à l'équilibre sur une planche à voile, snobés par des paquebots. La route était barbare, mais au moins nous avancions. Les panneaux blancs réfléchissaient les noms de grands crus : Gevrey-Chambertin, Vosne-Romanée. Nous étions sortis à Nuits-Saint-Georges pour gagner une route à notre mesure. Il était encore trop tôt pour faire étape à Beaune, et nous voulions être dans le Morvan le lendemain matin. Nous avions donc visé Autun, grande oubliée du réseau Cofiroute. Encore traumatisés par la quatre voies, nous étions sûrs, là-bas, de ne pas capter le canal 107.7 de la bande FM. La pluie avait cessé en même temps que la nuit tombait. Place du Champ-de-Mars, sous les arbres nus, nous avions garé notre pauvre dame de fer. Autun, vide et trempée, allumait ses veilleuses.

XXI. – Une ville à travers les âges.
Le sacerdoce du libraire.

Du haut du temple de Janus, mille neuf cents ans nous contemplaient. Même en arrondissant, Autun ne datait pas d'hier. Sœur et émule de Rome, disait un panonceau en stratifié mélaminé, Augustodunum était née de la chute de sa voisine, la mythique Bibracte celte. L'Antiquité y avait planté un théâtre monumental, le Moyen Âge une cathédrale et l'époque industrielle deux crassiers. L'exploitation de schistes bitumineux avait connu son âge d'or au milieu du XIXe siècle. Bien avant l'ère du pétrole, l'huile extraite servait entre autres à fournir le gaz d'éclairage de Strasbourg, Dijon, Lyon et Paris. Une sous-préfecture illuminant la Ville Lumière, ça n'était pas rien. Le verso du panonceau, toujours mélaminé, s'attardait sur les inventions du siècle suivant. C'est ici et nulle part ailleurs qu'on avait mis au point le premier coupe-choux à lame interchangeable, la baleine de parapluie métallique, le dérailleur trois vitesses et le bas résille sans couture...

Seulement voilà, Autun avait depuis loupé quelques trains. À commencer par celui de la ligne PLM. Le TGV frôlait la ville mais ne s'y arrêtait pas. Non plus l'autoroute, qui filait 40 kilomètres au large. À l'heure du village global, c'était impardonnable : une région, un quartier, une cité mal irrigués devenaient un corps mort qu'il convenait d'amputer. Pour ne rien arranger, le bassin d'emploi s'était asséché. Rachetées par les Américains, les lingeries Dim ne portaient presque plus la culotte et les fonderies d'Idéal Standard avaient coulé leur dernier radiateur en 2002. En quarante ans à peine, Autun perdait un tiers de sa population. Les spécialistes appelaient cela une « hémorragie démographique caractérisée ».

Le matin même, à l'hôtel du Grand Café, nous avions consulté le site internet du Grand Autunois. Il fallait pour être orienté renseigner sa catégorie. « Parent », « nouvel arrivant », « senior » … J'avais coché la case « jeune » et un message d'erreur était survenu : « Aucun résultat ne correspond à votre recherche, merci de modifier vos critères de recherche. » Dans certains coins de France, il ne faisait pas bon avoir dix-huit ans.

Pierre souriait. Était-il à ce point dépourvu d'empathie ? N'avait-il jamais porté de slip Dim et profité des baleines par gros temps, pour se réjouir ainsi du malheur d'autrui ? Je ne tardai pas à découvrir l'objet de son enthousiasme. À mi-pente de la rue aux Cordiers était une devanture rouge carmin. Derrière cette devanture étaient des livres. Derrière ces livres était Arnaud. L'année dernière, il avait choisi d'ouvrir ici sa librairie. Non pas malgré l'enclave mais parce que l'enclave. Arnaud était de ceux qui embrassent leur profession avec la langue et répondent à l'appel d'une vocation. Originaire de la banlieue lyonnaise, il évangélisait la campagne en faisant commerce de phrases. Arnaud avait non seulement investi l'ancienne librairie-papeterie d'Autun mais en avait encore doublé la surface, en reprenant la crêperie d'à côté. Aux galettes de sarrasin succédaient les rayons poésie, beaux-arts et littérature étrangère… Dans sa seule boutique, il comptait quarante mille références.

« Ma comptable prétend que c'est vingt-cinq mille de trop ! »

Alors, pour l'enrhumer un peu, Arnaud se passait de système informatique, fourrait son bouclard de poètes russes, d'essayistes slaves, d'historiens poitevins ; il perchait haut le *Pétrole* de Pasolini et s'approvisionnait en Marcel Schwob, sans la moindre assurance de les vendre un jour. Avec émotion, il se souvenait de cette dame, entrée un soir, en soudaine fringale de Jean Paulhan. Arnaud n'en avait pas cru ses oreilles. Du menton, il lui avait indiqué trois volumes et la cliente était repartie l'œuvre complète sous le bras.

Des fringales d'académiciens, cela existait donc. Comme existaient les fringales d'Astérix ou de Série noire. Avec le même empressement, il servait tout à la fois le profane et l'averti. Le snobisme d'une partie de ses confrères avait, disait-il, fait du mal à la profession. Bien des Français n'osaient plus entrer en librairie de peur d'être jugés par-dessus la monture. Arnaud n'était pas censeur, ni juge-arbitre du bon goût. Plutôt qu'un refuge d'incunables sentant le renfermé, il voulait sa boutique ouverte à tous les vents contraires. Et, ce matin-là, son échoppe était plus fréquentée qu'un Apple store aux heures pleines. Les Autunois, grands, gros, petits, richards et lycéens, s'y bousculaient.

Quelques années plus tôt, une ministre de la Culture avait mis au jour le plan machiavélique d'Amazon : par des pratiques de dumping, le mastodonte de la vente par correspondance casserait d'abord les prix pour ensuite les faire remonter une fois le monopole acquis. Le fait est que les librairies résistaient plutôt bien. La loi sur le prix unique y était pour quelque chose et, si deux cents points de vente disparaissaient chaque année, il s'en ouvrait presque autant. À entendre Arnaud, une nouvelle génération de libraires émergeait en France, qui travaillait ses stocks, écrémait, conseillait…

« Je vais même vous dire, je pense qu'Amazon nous a permis de faire notre Vatican II ! Ça nous a obligés, nous les libraires, à nous remettre en question et à développer une offre vraiment complémentaire, un modèle plus humain. »

Épatant ! aurait dit d'Ormesson, épatant ! Les petits David à binocle défiant le grand Goliath luxembourgeois. Arnaud, curé sans soutane, missionnaire en pull à capuche Rip Curl affrontait le dragon, faisait communier les enclaves et prêchait partout la bonne parole. Il était le seul libraire 40 bornes à la ronde.

Tous les matins, levant son rideau de fer, il renouvelait sa promesse d'une nouvelle aube. Un jour peut-être, il s'en irait évangéliser ailleurs, dans les prisons de Nantes ou le fond des Cévennes. Ce temps-là n'était pas venu. Au moment de prendre la tangente, Arnaud nous a retenus :

« Ça me fait mal de vous voir repartir tout nus. Choisissez-vous chacun un livre, ce sera mon cadeau. »

Carte blanche, trop blanche. Sur quarante mille, il s'agissait de tirer le bon numéro. Arnaud s'est replacé derrière son comptoir pour mieux voir notre manège. Comme des gosses abandonnés dans un JouéClub, nous n'en finissions pas d'hésiter. En bout de course, Pierre se laissa séduire par une poétesse russe et j'optais pour les *Vacances* de Marc Bernard. Au dos du livre, il y avait cet avertissement de son ami Roger Grenier :

> « *Je n'ai jamais connu personne qui, autant que Marc Bernard, eût le travail en horreur. Il suffisait que l'on en proposât un à cet homme si bon pour qu'une lueur mauvaise s'allumât dans ses yeux bleus. Une fois pour toutes, entre le travail et la pauvreté, il avait choisi.* »

Cette bonne pioche, je ne la regretterais pas avant le lendemain. Toujours en charge de la guidance, le vieil atlas routier sur les genoux, quelle ne fut pas ma surprise de découvrir qu'à la page 58 succédait la page 65. Vierzon devenait donc limitrophe de Châlons-en-Champagne et Nonancourt de Vitry-le-François. Où que nous allions, c'était vers l'inconnu. Huit pages manquaient qui faisaient du Morvan notre pot au noir. Je redoutais l'instant prochain où Pierre l'apprendrait. Il s'agirait alors de s'accrocher au bastingage : ça allait secouer.

XXII. – Les contreforts du Morvan. La départementale Autun-Nevers.

Le pays changeait. Et rien ne comptait plus que l'instant présent. Nous suivions les Écritures : à chaque jour suffisait sa peine. À chaque jour ses paysages.

Et, depuis Phalsbourg, ils muaient. De creux en bosses, des sapins bleus aux rives de la Saône, les routes entraient dans d'autres mondes sans prévenir. Il faut parfois des changements plus nets pour en tenir compte. Établir quelque bilan. Nous étions entrés dans le Morvan comme on pousse les battants d'une porte. Nous passions dans une autre salle. Ailleurs. Nous étions ailleurs, sans que la proximité kilométrique de Paris nous effrayât. Nous traversions un pays vert. La route s'élevait entre deux talus. Des nuages s'égaraient trop bas. La pluie n'était jamais loin. Et nous devinions déjà les ragots de la neige, plus haut. Les fermes devenaient plus rares. Nous progressions sans réserve, et je m'inquiétais pour l'essence. Nous avons retrouvé la départementale qui relie Autun à Nevers. J'espérais que nous tiendrions jusqu'à Château-Chinon. On nous avait conseillé de passer à Arleuf pour déjeuner. Le Cornemuse nous accueillerait. Seulement, à deux heures passées, nous continuions notre lente ascension. La neige s'emparait des fossés et, pour la toute première fois, nous roulions sans l'assistance des bourgs et des carrefours. La route découvrait des clairières de mélèzes. Une bruine molle recouvrait le pare-brise, et nous arrivions dans des territoires gagnés définitivement par la neige. Nous étions gamins devant ces forêts de troncs sans branches qui se dressaient autour de nous. J'avais des sensations de vertige à l'envers. La route s'est tassée, et nous avons atteint le plateau d'Arleuf. Nous laissions les bois noirs de la Résistance, maquis de jadis contre l'ennemi allemand. Le Morvan, alors, s'est offert à ciel ouvert. Nous avons retrouvé les premiers hameaux, puis le bourg, et Le Cornemuse, enfin. J'ai garé la voiture juste devant l'entrée, comme dans un drive-in. Les murs du restaurant, multicolores, tranchaient avec notre carrosserie grise comme le ciel, avec la couleur unique du pays que nous avions franchi.

Il était déjà tard. Le Cornemuse a rouvert sa cuisine pour deux voyageurs. Nous avons trempé notre viande charolaise dans le fromage fondu, sous le regard bienveillant de la patronne. Nous avions le restaurant pour nous tout seuls, avec ses danseurs, ses musiciens dessinés comme des Arlequins. Une peinture jazz. Un feu de bois somnolait dans l'âtre. Nous faisions nos réserves pour la journée dans ce décor fantasque. On nous apprit que Le Cornemuse était bien plus qu'un bar-tabac-restaurant. Sa salle de concert était courue dans toute la région, et on venait même de Nevers assister aux spectacles.

« Eh bien, nous, on vient d'Alsace pour votre fondue ! » répondis-je.

La patronne a ouvert une porte. Elle donnait sur un balcon. Il y avait sous nos pieds un vrai saloon organisé autour du dancing. Je n'avais qu'une envie : commander une pinte de Kriek et convoquer les Creedence Clearwater Revival. On taperait du pied sur *Bad Moon Rising*... Au lieu de ça, il fallait retrouver l'habitacle englacé de notre pauvre 204, l'autoradio qui déraillait et les albums de Véronique Sanson.

Philibert a acheté des jeux à gratter. Les tickets perdants s'étalaient depuis un moment sur le tableau de bord.

De nouveau, la route. La départementale et ses camions-citernes. J'observais la jauge d'essence, imprécise. À Château-Chinon, je gaverai la voiture de benzine. J'en mettrai assez pour un septennat. On arrivait dans le pays de François Mitterrand. Une époque qui ne nous disait rien, soyons honnêtes. Nous avons surtout vu un ciel gris, une route plus large, grise aussi. Et une ville qui vivait dans le souvenir d'un président que nous n'avions pas connu. Pas même étudié en classe. De Château-Chinon, je me souviendrais surtout de la quête d'une station essence et de la fontaine de Niki de Saint Phalle. Ces formes dansantes aux couleurs vives, ce charivari sur le bassin fangeux. En faisant le plein de Sans-Plomb 98, je me suis demandé si elle ne s'était pas inspirée des murs du Cornemuse. Sous le ciel gris, au pied des forêts noires, les hommes dessinaient au crayon de couleur sur le Morvan.

XXIII. – Les silhouettes noires. Le feu.

Elles ressemblaient aux seconds rôles des mauvais rêves. Plus petit encore que tout petit, j'avais remarqué la présence de ces silhouettes noires, ombres furtives qui hantaient mes cauchemars et les bords de route. À l'âge de lui demander, maman m'avait expliqué. « Elles indiquent, mon chéri, qu'une personne est morte ici. » Ma mère n'avait pas lu Françoise Dolto. Quand la peur du gendarme ne suffisait plus, on avait recours à ces fantômes plantés dans le talus. Je les haïssais. Toujours au pire instant, ils jaillissaient d'un fourré pour me terroriser.

Sur la route de Château-Chinon, au troisième couplet de *Rockollection*, l'un d'entre eux a surgi en sortie de virage. Cette silhouette avait un nom, peint à même le contreplaqué. Nina, 19 ans. Sept lettres, deux chiffres, une virgule et un point final. Il y a un mois, un an, deux ou trois, Nina périssait dans la courbe. Fin de la partie. Je coupais le caquet de Voulzy. Ces mausolées des bas-côtés me filaient la frousse. C'était l'objectif. La route était vorace en vies humaines. Selon les statistiques, elle les aimait jeunes, entre dix-huit et vingt-quatre ans, insouciants, insolents, alcoolisés de préférence. La malemort rôdait tôt le matin, tard la nuit, autour des discothèques, en rase campagne. On ne se méfiait jamais assez. À chacun d'entre nous elle avait confisqué des copains de lycée. Sur le goudron mouraient aussi les animaux. Une trentaine de mille chaque année, percutés par les calandres, jetés sous les roues. Les pare-brise paraient aussi le chevreuil et l'asphalte buvait le sang versé. Bien souvent, le lendemain d'un accident, il n'y paraissait plus rien. Juste deux ou trois bris de verre et un enjoliveur oublié. Je pensais à la mère de Nina qui devait avoir l'âge des nôtres. Peut-être passait-elle tous les matins devant le cénotaphe en aggloméré. Pour inciter à la prudence, la Sécurité routière ne prenait plus de pincettes. Quelques contusions psychiques, pensait-on, valaient mieux qu'un traumatisme crânien. C'est à cela que servaient ces cimetières d'outre-glissière. À ne pas oublier que la route était dangereuse, à « sensibiliser », comme disaient les hommes politiques. Étions-nous à ce point désensibilisés, oublieux, anesthésiés ? Il faudrait le demander aux petites silhouettes noires.

Nevers approchait, à 50 kilomètres à l'heure, 40 dans les côtes, quand nous avons remarqué cette banderole, déroulée depuis les fenêtres d'un hangar en tôle ondulée. « Pompiers en grève. #Colère. » Colère ? Les pompiers savaient donc se fâcher tout rouge ? Première nouvelle.

« Si le 18 fait la tête, dis-je à Pierre, il doit y avoir une bonne raison. Allons voir. »

Sur le parking, un sapeur s'en grillait une. Deuxième nouvelle : en colère et fumeurs. Pas de feu sans fumer, disait un dicton du siècle précédent. Dix minutes plus tard, le sergent-chef Desmoulins nous reçut dans la salle de briefing. Tous les pompiers se ressemblaient, mais lui ressemblait plus encore. Grand, costaud, des abdos plein son polo, il semblait aussi à l'aise en rangers que mon papi dans ses chaussons.

« Je n'ai pas bien compris qui que quoi dont où ni ce que vous êtes, mais si vous venez pour la banderole, je peux vous expliquer ».

Sans autre forme de procès, le sergent a démarré son laïus. Autrefois, la caserne de Nevers était à Nevers. Mais le bâtiment vieillissant, les camions grossissant, les normes s'additionnant, il avait fallu déménager, trouver une friche où bâtir une caserne d'aujourd'hui. Tout le monde aimait les pompiers, jusqu'au moment de les accueillir. Les maires des communes limitrophes s'étaient chacun à leur tour débinés au motif que les sirènes occasionneraient des nuisances. Au bout du compte, on avait fichu les pompiers à Saint-Éloi, là où ça n'embêtait personne. Sauf que Saint-Éloi était de l'autre côté de la voie ferrée. En cas d'intervention, s'il arrivait un train, il fallait donc attendre derrière les barrières. « Il se tut, il avait trop à dire », lisait-on dans La Fontaine. Nina n'aurait qu'à attendre que passe l'express de Montargis.

Là-dessus s'ajoutaient les réductions d'effectifs et de moyens, les coupes budgétaires, l'insécurité sur le terrain… c'est dire s'il en avait ras le casque, le sergent Desmoulins. L'un de ses hommes était tombé en dépression le mois dernier. On venait d'apprendre qu'il ne reviendrait pas. « C'était un gaillard, pourtant, qui en avait vu d'autres. »

Soldats du feu, du sang, des larmes et d'à peu près tous les emmerdements possibles, leur domaine de compétences allait du chat coincé au feu de forêt. Le soir du 13 novembre 2015, deux fourgons avaient quitté toutes sirènes hurlantes la caserne Saint-Éloi pour épauler les sapeurs de Paris. Ce qu'avaient vu les gars là-bas ne se racontait pas. Le sergent avait simplement ajouté :

«Vous savez, nous, les pompiers on n'est pas très expansifs. »

Pour dire sa lassitude, ses déceptions, le sergent s'exprimait d'une voix calme, posée, rassurante. Non, c'est vrai, le métier ne ressemblait pas à ce qu'il avait imaginé en s'engageant. Du reste, la profession peinait à recruter, et l'âge moyen des professionnels reculait.

« On met tout dans le sac à dos mais là, vraiment, il est plein. Je vous assure, les coutures pètent. »

En quittant la caserne, j'espérais qu'on leur repriserait la musette. Après tout, n'étaient-ils pas les derniers héros sans flingue ? Bravant l'ennemi avec une échelle et des compresses. « Ils sont les anges gardiens des temps modernes », dirait ce soir-là sur M6 le commentaire d'un reportage *Enquête d'action* à des téléspectateurs en quête de sensations. Et voilà comment on traitait nos anges gardiens. Ils continueraient de sourire encore un peu sur les calendriers, mais dans le fond d'eux-mêmes, les pompiers neversois ne riaient plus.

XXIV. - Magny-Cours et les grandes heures du sport automobile français. Jours de repos à Nevers.

Je n'étais pas parti en pole, la faute à une pénalité pendant les essais. J'entamais une remontée, et j'apercevais déjà la tête. J'évitais les passages au stand, je risquais le tout pour le tout. Mais elle tenait, ma 204. Les pneus hurlaient à chaque virage. Je prenais la corde sans mettre un coup de frein. La sueur coulait sous mon casque. J'étais assoiffé, mais qu'importe. Je visais le podium. Ma petite voiture grise aurait son jour de gloire. Je porterais la casquette Pirelli comme Lewis Hamilton, Sebastian Vettel ou Nico Rosberg. Comme eux, « paf ! », j'arroserais le parterre de champagne. Je n'entendais même plus la foule amassée sur les gradins. Il n'y avait plus que le cul des bolides en tête. Je voulais les allumer un par un, comme un sniper. La 204 avait une tenue de route que je ne lui avais jamais connue. Sur un circuit, elle se dépassait, elle était prête à crever. J'ajoutais mes traces noires au rouge et blanc des chicanes. Je frôlais le gravier et repartais de plus belle. Dans la grande courbe, mes deux roues gauche se surélevaient. La voiture flottait, cavalière sans peur et sans reproche. J'entrais dans la cuvette d'Estoril en deuxième position. Sur la dernière boucle, je patientais à la mort dans les roues du poleman. La victoire était là, au bout. J'enverrais l'adversaire au tapis s'il fallait. Dans l'un des ultimes virages, celui du château d'eau, je visais droit, sans trembler. Je nageais dans ma combinaison. La voiture devinait mes intentions, elle savait mes gestes. Je passais sur la droite, ma carrosserie frôlait l'autre engin. J'avais réussi mon dépassement, et je descendais vers l'arrivée avec le seul bitume à l'horizon. J'ai vu le drapeau à damier agité par les commissaires de course. Mes yeux piquaient, noyés sous la sueur. J'avais le temps de baisser la vitre avec la manivelle et de lever le poing en l'air. Je dédiais ma victoire à ma mère, et ajoutais Magny-Cours à mon palmarès. Pierre et sa 204, vainqueurs du Grand Prix de France ! Je voyais déjà le titre de *L'Équipe*, lundi : « Chapeau, monsieur ! »

« Pierrot ? Oh Pierrot ! ? On se tire, tu viens ?

– Quoi ? Ah ouais… Oui j'arrive. »

Philibert m'appelait, sous la rangée de gradins multicolores. Il s'apprêtait à repartir avec notre ami Dominique. Je me résignais à les suivre. Sur le circuit, on assistait aux essais de Superbike. Leur bruit atroce me faisait rêver. Autour, les tribunes de Magny-Cours étaient vides. Nous étions en pleine semaine. Et, de toute façon, les grandes courses avaient quitté la Nièvre depuis des années.

Nous avions décidé de faire une longue étape à Nevers, chez une bonne amie de la fac. Ses parents nous accueilleraient. On avait retrouvé la chaleur d'un bercail. Ils nous recevaient comme des fils. Comme si ces chambres, un jour, avaient été les nôtres. Nous avions la sensation de revenir dans un lieu que nous découvrions pourtant. Dominique, le « pater familias », était un ancien pilote. Il s'était installé sur les bords de Loire aux grandes heures de Magny-Cours, bien avant l'arrivée de la Formule 1 au début des années 1990. J'avais fait des pieds et des mains pour qu'il nous emmène voir le circuit. Dominique connaissait du monde, et nous avions découvert le vase clos de Magny-Cours. Nous avions franchi les barrières sans problème. Dominique ne pilotait pas une 750 chevaux, mais une citadine, comme nous autres. Il avait arrêté la compétition un 13 avril d'il y a trente ans, victime d'un grave accident sous la pluie de Silverstone. Il en portait encore les séquelles. « Papa, il est tout rafistolé, avait prévenu sa fille. Il a plein de bouts de fer à l'intérieur. » Dominique avait ensuite monté son écurie de Formule 3000, lançant des pilotes français aux quatre coins du monde. Imola, Spa, Vallelunga… Le nom des circuits était des poèmes lyriques. Sans parler des drames, des virages maudits. J'aimais cet univers sans vraiment le connaître. En ravivant les souvenirs de Dominique, je soufflais sur des braises. Il avait un tas d'histoires tristes à raconter. Tristes, parce que les souvenirs sont souvent comme ça. Et puis c'est cafardeux, un circuit où ne roulent plus les champions.

« Tiens, on va passer devant l'hôtel de Jeannette. » Dominique parlait à toute vitesse et conduisait doucement. J'imaginais l'inverse chez un pilote.

« Hôtel… du Commerce. » J'avais du mal à déchiffrer le nom de l'enseigne sur la façade défraîchie.

« Oui, c'est fermé, forcément. Elle doit plus être de ce monde, la Jeannette. C'était le puits de science de Magny-Cours. Notre mère à tous…

– Votre mère à tous ?

– Quand je suis arrivé pour courir à Magny-Cours, j'ai loué une chambre de bonne chez Jeannette. Saint-Parize-le-Châtel, c'est là que tout le monde habitait. On était à deux minutes du circuit. »

Dominique avait ralenti. Il cherchait à reconnaître les lieux.

« Et Jeannette alors ?

– Jeannette, elle accueillait les pilotes pour trois fois rien. Elle cuisinait, et y avait toujours moyen de s'arranger si tu n'avais pas les sous. Dans son restaurant, tu retrouvais tous les gars : Alain Prost, Jacques Laffite, René Arnoux, Didier Pironi… Ils venaient à l'hôtel avec leur voiture de course. »

Saint-Parize était pavillonnaire. Avec les villas identiques, le jardin aux mêmes dimensions. On passerait sans se retourner, égarés autour de la nationale 7. On parlerait d'un village périphérique sans âme. Mais il ne fallait jurer de rien. Dominique nous révélait un patrimoine invisible. Le souvenir d'un village qui avait vécu au rythme des courses. Mécanos et pilotes cohabitaient ensemble. Chacun bricolait, vivotait avec ses petits secrets, ses combines. Les chefs d'atelier, les responsables moteur avaient leur surnom. Entre concurrents, on organisait des parties de pêche sur l'Allier. On surveillait les dernières innovations des ateliers Tico Martini. Magny-Cours était une terre d'immigrés raides dingues du sport auto. Cette grande famille avait longtemps donné une image de la France dans le monde, avec son Grand Prix suivi par des millions de téléspectateurs.

« Mais l'esprit de village a pris fin avec l'arrivée de la Formule 1.

– Pour quelles raisons ? Tout le monde rêve d'accueillir la Formule 1, non ?

– Oui, mais curieusement, je trouve que la création du grand circuit a bouleversé le bon état d'esprit. Y avait trop d'argent en jeu. Et ensuite, maintenir le Grand Prix de France ici était devenu trop cher. »

La Formule 1 avait quitté le circuit en 2008. D'une certaine manière, Magny-Cours était victime de son succès. On avait vu la fin des grands pilotes français, des beaux mecs aux cheveux longs. Et Saint-Parize avait retrouvé son calme.

« Et toi, Dominique, c'était lequel, ton circuit préféré ?

– J'aimais beaucoup Silverstone. Mais en France, je crois que c'était celui de Pau. Il me réussissait. Un gars du coin connaissait la route par cœur. Il m'avait expliqué comment gagner... »

Dans son bureau, à Nevers, on découvrirait une photo couleur encadrée. Une image de sa victoire à Pau. Bien sûr, on ne pouvait pas le reconnaître, ligoté sous sa carrosserie. Lui, il levait le bras en l'air. Pour de vrai.

Nous avons passé deux nuits à Nevers. C'était inédit. Un « jour de repos », comme le peloton du Tour de France. Et comme les coureurs, nous en profitions pour récupérer, casser le rythme. Nous pouvions enfin nous habituer à des visages, dire « à tout à l'heure », revenir sur nos pas. Nous vivions dans notre bulle depuis près de deux semaines. Une bulle qui roulait, et savait éclater. Mais la vie nomade fatiguait. Nos amis habitaient une maison de campagne en plein centre-ville. Le garage était une ancienne écurie. C'était l'occasion d'y laver la voiture à grands seaux d'eau. Les banquettes étaient couvertes de tickets de caisse, de jeux à gratter, de miettes, de CD abîmés, de bouteilles d'eau, de canettes, de papier toilette, de fringues, des manuels de Philibert : *Reconnaître facilement les arbres* ou *Copains des bois*... On avait retrouvé le chapeau de la cafetière italienne. J'essayais de bidouiller l'auto-radio, mais je m'emmêlais dans les fils, et je laissais tomber. On rangeait notre chambre. Comme une grande sœur, notre amie Mirabelle prodiguait quelques conseils de propreté. Surtout, elle lançait des machines à soixante degrés. On commençait à sentir les fauves. Hébergés par une fermière à Épinal, André et Julien, eux, étaient restés bien propres. Même sans gel douche, ils ne devaient pas être pris pour des vagabonds. Leur hantise était un peu ce que nous recherchions.

« La carte de visite Art Floral Décor, je jette ou pas ? » criait-elle dans la cage d'escalier, ayant vidé les poches de nos jeans.

« Et le plan touristique de... Sarrebourg ?

– Ne jette rien, tu gardes ! » répondait Philibert qui gardait tout.

Le lavage total de la 204 opérait un grand rafraîchissement dans ma tête. Philibert s'était même résigné à laisser à Nevers sa valise verte. Un cube rouillé d'un mètre sur deux dans lequel il traînait sa garde-robe. Il était pourtant toujours habillé pareil, comme Tintin reporter. Je n'essayais plus de comprendre. Nous décidions aussi de nous séparer du jeu de croquet. Sur l'herbe, entre les massifs de rosiers, nous avions enchaîné les parties. Dominique remplissait nos verres de « son » menetou-salon. Un vin blanc de contrebandier, clair et léger comme l'air. « Il est meilleur sans TVA, vous trouvez pas ? »

À table, nous racontions les premières étapes du voyage. Nous retrouvions le confort des amitiés sédentaires. Un bon dîner, les jeux de mots de Dominique, les silences qui ne gênent pas. Au contraire même, ceux qui rassurent. Dominique était désolé de la ville qu'il nous faisait découvrir. À Nevers, il était au chevet d'une grand-mère malade. Nous nous promenions dans des rues vides, dans une ville en vacances. Les commerces étaient à céder. Le palais ducal avait été trahi par des maires qui avaient laissé bâtir des tours sordides sur les bords de Loire. Des immeubles qui puaient l'amiante et l'entretien par milliers d'euros. Nous trouvions pourtant une âme à cette ville bonasse. On s'y sentait bien. J'entendais le « Neverrrs » prononcé par Eiji Okada à l'oreille d'Emmanuelle Riva, dans *Hiroshima mon amour*. Je songeais au *Bossu*, que je regardais dans l'appartement de mon grand-père. À la « botte de Nevers », au coup d'épée de Jean Marais que je reproduisais, enfant, déguisé en mousquetaire. Comme ces films et leur lointaine image, Nevers était resté une ville en noir et blanc. Curieusement, nous ressentions un supplément d'âme, ici, malgré les vitrines vides, les volets clos et les panneaux en carton des agences immobilières : « Bail à céder », « À vendre », « À louer ». Les vieilles enseignes de lingerie, les coiffeurs et les fleuristes étaient les derniers résistants d'une ville qui s'évaporait. Nevers avait la noire inquiétude et la chaleur bourgeoise des films de Chabrol. Avec Dominique, nous avions fait quelques pas le long du canal du Nivernais. L'eau sombre clapotait entre les jonchères. Une stèle rappelait que, le 1er mai 1993, on avait retrouvé là un ancien Premier ministre à l'agonie. Les mains dans son blouson Elf, Dominique se souvenait d'un bon maire, qui avait encouragé le sport automobile et attiré les entreprises à Nevers. Dans *Le Journal du Centre*, l'opposition politique n'hésitait pas à affirmer : « Il y a des bons héritiers et il y a des empires romains qui s'effondrent. Nevers a été, après l'ère Bérégovoy, dans le second cas. » On était sans doute sous le charme de la décadence, Philibert et moi. C'était débile.

Mirabelle nous a montré son école. L'ancien cours Fénelon était à quelques pas de chez elle. L'adresse : 1, rue Déserte. Nous avions pénétré dans une zone animale, un corps de bâtiments abandonnés, ravagés, qu'on aurait fuis après un cataclysme. Une friche de 3 500 mètres carrés de murs s'étalait en centre-ville. Cette visite nous a désolés. Nous n'étions plus sous le charme de rien. À vingt-cinq ans, notre amie cherchait déjà ses souvenirs d'enfance sous les décombres.

« Je me souviens, ici, ça sentait la pâte à modeler.

– Mais tout est ravagé… » soupirait Philibert, les mains plongées dans les poches de sa canadienne. Il levait les yeux et regardait autour de lui comme un promoteur immobilier en visite sur un chantier.

Nous progressions dans les courants d'air, sur les fragments de vitres brisées. Mirabelle découvrait un décor qu'elle avait laissé enfant. Voilà comment on le lui rendait… Partout, des vestiges que nous connaissions tous : une marelle, un panier de basket, des pissotières, un gymnase. Depuis la cour, nous avions deviné la chapelle. Mirabelle tenait à nous y emmener. Elle se souvenait de sa cérémonie de première communion. Les vitraux tenaient encore, mais l'humidité dévorait le parquet, les stalles, le bois du confessionnal qui s'affaissait. Soudain, nous avons sursauté. Philibert était monté au balcon et appuyait sur les touches de l'orgue. Un son rauque avait recouvert la pièce, une note fatiguée. Il était temps de nous enfuir. Mais, sous sa nuque blonde, Mirabelle ne semblait pas effrayée. Ses yeux en amande ne trahissaient aucune inquiétude. Le temps passait, voilà tout. Qu'est-ce qu'on allait faire de ces villes en friche ? Il y avait une France de la toundra, qui se vendait pour trois francs six sous. Je confiais à Philibert et Mirabelle que c'était là sans doute notre mission. Fuir les banlieues, refuser les cercles concentriques des agglomérations. Repeupler les centres-villes. Finis les Géant et le « shopping center », nous étions la génération du Carrefour City et du Monop'. De toute façon, on ne rentrait pas dans du XXL. Je voulais vivre en taille small toute ma vie.

« Au fait les gars, c'est vous qui allez les étendre, vos fringues. Sinon, vous repartirez mouillés demain matin… »

Mirabelle n'en ratait pas une. Une fois rentrés, on a vidé la machine. Dans le jardin, Dominique plantait les arceaux. On s'engageait dans une dernière partie de croquet-vin blanc.

XXV. – La supériorité de la Gomm' Efface-Tout sur les gommes magiques classiques. Le prodigieux Leclerc de Moulins.

« Dites bye-bye aux éponges magiques classiques. Plus grande, plus épaisse, plus souple, plus compacte et découpable, la Gomm' Efface-Tout de Liseré Vert est efficace partout et sur tout, du sol au plafond en passant par les PVC ! Regardez. »

Planté devant l'écran de démonstration, rayon serpillières et produits d'entretien du Leclerc de Moulins, je découvrais du même coup l'existence de la gomme magique Liseré Vert, et la supériorité de celle-ci sur les autres gommes magiques dites « classiques ». Le film de présentation n'en laissait pas l'ombre d'un doute. Diffusé en boucle sur une dalle 13 pouces, on y voyait une dame aux doigts manucurés nettoyer en souriant une cuisine immonde. Je répète, immonde. Le plan de travail était maculé d'éclaboussures, le carrelage souillé, sans parler du derrière de la gazinière dont les coulures de graisse semblaient dater du quaternaire. Quelle ménagère était-elle pour laisser son coin kitchenette dans un tel état d'insalubrité ? Coup de bol, cette maîtresse de maison peu consciencieuse pouvait compter sur la Gomm' Efface-Tout de Liseré Vert. Et ainsi recouvrer un seuil décent d'hygiène au sein de son ménage.

C'était déjà le dénouement. Tout bonnement magique, pensais-je. D'où le nom, sans doute, de la gomme magique.

Un peu plus tôt dans la matinée, nous avions interrogé Dominique sur les curiosités touristiques ou géologiques à visiter dans la région. Doumé s'était gratté la tête.

« Comme ça, les gars, j'vois pas. »

En descendant vers le sud, notre route ne croiserait pas d'alignement de menhirs ou de cirque de Gavarnie.

« Il y aurait bien quelque chose, avait repris Dominique, mais je ne sais pas si... »

Une heure plus tard, nous arrêtions la Peugeot 204 sur l'une des mille cent places de parking vacantes du

Leclerc de Moulins. L'un des plus grands du pays, l'un des plus neufs aussi. La mode n'était déjà plus au hard-discount. Bannières suspendues, pancartes promotionnelles agressives, affiches criardes, produits sur palettes étaient bannis. On faisait de nos jours dans l'épure et la « premiumisation ». Avec ses 9 700 mètres carrés de surface de vente, ses larges allées où le bois et le verre dominent, sa hauteur sous plafond, ses gondoles grand luxe et sa nappe de mille quatre cents leds, nous visitions l'un des tout derniers prototypes du commerce moderne.

« J'te laisse, me dit Pierre, je vais piquer une tête au rayon des Danette. »

C'était une chose étrange que la prolifération des hypers. Tandis que la consommation moyenne par ménage stagnait depuis des années, ils continuaient de grandir et de se reproduire. Plus que de simples magasins, ils étaient en réalité devenus des lieux de sortie. On venait y prendre l'air en famille, été comme hiver. Il n'y pleuvait jamais, n'y faisait jamais froid, jamais chaud non plus. Mieux encore, on s'y sentait en sécurité. Temple vidéosurveillé de quiétude et de profusion, le Leclerc de Moulins vous accueillait les bras ouverts et le sourire Aquafresh. Encouragés à déambuler, flâner, prendre leur temps, les clients devenaient des visiteurs. Je profitai d'ailleurs d'un banc de promenade pour me reposer un peu, laisser baigner mon esprit dans l'ambiance sonore tempérée. J'avais lu quelque part qu'il existait des sociétés spécialisées dans la composition de playlists stimulant l'acte d'achat. Tout ça rappelait un peu *Le Meilleur des mondes*. Un siècle plus tôt, Aldous Huxley avait imaginé une population bercée dans une soupe sonore douceâtre et léthargique.

Il arrivait qu'on trouve des livres dans les hypermarchés. En revanche, on trouvait moins d'hypermarchés dans les romans, alors même qu'ils étaient l'un des derniers lieux véritables de brassage. Devant les six mètres linéaires d'œufs fermiers se croisaient les classes populaires, les classes moyennes, les Blancs, les Noirs, les vieux, les pauvres et les moins pauvres.

À l'annonce d'une promotion sur la barquette de jambon découenné, j'eus soudain l'envie pressante d'être ailleurs, au loin, très loin. Quelle heure était-il ? Qui pouvait me le dire ? Je n'osais déranger les consommateurs. L'heure était probablement la seule chose qu'on ne trouvait pas à profusion au Leclerc de Moulins. Il n'y avait ni matin ni soir, seulement l'ouverture et la fermeture.

« Tirons-nous, dis-je à Pierre que je débusquai au rayon des mousses à raser. Tu es imberbe et je n'aime pas le découenné. »

XXVI. – **Nouvelle obsession de Philibert, et bifurcation vers Jaligny-sur-Besbre.**

On filait plein sud, sur la nationale du Soleil. L'autoradio ne fonctionnait plus, mais le voyage était rythmé par une autre musique. Chaque fois que nous croisions un poids lourd, c'était comme si la voiture entrait dans un tube. Un violent courant d'air frappait les vitres, et je devais tenir bon la barre pour ne pas dériver. À Philibert, je racontais une histoire qui m'était revenue à l'esprit, sitôt notre départ du Leclerc. Dans le bourg proche de notre maison de campagne, en Bretagne, il y avait un boucher nommé Jourdain. Un commerce familial, en face de l'église en granit. Son couscous du jeudi avait le goût des vacances d'été. Le couscous de M. Jourdain était une institution dans le pays de Léon. Sa réputation traversait les abers, le poursuivait jusqu'à Brest. Un beau jour, nous avions appris que Jourdain abandonnait sa boucherie. Le commerce ne sombrait pas, il y avait un repreneur. Mais Jourdain allait finir sa carrière ailleurs, la charge de travail devenant trop lourde. Il était devenu boucher-charcutier au centre Leclerc de la commune voisine. Cela avait été un séisme dans la famille, même si le couscous du jeudi avait été sauvé par son successeur. Un été plus tard, nous avions appris que M. Jourdain était mort, foudroyé par un cancer. Il avait survécu à vingt-trois ans de métier dans l'enseigne familiale, mais il mourait après quelques mois de grande surface. Je ne tirais aucune conclusion du drame, de ce conte d'été. Seulement, c'est à ce genre d'histoire, racontais-je à Philibert, à ces disparitions de rien du tout qu'on sent le temps passer. Quand les rituels deviennent des souvenirs.

On n'avait pas le temps de rêvasser. Ayant jeté un œil sur le road-book, Philibert s'était rendu compte que nous passions au large de la Besbre. Il avait pris des airs effarés. On allait traverser le Bourbonnais sans passer par Jaligny.

« Tu peux pas me faire ça, Pierrot. On quitte la N7… »

Je commettais un crime sans m'en rendre compte, à rouler vers Vichy en terre d'Allier, à raconter mes histoires. Car Jaligny était un haut lieu des nombreux faits d'arme de Philibert. Il y avait des années de ça, en école de journalisme, ses professeurs avaient demandé aux élèves de partir une semaine en « immersion ». Certains choisissaient une brigade de gendarmerie, un camp de migrants, une équipe de hockey sur glace ou un mouvement politique… Mon petit pote avait très sérieusement annoncé à ses profs qu'il filerait à Jaligny-sur-Besbre, arrondissement de Vichy, six cents habitants, pour passer une semaine au comptoir d'un bistrot. Il ne bougerait pas, c'était promis. Du matin au soir, de l'ouverture à la fermeture, il resterait accoudé.

« Pourquoi Jaligny ?

– Parce que c'est l'exact centre de la France, monsieur. »

Et parce que le maître à penser de Philibert, son chouchou, son Marcel Proust, avait habité à Jaligny avant de mourir à Paris en 1983. Oui, l'écrivain René Fallet était jalignois, et il portait les mêmes moustaches que M. Jourdain. Alors Philibert avait réussi son excursion, mais il avait échoué à l'examen. Il était rentré rubicond, plein de nouveaux copains.

« Alors, je bifurque ?

– Ouais, on attrape la D102 vers Gouise, Treteau.

– Quand ça ?

– Tu vas voir les panneaux, ce sera sur la gauche. »

C'est donc à Bessay-sur-Allier que Philibert était devenu un copilote irréprochable. Il connaissait sa gauche et sa droite, enfin. Il savait déchiffrer une carte Michelin. Sur la route large comme notre 204, entre les champs en jachère, Philibert se prenait pour un sylphe. Il avait baissé sa vitre pour attraper le vent en pleine bouille. Il volait, l'esprit libre et léger. Je ramenais l'enfant au pays, et j'étais heureux de lui offrir ce plaisir-là.

XXVII. – Un vieillissement prématuré. La rencontre de Fiodor.

Entre autres amabilités, il arrivait que Pierre me comparât aux chiens. Comme les canidés, disait-il, je vieillissais plus vite que les hommes et gagnais trois à quatre ans chaque année. Ainsi donc, en âge-Philibert, avoisinais-je les quatre-vingt-cinq ans. Divers éléments accréditaient sa théorie. J'avais continuellement froid, je superposais les couches, j'affectionnais les sous-pulls Damart autant que les boîtes de cachous Lajaunie ; celles-ci me rappelaient mon enfance d'avant-guerre, c'est-à-dire avant la guerre d'Afghanistan. À qui voulait l'entendre, et même à qui ne voulait pas, je répétais que c'était mieux avant, je ne possédais pas de smartphone et me trouvais dans l'incapacité de publier des hashtags ; je chaussais des semelles de crêpe, ne ratais jamais *Le Jeu des mille francs* à 12 h 45 sur Inter et en secret j'aimais Arielle Boulin-Prat. Après Pierre, mon meilleur copain s'appelait Jean-Claude et c'était mon grand-père. Après Jean-Claude, c'était Fiodor, un gars de Jaligny.

Fiodor m'avait pêché quelques années plus tôt tandis que j'attendais d'être vieux, dans un bistrot de sa commune. Il m'avait payé chopine, comme on ne disait déjà plus, et nous avions lié connaissance. En provenance de la Russie soviétique, Fiodor était tombé sur le sol de France un dimanche. Le 15 mai 1960 pour être précis. Le 16, il embauchait à la ferme. Trois hectares de betteraves à biner derrière une jument percheronne. Comme il travaillait bien, qu'il était jeune et plutôt charpenté, on avait pensé le marier à la Gisèle. Mais la Gisèle n'était guère plus à son goût que les betteraves. Alors Fiodor avait passé le permis poids lourd et s'était trouvé à conduire le car du ramassage scolaire. Il descendait les petits à Saint-Léon et remontait les grands au collège des Chenevières. À raison de quatre allers-retours quotidiens, j'estimais qu'il avait parcouru deux fois la distance Terre-Lune, cela sans jamais quitter le département. On avait beau dire, les voyages, rien de tel pour voir du pays !

Il y avait bien deux ou trois ans que je n'avais pas vu Fiodor. Je pariais pourtant qu'en allant le trouver au débotté il m'ouvrirait sa porte à peine surpris. C'était le privilège de l'âge. Deux ans, pour lui, ne voulaient rien dire. Un simple motton qu'il balayait du revers de la main.

Depuis le perron de sa bicoque, nous avons entendu ses mules descendre l'escalier, puis racler le lino du corridor. Il collait maintenant sa rétine à l'œilleton.

« C'est la Janine ? Non, c'est toi ? Ben, c'est bien aussi. »

L'accent slave de Fiodor s'était mâtiné de bourbonnais. Il arrondissait les angles de certains mots, laissait traîner les syllabes et garnissait systématiquement les noms propres d'articles. Le temps que je présente Pierre, Fiodor versait déjà le Nescafé dans des tasses d'Arcopal.

Sa petite cuisine était tapissée d'un papier peint jaune-orange qui reviendrait sans doute à la mode à l'horizon 2030. À gauche, sur le grand vaisselier, s'alignaient les plombs d'une balance devenue décorative. Le moulin Japy et les plats à terrine semblaient également à la retraite. Seul le poste cathodique travaillait encore dans un coin. Sur la nappe en toile cirée, juste à côté d'un plein sac de médicaments, quatre télécommandes étaient rangées par ordre de taille. La première servait à démarrer le boîtier, la deuxième, plus fine, à allumer le téléviseur, la troisième, plus grise, à régler le volume, et la dernière, plus vieille à...

« Fiodor, la Grundig, c'est pour quoi faire ? Le magnétoscope ? »

Fiodor fit signe qu'il ne savait pas, qu'il ne savait plus. Quelque chose clochait, je le sentais bien. En tirant la casserole du feu, il entreprit de nous raconter. L'année dernière, rentrant d'un bistrot de Châtelperron – où l'apéritif est à 1 euro tous les vendredis que Dieu fait –, deux gendarmes embusqués l'avaient prié de souffler dans le ballon. Fiodor avait soufflé une seconde fois en comprenant qu'on lui retirait le permis. Sans carton rose, à quatre-vingts ans passés, il était cuit. Le juge s'était montré magnanime et commuait le retrait en suspension. Passé la période probatoire, il suffirait audit Fiodor de se présenter sobre à la visite médicale. Hélas, notre ami en avait d'autres, qui s'invitaient plus souvent qu'à leur tour pour lui remonter le moral. Dans la région, on savait se serrer les coudes. On savait également les lever. Lors de précédentes venues, j'avais pu constater que les pruniers donnaient ici plus de liqueur que de confiture... Par trois fois, Fiodor devait échouer aux examens. On aurait dit que le monde entier en voulait à son vœu d'abstinence. La semaine d'après, il retournerait au labo tenter une nouvelle fois sa chance. Pendant ce temps, les cafés alentour désemplissaient doucement.

Ajoutés aux normes pour l'accessibilité ou la chaîne du froid, les contrôles d'alcoolémie n'arrangeaient pas les affaires des bistrots de campagne. Au petit matin, la maréchaussée trouvait parfois des tracteurs dans le fossé mais la plupart des gars du cru ne tentaient plus le diable. À moins d'habiter au-dessus d'une licence IV, ils pratiquaient désormais la réhydratation solitaire et cultivaient leur cirrhose à domicile. Chacun chez soi, les vaches étaient bien gardées. C'était un peu triste et tout à fait rassurant.

En laissant derrière nous la belle bourgade de Jaligny, dont l'écrivain Fallet était l'incontesté Du Bellay, je racontai à Pierre l'histoire de ce type entré un matin en trombe dans le café du Beaujolais, pour y commander « deux bières ». « Des pressions ? » avait demandé la patronne. Et l'autre de répondre, hilare : « Non, non… alcoolisme ! »

XXVIII. – **La réparation de l'autoradio.**

Nous parlons d'une époque où le Sans-Plomb 95 valait 1,56 euro. Le gazole, 1,39 euro. C'est, en gros chiffres, ce qui était écrit sur le panneau en plastique du garage Alevêque, à la sortie de Jaligny-sur-Besbre. Un bel établissement blanc qui précédait d'une centaine de mètres un second garage, sur la route de Lapalisse. On roulait tout de même avec une guimbarde de quarante ans d'âge, et j'étais toujours rassuré de nous savoir à proximité d'un garagiste. La filière se portait bien en France. Depuis la Moselle, les garages de famille foisonnaient sur notre itinéraire. Des petites enseignes cubiques, bâties comme les cinémas des années 30. Avec la bouche noire en plus, encrassée, dans laquelle on entassait les voitures en convalescence. Le garage Alevêque ne faisait pas exception. Sur le gravier, devant les pompes en faction, la 204 avait fait un dérapage contrôlé. Un jeune gars s'était tout de suite occupé de nous. S'approchant de la voiture comme dans les films, en essuyant ses mains noires dans un chiffon.

« Elle a l'air de bien rouler, votre petite, là ? Qu'est-ce qui se passe ?

– Comme dans toutes les voitures modernes, c'est l'électronique qui déconne…

– L'électronique ? Mince, vous avez de l'électronique dans une 204 ?

– Ouais, venez voir. »

J'ai montré au garagiste notre autoradio, greffé à l'habitacle par son propriétaire précédent. On avait touché à tous les câbles, essayé le rouge, le bleu, coincé un fil par crainte des faux contacts… En clair, ça ne fonctionnait plus. Le garagiste a passé la tête à travers la portière, déçu de ne pas avoir à lever le capot. Il avait demandé : « Qu'est-ce que c'est que ce truc, jamais vu un tel bricolage. » On avait dix minutes ? Ouais. Alors il allait servir les gens à la pompe et s'occuperait de nous.

On s'est regardés, Philibert et moi. À l'heure des distributeurs Selecta, du McDo livré à domicile par Uber Eats et du cyclisme en libre service, on servait encore l'essence aux clients. « Bonjour, monsieur ? Le plein ? Entendu. » Pour moi, une scène pareille n'était possible qu'en DVD ou en streaming. Ça me rappelait Bourvil dans *Le Corniaud*. Ainsi, l'automa-

tisation n'avait-elle pas encore conquis tout le territoire. L'ancien monde résistait. Celui du « bonjour,
fait beau ce matin hein, merci, allez bonne journée ».

Le jeune pompiste est revenu vers nous. Allongé
sur la banquette, au chevet de notre radio malade, il a
réalisé une chirurgie « maison ». Des coups de pince,
un rouleau de scotch, une pièce en moins...

« Désolé, les gars, soupirait-il entre deux efforts,
c'est... un peu... du bricolage... Mais celui qui a installé ce truc, je sais pas comment il s'y est pris.

– Vous en faites pas, on a confiance. »

Les deux jambes dépassaient par la portière
grande ouverte, parallèles au sol. Notre garagiste était
en suspens. Derrière nous, deux nouvelles voitures
attendaient d'être servies à la pompe. Elles patientaient, il n'y avait rien de pressé. Nous lancions des
petits sourires gênés. Et puis d'un coup, la voiture
avait gueulé. On chantait. Les deux enceintes se renvoyaient les notes d'un CD que nous avions coincé
dans l'autoradio. Le visage rouge mais le regard satisfait, le garagiste se relevait.

« C'est bon, ça tiendra comme ça, les gars. Après,
ce sera toujours du précaire vu l'installation initiale...

– On vous doit combien ?

– Oh... Donnez-moi 10 euros et ça ira. »

On a donné 10 euros, le prix d'un disque à la Fnac.
Bien peu pour une telle libération. Notre voiture avait
démarré sous les vivats du garagiste et des clients.
Je tournais le volume à fond. C'était *Le Sud*, Nino

Ferrer. J'ai klaxonné deux coups, et on a retrouvé le macadam.

XXIX. – Le grand embouteillage et la France des congés payés.

Nino n'avait pas tort. Après Chavroches, on aurait dit le Sud. Le temps durait longtemps et la vie sûrement, plus d'un million d'années au bas mot. C'est à Dompierre que nous avions passé la ligne de démarcation et laissé les froidures dans le rétroviseur. Nos chemises commençaient à coller dans le dos, c'était bel et bien le printemps, coude à la portière, bubble-gum et nationale 7.

Dans l'Allier, personne n'avait oublié les bouchons de Lapalisse. Au milieu des années 50, la France entière venait s'encarafer dans les parages. Seule voie de transhumance, la nationale 7, celle que Trenet chantait torse-poil à Narbonne, avait longtemps joué de l'accordéon. Le chassé-croisé des juillettistes et des aoûtiens se faisait à ce prix-là et donnait lieu à de mémorables encombrements dans les villages sortis de leur torpeur. Certains automobilistes n'hésitaient pas à rouler de nuit, car les voitures chauffaient. Les garagistes se frottaient les mains, qui bouclaient leur année en deux mois.

Au pied de son château, Lapalisse réunissait tous les ingrédients nécessaires à la catastrophe : une voie étroite – guère plus de 4 mètres – et un virage à angle droit. Il suffisait que deux caravanes s'accrochent pour provoquer l'étranglement. Ça ne manquait jamais. Au passage du pont, et des kilomètres en amont, ça klaxonnait, enfumait, pétait son joint de culasse. Les vacanciers qui se rêvaient déjà les pieds dans l'eau n'étaient pas au bout de leur peine. Les congés en ce temps-là se payaient au prix fort. « Quand c'est qu'on arrive ? » demandait la marmaille à l'arrière. « Peut-on sortir jouer dehors ? » Le temps de leur répondre par la négative, les enfants coulaient déjà dans la Besbre. Lapalisse, Tourves, Joigny vivaient tout l'été au rythme de la grand-route. Le moindre de leurs murs borgnes rayonnait aux couleurs du savon Cadum, des vins de table Préfontaines ou de la Suze gentiane.

À la demande générale, les autoroutes, puis le contournement avaient tari le flux de véhicules dans la petite commune... Ces embarras estivaux n'avaient plus cours depuis des lustres. Mais force est d'admettre qu'ils manquaient. Ils manquaient à tel point qu'un type avait eu l'idée de les reconstituer pour de faux. L'affaire n'était pas mince : on ne s'improvisait pas embouteilleur sur un coup de tête. Discipline, méthode et ponctualité étaient les maîtres mots. Pour commencer, seuls les propriétaires d'autos certifiées Trente Glorieuses, carte grise faisant foi, obtenaient le droit de participer. Moyennant quoi, tous les deux ans, déboulaient donc des centaines d'ahuris au volant d'anciennes voitures. Certains rappliquaient de très loin, de Limoges, Cardiff ou Knokke-le-Zoute. Quatorze heures aller-retour, pour venir s'embouteiller ici même à Lapalisse, respirer les effluves de gazoline, dilater sa durite, faire bouillir le radiateur et chauffer l'embrayage.

Il y avait l'an passé des Simca, pas mal de deuches, quelques Dauphine, des tractions, des Panhard et même un omnibus. Tout le monde jouait le jeu de cette France en quadricolor, grimé en bonne sœur ou pompiste. Un faux flic boudiné dans l'uniforme s'époumonait dans son sifflet, deux gros bras déballaient le calendos dans la cabine d'un vieux Berliet... Fumées noires, taches d'huile et sourire jusqu'aux écoutilles, l'encombrement routier était devenu l'atout numéro 1 de valorisation du patrimoine.

On pouvait dire et penser ce qu'on voulait – notre pays s'endettait, morflait, délocalisait –, mais au moins nous savions commémorer. L'Armistice, la Saint-Glinglin, les morts de la Grande Guerre et, désormais, l'admirable bouchon de Lapalisse.

XXX. – Brême-Gibraltar, le fabuleux voyage de Peter Sprunk.

Nous étions arrêtés pour le café de dix heures du matin sur une aire de repos des collines de l'Allier. Le soleil irradiait. La boule blanche luisait sur la carrosserie de notre voiture. Le rituel était toujours le même. On sortait la cafetière italienne du coffre, les quarts, l'eau, le café et le Butagaz. Sur le goudron, on s'installait en tailleur autour du réchaud, comme des Sioux devant leur feu. Le café ne devait pas bouillir, c'était, avec l'aquaplaning, une des grandes peurs de Philibert. Il vérifiait sous le chapeau en acier le liquide noir qui grimpait jusqu'à ses premières convulsions. « Café bouillu, café foutu », disait-il en imitant son papi. On posait le road-book sur le capot. On jetait un œil. Ce matin-là, nous avons même versé une goutte de whisky dans notre petit noir.

On a vu passer une première fois un pick-up blanc qui tirait une remorque. Cinq minutes plus tard, l'engin était de retour et se garait à côté de nous. La bagnole semblait bâtie pour les premiers Paris-Dakar. Elle prenait deux têtes à notre 204, mais elle était aussi ridée qu'elle. Des traces de rouille menaçaient les jointures des portières. La peinture s'écaillait. Une galerie de toit était harnachée au véhicule comme un casque sur le crâne d'un cycliste. Un petit homme est descendu. Il était d'un âge certain, et sa barbe blanche jaunissait comme son pick-up. Un col roulé noir donnait l'impression qu'il était sans cou. Son visage était sabré par les rides. Aux tempes, les crevasses trahissaient un homme qui devait souvent sourire.

« Hey guys, nice car !

– Nice car too ! ai-je répondu aussitôt dans un anglais d'école.

– My name is Peter. I come from Bremen, Germany. I am a traveller. »

On s'est levés pour l'accueillir. Peter était donc un voyageur, comme nous autres. Je lui proposais de partager un café avec nous. Il s'est approché. Peter tanguait un peu. Il marchait dans des Crocs bleu marine. On s'est serré la main. Il nous a tout de suite demandé où on allait. Ce qu'on faisait là, quoi, avec notre café et notre jolie Peugeot. Philibert n'avait jamais bien maîtrisé la langue de Shakespeare, plus occupé en cours d'anglais à feuilleter *Onze Mondial*. Il se débattait avec de grands gestes. Je l'ai invité à s'occuper du café et, en mélangeant l'anglais et l'allemand, j'ai expliqué à Peter notre objectif. « *Le Tour de la France par deux enfants*, Peter, it's a very old book in France. We try to follow the same road many years after the two children did it. Do you understand ? »

Je suis allé chercher le livre d'Augustine Fouillée sur le tableau de bord. Peter l'a pris dans ses mains lourdes et chaudes, des mains pleines de bonnes intentions. Ses lunettes pendaient sur son pull. Il les a posées au bout de son nez, et il a dévisagé notre vieil exemplaire. Il regardait les gravures : porcherie dans la Bresse, chaudronnerie d'Aurillac, dentellière d'Auvergne… «What's a dentellière… ? » a demandé notre nouvel ami. Je faisais comprendre à Peter que ce n'était pas vraiment le sujet. Nul doute que le métier avait, depuis, été remplacé par du consulting en dentelle.

« And you Peter ? What are you doing here ?

– Me, oh… It's a long story but you don't care. I drive to Gibraltar.

– Mince, t'entends ça, Philibert, Gibraltar !

– Ouais, c'est autre chose que Clermont-Ferrand. »

C'était donc une « long story » dont Peter nous passerait les détails. Il nous a fait patienter deux minutes, et est parti chercher un paquet de photographies dans sa boîte à gants. Peter devait bien avoir soixante-dix ans, et il voyageait ainsi depuis des années. Il nous montrait des clichés de son pick-up en pièces détachées. Car c'était lui, en Afrique, qui avait monté sa voiture. Les photos avaient la couleur des années 80. On voyait Peter au volant, Peter à l'atelier, Peter et ses amis. En 1990, il avait rejoint Vladivostok avec la même bagnole. Il l'usait sur les routes et les pistes du monde entier. Sur une autre photo, on le voyait en Afrique noire, entouré d'autochtones, en train de libérer le pick-up piégé dans un fossé. Il nous faisait rêver, Peter, avec tous ses souvenirs du bout du monde. Le café refroidissait. Il nous a montré le portrait d'un grand type qui paraissait cramé. Le genre de fou furieux qu'on croise au moins une fois dans sa vie. Lui, c'était Popoff, un de ses amis russes. Il était détenteur du record du nombre de tours du monde en ballon. Peter n'avait plus le chiffre en tête. J'ai levé les yeux au ciel, on ne sait jamais. Mais Popoff n'était pas là. Il n'y avait que du bleu, et les déjections blanches des longs courriers. On a tourné autour de sa voiture. J'ai même pris le volant, pour voir. Philibert tapait du pied dans les pneus obèses d'un air de dire : « ça a l'air de tenir… » Sur un bout de papier, Peter a écrit le nom des pièces d'art premier qu'il avait dégotées en Papouasie-Nouvelle-Guinée. Il les avait données au Museum Fünf Kontinente de Munich. Si on voulait voir ses trésors, il fallait demander le Doktor Thode-Arora.

Nous avons rangé le café et fait nos adieux à Peter, notre premier frère routard. Il restait petit déjeuner sur l'aire de repos. Il nous a regardés, en levant les yeux au-dessus de ses lunettes. Ébloui, un peu, par le soleil. Il a tapoté la carrosserie de la 204 en souriant. Peter était un grand-père de la route. Il en avait vu, des branleurs comme nous. J'ai démarré, et on s'est lancé un « Mach's gut ! ». Cette expression allemande m'a toujours réchauffé le cœur. On traduirait ça par « Fais-le bien… ». Il n'y avait rien de plus beau à souhaiter à un voyageur. Alors, « Mach's gut Peter ! ».

Sur la départementale tortueuse, en descendant vers Vichy, Philibert a ensuite dit des choses très vraies. Nous vivions dans un monde en mouvement, et le voyage n'impressionnait plus personne. La plupart des gens avaient déjà pris des avions aux quatre coins du monde. Les frontières s'étaient abolies. Ils avaient fait leur « road trip » initiatique et vu la misère grâce aux expériences humanitaires. Sur les réseaux sociaux, il y avait toujours un copain pour vous prouver qu'il existe, loin, un autre désert plus chaud encore. Une mer plus tempétueuse. Un bidonville plus dégueulasse. Tous, on bravait ça. Et on rentrait le sac plein de bonnes résolutions, l'iPhone rempli de photographies. Un type vous racontait son année d'études à Sydney ou sa mutation à Hong Kong. Ça n'impressionnait pas plus que ça. Alors, il fallait cesser les grands discours. Le voyage ne changeait pas notre monde. Sur les collines du pays vichyssois, attendri par la chaleur de l'auto, je pensais simplement à une chose. Qu'on n'était pas très loin de chez nous et qu'on ne révolutionnait rien. Nous étions deux acteurs de téléfilm progressant dans un Hollywood à notre mesure. Et j'avais désormais une certitude, depuis notre départ de Phalsbourg. Le pays que nous traversions était beau. Vivre là était déjà un don du Ciel. Au bout du compte, être voyageur, c'était prendre conscience de certaines évidences. « Les beautés de la nature doivent élever notre pensée », avisait Augustine Fouillée. Oui, le pays nous élevait.

XXXI. – **Vichy, une pastille difficile à avaler.**

Vichy avait sa pastille comme Cambrai ses bêtises, Bayonne son jambon, Ambert sa fourme et Cavaillon ses melons. Mais la pastille en question avait un goût amer. Un goût de vieux sucre rance, le goût d'une confiserie laissée trop longtemps dans sa boîte. La ville aurait beau se rincer à l'eau minérale, ferrugineuse, iodée, se récurer à la gomme magique, jamais elle ne parviendrait à laver complètement cette salissure-là.

Les Vichyssois n'avaient pourtant rien demandé, qui avaient vu poindre en juillet 1940 un vieux maréchal et dix mille fonctionnaires à sa suite. En un claquement de bottes, la tranquille station thermale était devenue capitale du gouvernement en exil, épicentre d'un État capitulard. Ces quatre années-là resteraient indélébiles. Aujourd'hui encore, le seul nom de la ville faisait se retourner dans la rue, servait de métaphore à l'ignominie. Depuis plus de soixante-quinze ans, la petite cité d'opérette portait seule le fardeau de la Collaboration, catalysait les hontes d'un pays tout entier. On avait bourré tout là-dedans et fermé par-dessus le couvercle.

À l'office de tourisme, nous découvrions que ce passé trouble faisait néanmoins l'objet d'une visite guidée. Rendez-vous était donné devant l'Hôtel du Parc où avaient logé Laval au deuxième et le Maréchal au troisième ; l'excursion se poursuivait par l'Hôtel de la Paix où avait siégé le ministère de la Propagande, le Métropole où avait été la milice et l'Hôtel du Portugal la Gestapo. Comme pour les safaris de stars à Beverly Hills, les touristes pouvaient photographier les façades, mais jamais pénétrer dans les appartements. Le bureau du Maréchal, par exemple, ne se visitait pas. Il était la propriété de l'ADMP.

« L'ADN quoi ? demanda Pierre.

– L'Association pour défendre la mémoire du maréchal Pétain », lui répondit-on dans un raclement de gorge.

Il survivait donc un comité qui militait pour la révision du procès de 1945. Les Français n'avaient pas encore tout à fait cicatrisé. Et comme nous autres, les enfants, ils aimaient triturer leurs croûtes, déballer le linge sale et froisser les beaux draps.

Sans surprise, parmi toutes les visites proposées par l'office de tourisme, «Vichy capitale de l'État français » était la plus prisée. Si prisée qu'il ne restait plus une seule place dans le prochain groupe. « Il faut attendre la semaine prochaine », nous dit le monsieur derrière ses dépliants.

« Tant pis, fis-je à Pierre, nous trouverons bien une autre occupation… »

Le soleil irradiait les allées du Parc. Sous les verrières du hall des sources, nous convînmes de nous offrir une lampée d'eau miraculeuse à 25 centimes le gobelet. Depuis Mme de Sévigné, on venait à Vichy se curer, apaiser son foie, réparer sa vésicule et fréquenter le beau monde. En prévention, j'avalai une première gorgée, infecte. Cette flotte-là n'avait pas le goût de mon robinet, c'était bon signe : «Tout ce qui est bon est très mauvais pour la santé », m'avait-on inculqué. Je supposais que la réciproque était vraie.

Un peu plus loin, aux environs de la rue Albert-Londres où n'était pas la maison natale d'Albert Londres, je dégottai dans l'armoire vitrée d'un antiquaire une boîte de médailles. L'une d'entre elles, une Légion d'honneur, était pourvue d'un ruban rouge qui s'accordait parfaitement au gris-vert de mon pardessus. Le commerçant s'empressa de me le confirmer et, contre la somme de 4 euros, je fus fait chevalier.

Le menton haut, la poitrine gonflée, je devais parader une bonne partie de l'après-midi jusqu'à trouver, aux entournures de l'Opéra, cette affichette placardée sur le tronc d'un vieux platane :

« Prudence, trois chiens sont décédés il y a une dizaine de jours et la suspicion d'actes de malveillance par empoisonnement ne peut être écartée. La Mairie de Vichy invite tous les maîtres à la plus grande vigilance. »

Où était encore fourré Pierre ? Je m'inquiétais quelques secondes. Je n'aurais pas dû. Attablé en terrasse du Café de la Poste, derrière un diabolo menthe et la page 47 de l'édition locale, il s'adonnait à la pratique du mot fléché.

« Groupe de trois vers ? Tercet, facile.

– De même, en quatre lettres ?

– Itou !

– Mayonnaise en sept ?

– Ailloli ! »

Après un quart d'heure, une ligne restait que l'on n'osait remplir. « Préfecture de la Mayenne », en verticale. Elle faisait cinq lettres.

XXXII. – **Fête des classes sur les monts du Lyonnais.**
Violay, la ville dont le prince est un enfant.

À Saint-Just-en-Chevalet, on avait pris un pot au soleil. Sur des chaises en plastique, comme ça, au bord de la départementale. Dans le bistrot, ils passaient les courses à Vincennes. Paris et sa banlieue étaient de lointains pays. Depuis Vichy, la route musardait sur le dos des collines. Le Lyonnais était un grand huit, une attraction. Je tournais le volant dans tous les sens, rétrogradais, jouais du frein moteur. Peu à peu, la fatigue me gagnait. J'ai dit à Philibert qu'on ferait bien de s'arrêter au prochain village. On y serait en sécurité, des panonceaux prévenaient depuis un certain temps : « Voisins vigilants ». Le dessin avait des airs de symbole franc-maçon. Dans un triangle, un œil veillait. Nul ne savait s'il s'agissait d'un regard confiant, pernicieux, bienveillant, délateur ou sournois... C'était à la discrétion des voisins. Le panneau s'était éparpillé dans toute la France, à l'entrée des villes, après le dernier arrêt d'autobus. Il avait même sa variante : « Voisins attentifs ». Nous autres, voyageurs, étions prévenus.

L'heure du goûter était depuis longtemps passée, et je commençais à piquer du nez. Les monts du Lyonnais devenaient les contreforts d'un pays imaginaire. Mes paupières alourdies pixélisaient l'environnement. On progressait comme dans un jeu vidéo. Moselle, Alsace, Haute-Saône, Dijonnais... On passait les mondes, on affrontait des « boss ». Mon volant était un joystick, je roulais après des vies, j'évitais les peaux de banane. Le décor prenait la couleur des fruits transgéniques ou des crocos Haribo. En entrant dans le village de Violay, nous sommes tombés en pleine embuscade. Une armée de Pikachu a pris la voiture d'assaut. Les formes jaunes tapaient sur les vitres et contre le capot. Des Pokémon ennemis, non dressés, s'attaquaient à nous. Il fallait appuyer un grand coup sur l'accélérateur, nous sortir du piège.

« Oh ! Pierrot ! Freine, merde ! » Sans le cri d'alarme de Philibert, j'aurais commis un massacre. J'ai freiné d'un coup, calé. La voiture a rebondi sur ses cannes. Je ne rêvais pas. Une dizaine d'adolescents déguisés en Pikachu encerclaient la 204. Ils rigolaient en buvant du Pastis à la bouteille. Sans m'en rendre compte, j'avais évité une barrière en métal qui condamnait la rue. Autour de nous, le décor était apocalyptique. Du papier volait, des sacs plastique, des verres, des confettis... J'ai baissé la vitre. Ça sentait le feu d'artifice, l'alcool et le carnaval. Une jeune fille de dix-sept ans à peine s'est approchée de la voiture. Fringuée en bonne sœur, elle m'a expliqué que nous arrivions en pleine « fête des classes ». Violay célébrait la jeunesse, une tradition observée par plusieurs villages du coin. Avant de partir à l'armée, les hommes en âge d'être conscrits faisaient une dernière fois la fête dans leur village. La coutume, vivace dans la région, s'était répandue autour de Villefranche-sur-Saône. Avec la fin de la conscription, la « fête des conscrits » avait été plus ou moins remplacée par la « fête des classes ». Les classards rassemblaient tous les jeunes nés au cours de la même année. Au printemps, chaque village s'animait pour l'occasion. La jeunesse était en première ligne, elle organisait le défilé et décorait le bitume. Les expatriés revenaient au bled pour l'occasion. On renouait avec la communauté villageoise, et la tradition subsistait toujours dans ces esprits paillards. La jeune fille nous apprit que nous venions de rater la parade des chars en fleurs. De seize à vingt ans, chaque classe d'âge avait préparé son emblème. Un totem qui ne changeait jamais d'une année sur l'autre. Pendant une semaine, à la sortie du lycée, elle avait construit un biberon en papier mâché avec ses copains. « Parce qu'on est encore des bébés à dix-sept ans, a-t-elle dit. Mais après, pour les déguisements, on fait ce qu'on veut. Nous, on est en moines et bonnes sœurs. Les dix-huit ans, ils sont en Pikachu. Mais la fête n'est pas finie, venez ! Là, on va tous boire chez des potes, et ce soir on brûlera nos emblèmes. »

Nous étions arrêtés en pleine rue depuis cinq minutes. La voie était condamnée, nous ne gênions personne et j'étais plus éveillé que jamais. C'est comme si nous arrivions à la fin d'un grand repas et qu'on nous invitait à table. Tachée de vin, la nappe n'était pas encore débarrassée de ses miettes. Il était encore temps de manger un morceau. « Fromage et dessert », comme disent les ploucs et Philibert. L'enthousiasme de notre bonne sœur était contagieux. Un de ses amis est même venu bénir l'automobile. Je leur ai demandé si la fête ne dérangeait pas les voisins.

« Les voisins ? Mais on s'en fout, des voisins. Ils font la fête avec nous de toute façon… »

Cette vigilance-là m'allait bien. À Violay, on veillait donc sur le verre et la santé de son prochain. On s'est salués. À plus tard, donc, on serait des vôtres. Nous allions enfin vivre une bringue entre jeunesses.

Une « teuf » ancestrale qui perdurait parce que chaque génération jouait le jeu.

« Hey, Phil, t'as pas un album de Damien Saez ?

Puisqu'on est jeune et con, puisqu'ils sont vieux et fous...

– Quoi ?

– J'ai envie d'écouter Damien Saez. On l'a pas *Jeune et con* sur une compil ?

Encore, encore une soirée où la jeunesse France,
Encore, elle va bien s'amuser puisqu'ici rien n'a de sens...

« T'as ça quelque part ?

– Ah ouais, Pierrot, t'es à bloc... »

Philibert brandissait *Le Tour de la France* dans sa main droite, comme un prêcheur : « Tiens, écoute ça :

> *"La musique est une distraction intelligente : elle élève nos cœurs en exprimant nos plus grands sentiments : l'amour de la famille, de la patrie ; toutes nos joies et nos tristesses. Il est à désirer qu'elle se répande de plus en plus dans notre pays."* »

Il m'a fait sourire, le zouave. J'étais excité comme à l'heure des premières boums. Violay et ses rues fatiguées devenaient le centre du monde. Une boulangère, amusée, nettoyait son commerce. La troupe était passée dedans et avait tout saccagé, dans la bonne humeur et la vigilance du voisin, toujours. Les caniveaux étaient encore remplis de fleurs. Nous avons garé la voiture loin des décombres.

Aussitôt, dans une ruelle, par une fenêtre ouverte, nous avons entendu un foutoir du diable. De la trance-techno faisait frémir l'immeuble. Un convive qui pissait contre le mur nous a dit de monter. On est rentrés dans l'appartement avec la discrétion des invités de dernière minute. Le sol était gluant, la table noyée sous les bouteilles et les paquets de chips. Un Pikachu intoxiqué par l'alcool dormait sur le canapé. On ne s'entendait plus, mais les visages souriaient, et on nous a offert des pintes de Ricard. La gentillesse était à tous les étages. Le propriétaire des lieux, un grand gars au prénom russe, nous a offert le gîte, immédiatement. « Canapé-lit, Ricard et trance psychédélique : un vrai relais étape ! »

Il ne nous laisserait pas dormir dans notre voiture à 1 000 mètres d'altitude. Même à la fin du mois d'avril, les nuits étaient froides à Violay. Notre hôte était chauffeur de convois exceptionnels dans la vie civile. Son camion jaune stationnait en bas. Il roulait 4 000 kilomètres par semaine, escortant des Titanic à seize roues. À leur passage, le bitume des nationales se fissurait à la vitesse d'un tremblement de terre. Les récalcitrants étaient foutus dans le fossé. Ses gyrophares étaient allumés en permanence. « C'est mon stroboscope ! »

La nuit s'est mise à tomber, et les humeurs sont montées d'un cran. On voulait tous danser, on voulait en découdre. Avec la vie, l'incertitude, avec nos amours… Jeunes et cons, on s'est laissés aller au chaos, ralliant l'esprit de nos dix-sept ans. J'ai très vite perdu Philibert, et on s'est tous retrouvés à la rue, je ne sais plus comment. Entre-temps, j'avais même eu la bêtise de faire ronronner la 204 sous les fenêtres pour amuser la galerie. Dehors, le village joyeux chantait à la lune, société en altitude au pied des premières pinèdes. « On va tout cramer ! » a hurlé un inconnu, une ombre. Dans l'obscurité, les groupes convergeaient vers le même endroit. Pokémon, frères et sœurs de Dieu, Arlequins, Wonder Women et anonymes... Les conscrits levaient une armée. Il était l'heure de brûler les emblèmes.

L'incendie a commencé par des mômes de seize ans affamés. Ils se sont jetés sur leur totem, un berceau rempli d'allume-feu. Les flammes montaient si haut qu'on ne devinait plus les étoiles. Les flammes remplaçaient le lampadaire, elles tuaient le clair de lune. Autour du feu, une quinzaine d'adolescents chahutaient. Ils se tenaient par la taille, ils dansaient sans rythme et buvaient une même bouteille au goulot. L'un d'eux s'est arrêté pour jeter un pétard dans le brasier. Le feu a éclaté, il crépitait davantage. La troupe hurlait dans sa fête. Les classes d'âge se succédaient, et j'ai ensuite reconnu notre amie de la fin d'après-midi. C'étaient donc les dix-sept ans qui regardaient leur biberon agoniser dans le foyer, éclairant le parking où nous étions tous rassemblés. Une centaine de personnes étaient réunies, et nous étions parmi les plus âgés. Quelques parents seulement et, plus haut dans la rue, des grands-mères qui assistaient au spectacle en voisines, depuis leur balcon.

Il serait bientôt minuit, et la fête battait son plein. Lorsqu'un feu faiblissait, un autre s'allumait aussitôt quelques mètres plus loin. À leur tour, les dix-huit ans brûlaient leur emblème, un arrosoir géant. Je devinais les haleines anisées, les haut-le-cœur et le maquillage qui coulait sur les yeux en pleurs, surpris par la fumée. La foule applaudissait à chaque nouveau brasier. Et un cercle se reformait. On riait aux singeries des fêtards. Comme certains, je restais silencieux, captivé par les flammes et shooté par la chaleur. Toutes portières ouvertes, une voiture crachait un rap inconnu. Autour, une bande feignait d'ignorer le spectacle et s'attaquait à la vodka pure.

Déjà, les dix-neuf ans, déguisés en clowns tueurs, jetaient du White Spirit sur un balai, symbole de leur classe d'âge. Il s'est allumé comme un projecteur, d'un coup. Et les clowns faisaient un cirque pas possible. L'un d'eux tenait un pack de Kronenbourg sous l'aisselle. Il se baladait parmi les siens et tendait à chacun sa ration. La foule se réchauffait au corps à corps et s'approchait du feu par vagues successives. On était soudain surpris par un nouveau totem qui s'allumait derrière nous. Le charivari était total et la gendarmerie absente au rendez-vous. Ce soir, la jeunesse faisait la loi. Violay retombait dans l'adolescence, ses bouilles joyeuses et insouciantes. Je cherchais Philibert dans la marée noire. Je voulais lui dire qu'on avait enfin trouvé la ville de Montherlant. La ville dont le prince est un enfant. Mais mon binôme avait disparu avec nos hôtes. J'enjambais un caddie renversé. Je scrutais les visages. La dernière classe élevait son bûcher. Et ça repartait pour un tour. Les vingt ans attifés d'un gibus brûlaient un chapeau claque. Le bruit des pétards tapait contre les collines alentour. Il y avait des bêtises à faire partout.

XXXIII. – Le couvent de La Tourette et la crise de foi.

C'était un dimanche. Le jour du Seigneur et de *Téléfoot*. Pierre croyait en Dieu et moi aux petits hommes bleus. Dans l'isoloir du canapé convertible d'Ivan, je votai donc ce matin-là contre la résolution de nous rendre à la messe. Pierre refusait d'entendre que ma décoration induisait un certain nombre de privilèges. Pour nous départager, nous avons été contraints de suivre le protocole du pierre-feuille-ciseaux prévu en pareil cas. Encore ensuqué de la veille, je persistais trois fois de suite à jouer la cisaille et Pierre la pierre. Sans appel, j'étais bon pour l'office.

À portée de 204, le grand Corbusier avait bâti une sorte de monastère. Un couvent plus exactement, qui n'avait rien de l'ermitage traditionnel, où de bedonnants moinillons promènent leur tonsure sous les arches d'un cloître. À première vue, le couvent de La Tourette tenait plutôt de l'abri antiatomique ou du lycée professionnel. Je n'avais jamais rien observé de pareil. Monté sur pilotis, entre ciel et terre, cimes et gadoue, le grand parallélépipède était creusé d'alvéoles et de meurtrières à l'envers. De quelque côté que l'on se place, l'engin changeait d'aspect, d'ombre et d'allure. Ce qui ne changeait pas, c'était le béton, décliné sous toutes ses formes, en cinquante nuances de gris… On aurait dit un grand vaisseau de *La Guerre des étoiles*, abîmé là par hasard sur un versant de la Brévenne. J'imaginais l'effarement des paysans du coin. Le voyant sortir de terre, ils avaient sans doute prévenu les gendarmes.

Au-dedans, derrière l'armure, nous devinions des passerelles, une crypte, de longs couloirs obliques et un festival de perspectives. L'Église ne s'était jamais tant débarrassée de ses atours, de son décorum. Elle avait tombé la chasuble d'or et les grands lustres pour ne conserver que l'épure de ce béton nu, effrité par endroits, tout à la fois lourd et aérien. Ce mastodonte caparaçonné, cet abominable engin, je sentais qu'il m'apparaîtrait beau si on me l'expliquait. Certaines choses ne s'appréhendent pas sans connaissances.

Par l'allée cavalière, des fidèles affluaient en petites grappes. Eux non plus n'avaient rien des croyants en jupe longue et pantalon à pince qui peuplent habituellement les parvis. Ils ressemblaient davantage au public de la FIAC ou de la Cité du design. Au hasard, ce grand échalas maigre et jaunâtre en chemise bûcheronne et montures de plexiglas. Visiter La Tourette semblait du dernier goût. Vaguement honteux, je considérais nos accoutrements, la casquette Pirelli de Pierre et mes grosses chaussettes de laine verte.

Encastrées dans une conque haut perchée, les cloches sonnaient la fin de la récré. La veille au soir, nous brûlions des emblèmes dans un feu de joie païen. Ce matin, nous nous le faisions pardonner. Un partout, balle au centre, ma qualif au Paradis se jouerait dans les prolongations.

XXXIV. – « Notre cœur n'était-il pas tout brûlant... ? »

Charles-Édouard Jeanneret dit « Le Corbusier » est mort le 27 août 1965 près de son cabanon de Roquebrune-Cap-Martin. Ses obsèques officielles étaient prévues le 1er septembre à Paris, dans la cour Carrée du Louvre. Le 31 août, en toute discrétion, son corps faisait une halte à Éveux, au milieu des champs de maïs, au nord-ouest de Lyon. Jusqu'à l'aube, dans l'église du couvent de La Tourette, les frères dominicains ont veillé sur sa dépouille. La nuit de prière avait eu lieu là, sous la nef de béton armé qui faisait tourner nos têtes. Pendant la messe, j'imaginais la veillée. Les bougies autour du gisant, et ces hommes en habit blanc, en prière sur la dalle froide. J'imaginais leurs corps prostrés, les visages dissimulés sous le capuchon. Et le silence, l'infini silence qui régnait aussi ce dimanche matin-là.

En entrant à La Tourette, nous prenions acte : la religion ne serait pas exclue de l'édition 2018 du *Tour de la France par deux enfants*. En 1906, quelques mois après la loi de séparation des Églises et de l'État,

Augustine Fouillée avait livré une version expurgée du précieux manuel, qui s'était répandue comme cinq pains et deux poissons dans les écoles. Les expressions comme *Mon Dieu !* ou *Ciel !* avaient été virées. Foutus en l'air, aussi, le temps des cathédrales et la France des évêques intellos. Bossuet, Fénelon, *raus* ! Les moines vivraient cloîtrés comme jamais. Ils pouvaient continuer à produire fromages et liqueurs, on le tairait. Augustine Fouillée avait d'ailleurs supprimé le passage de la Grande Chartreuse.

Un frère avait ouvert l'église aux fidèles pour la messe dominicale. La porte s'était déverrouillée comme le sas d'accès d'un sous-marin. Nous embarquions, incapables d'imaginer la vie des hommes de Dieu ici. La Tourette était donc un pays futuriste, le bunker des paradoxes. Un ordre monacal, régi par une loi millénaire, vivait dans un décor d'anticipation. Entre la tradition et la science-fiction, les gens du monde avaient inventé le mot « progrès ». Ici, l'étape avait été snobée. On joignait les deux extrêmes. Louer Dieu et bénir le monde, prêcher... La Règle de saint Augustin indiquait la révolution future. À La Tourette, on savait que le progrès était une perte de temps. Je pensais même que Philip K. Dick, le maître de SF, avait tout compris en écrivant dans *Le Dieu venu du Centaure* :

> « *Gardez-vous d'oublier que nous ne sommes que des créatures issues de la poussière. Oui, c'est peu comme encouragement. Mais cela dit, et compte*

tenu d'un mauvais départ, les choses pourraient être pires. »

Dans ce territoire futuriste, j'imaginais Philip K. Dick en frère prêcheur.

Il y avait d'abord eu le calme d'avant-messe. Brisé par l'écho des pas et, au-dehors, les gémissements du vent et le chant des oiseaux. Je retrouvais, dans cette hauteur sous plafond et l'intimidante froideur du béton, la distance qu'exigent certains lieux sacrés. Une crainte de cathédrale. Les vitraux, les transepts et les colonnes, le chœur... Tout était remplacé par la tuyauterie apparente, les pans de verre ondulatoires, les corbeaux en béton. À travers une lucarne, je devinais le ciel bleu. Une tache de soleil coulait sur le mur. Un religieux a distribué les feuilles de chant. C'était le troisième dimanche de Pâques. En exergue, il y avait ces mots extraits de l'évangile de Luc :
« Notre cœur n'était-il pas tout brûlant... ? »
Quelques jours après la crucifixion, les disciples avaient reconnu le Christ sur la route d'Emmaüs. Il s'était révélé à eux en partageant le repas dans une auberge. C'était le mystère de cette religion. Dieu pouvait se révéler partout, y compris dans les blockhaus. Il s'invitait dans des lieux froids que nos cœurs réchauffaient. La messe a commencé devant une cinquantaine de fidèles. Avec l'écho, on entendait tout deux fois. J'ai essayé de suivre le prêche malgré ma fatigue et les forces laissées la veille. Enfoncé dans sa stalle en mortier, Philibert avait hâte de découvrir

le reste du couvent : les cellules, le cloître, la bibliothèque, l'oratoire. Le Corbusier avait tout prévu, suite
à la commande des dominicains en 1953. On vivait
alors le renouveau de l'art chrétien en France. Pour
les religieux, il était naturel de solliciter l'architecte.
Et Le Corbusier travaillait déjà sur sa chapelle Notre-
Dame-du-Haut de Ronchamp. Le frère Belaud expliquait alors : « Ce que nous avions à lui demander,
ce n'était pas d'avoir la foi, mais de comprendre en
architecte les signes et les conditions humaines de la
foi. »

Assisté par deux architectes de son agence, Le
Corbusier réussissait à faire de La Tourette un couvent à l'abri des regards. Recroquevillé sur lui-même,
il laissait pourtant entrer la lumière. Je ne connaissais
rien à l'architecture, et je lisais la brochure attrapée
à l'entrée en lecture automatique. Mais je regardais
autour de moi. Le dur béton laissait filtrer la lumière.
Les lucarnes et les fentes se répondaient. Elles captu-
raient l'extérieur, et elles se le renvoyaient comme un
jeu de projecteurs.

Échappant au regard des frères, nous sommes
entrés dans le cloître sitôt la messe terminée. Nous
avons erré dans les couloirs en verre, exigus. Le couvent était bâti contre une butte, et toute une aile
tenait sur des pilotis. Ma sensation de vertige grandis-
sait. Il y avait toujours ce silence affolant. Le silence
agacé par les sifflements du vent. J'aimais le couvent.
J'aimais sincèrement ce décor de béton projeté, la

couleur vive des étagères et des pans de verre « Mondrian ». Mais il ne me rassurait pas. Je ne contrôlais rien, et je ne retrouvais pas la chaleur habituelle des monastères, leur sérénité. J'étais gagné par l'angoisse de ce qui fascine. Comme la peur de Dieu, quand on le sait tout proche.

Philibert avait disparu. Il cherchait des toilettes, et moi, je cherchais la sortie. Mais La Tourette était labyrinthique. Construite avec des matériaux bon marché, elle souffrait depuis de longues années des fissures du béton, du manque d'isolation et des installations électriques défectueuses. J'avançais sous les tuyaux qui couraient d'un plafond à l'autre. Le bâtiment ressemblait de plus en plus à un homme alité, transi de froid. Un malade mitraillé de perfusions. Avant de ranger la brochure touristique dans ma poche, j'ai lu ces derniers mots du Corbusier évoquant son ouvrage :

« Ce couvent de rude béton est une œuvre d'amour. Il ne se parle pas. C'est de l'intérieur qu'il vit. C'est à l'intérieur que se passe l'essentiel. »

En sortant, j'avais encore en tête la veillée du 31 août 1965. J'aurais voulu découvrir La Tourette à la lueur des cierges. Quelque chose me hantait dans cette HLM sacrée. La nuit était sa vraie couleur.

XXXV. – Les panneaux marron, le peuple vert et les rouges.

La voie express menant de Lyon à Saint-Étienne était entièrement gratuite et ses abords normalement laids. Ils offraient à la vue du promeneur une succession de zones industrielles et commerciales. Pour qui aimait la pétrochimie, il y avait également de quoi se rincer l'œil. Sur une dizaine de kilomètres, de Pierre-Bénite à Solaize, se succédait le fleuron des établissements du secteur. Une enfilade d'entrepôts bien souvent chapeautés de ces grandes cheminées qui fabriquent les nuages. Nous y aurions sans doute observé une halte si le seuil critique de pollution des sols n'avait rendu le foncier inutilisable et l'accès au public strictement prohibé.

Au seizième kilomètre, à hauteur d'un showroom de piscines en polyester, j'ai reconnu soudain sur notre droite l'un de ces panneaux qui annoncent les richesses du territoire. Blanc sur marron, il y était inscrit : « Église romane ». Cette signalétique d'animation culturelle et touristique – c'était son nom officiel – était apparue dès les années 70. Les autoroutes venaient alors d'abolir tout à la fois le temps et l'espace. Le temps parce que Lyon était rendu à cinq heures de Paris, Paris à huit de Marseille et Marseille à quatre de Toulouse. L'espace, parce que les régions traversées n'existaient plus. Du point A au point B sans détour par A', l'autoroute était un ruban déconnecté, couloir abstrait et comme coupé du sol.

S'arrêter le moins possible, avancer coûte que coûte, voir la mer avant la nuit, voilà qui constituait l'objectif. Les restoroutes eux-mêmes subissaient cette folle cadence : personne ne stationnait plus « sa 4L du côté d'Avallon pour manger chez Jacques Borel et vomir à Dijon ». L'heure était au Drive, à la sustentation itinérante. On remplissait du même coup le réservoir de Sans-Plomb et son estomac de sans gluten. Il ne s'agissait plus tant de « cheminer » que d'arriver, le régulateur à 130.

Combien de fois m'étais-je laissé traîner sur les routes de France sans même deviner que, derrière les merlons, nous longions Montargis, prétendue Venise du Gâtinais, Orléans, les fermes du Brionnais, les vignes du Mâconnais, les tuiles du Pays beaunois. C'était l'objet de ces panneaux marron. Rompre la monotonie, lutter contre l'endormissement et contextualiser le paysage, en indiquant Cheverny ou le fromage d'Époisses. Le plus souvent l'automobiliste n'en voyait rien. Il fallait croire ces panneaux sur parole, à moins d'aller soi-même vérifier. C'était prendre le risque d'une bretelle, d'un écart, en tout état de cause d'une atteinte à la moyenne horaire.

Cette fois, dans le coin gauche du panneau marron, une flèche orientée sur un angle de 45 degrés donnait l'approximative direction de l'église romane. Je devais scruter longtemps le contre-jour avant d'apercevoir, par-delà le terre-plein central, dans une très opportune trouée de résineux, le lointain profil du campanile. L'instant d'après, il avait disparu derrière un mur d'isolation phonique. Apparition magique et fugace dont Pierre n'avait rien vu. Le malheureux tenait la barre de notre embarcation, les yeux rivés sur le panneau, bleu celui-ci, augurant 2 800 mètres en aval la rocade prochaine.

À Chasse-sur-Rhône, nous quittions l'autoroute du Soleil pour l'A47, tronçon réputé vétuste et dangereux. Jusqu'à Saint-Étienne, je n'ai plus eu à voir d'ouvrages romans mais comptais un Kentucky Fried Chicken et deux Kiabi. Pierre faisait souffler l'auto méritante rue des Francs-Maçons, en centre-ville, tandis que j'accordais ma montre calculette sur l'enseigne animée d'une pharmacie. Sans marge d'erreur possible, je pouvais affirmer que nous étions le 1er mai. Ce jour-là notre pays fêtait le travail en ne travaillant pas. Saint-Étienne, peut-être davantage que ses voisines, vibrionnait. Une sorte de ferveur s'était emparée de la ville, sur l'air des lampions. Du temps du plein emploi, de Manufrance et des poteaux carrés, les Verts avaient donné dans le bleu de travail.

Débouchant cours Victor-Hugo, nous avons rejoint le cortège à l'appel des sifflets. Le grand défilé de mai avait des faux airs de carnaval. Derrière une banderole pour l'emploi et contre l'austérité défilaient les syndicats réunis. Ça n'advenait pas souvent, semble-t-il, à peu près autant que les crues centennales ou la victoire du XV fidjien. Nous étions près de 3 000, c'est-à-dire 150 selon la préfecture. La préfecture vers laquelle nous marchions justement, tous ensemble, tous ensemble, au rythme de *L'Internatio-*

nale. « Nous ne sommes rien, soyons tout », tonnait un meneur au mégaphone. « Construisons un nouveau monde », exhortaient les drapeaux. Il y avait là un agrégat d'insoumis, d'ouvriers en retraite, d'étudiants enflammés. Deux enfants, aussi, fraîchement absous de leurs péchés.

À mi-parcours, nous sommes passés devant une école de conduite – de bonne conduite, a supposé Pierre – qu'un type criblait d'autocollants. L'un d'eux disait : « Nos désirs sont désordre ».

Le type en question était anar. Nous retrouvions sa joyeuse bande un peu plus bas dans le cortège. Leur drapeau noir à manche de bois vert flottait sur nos marmites. À leur tête, marchant à reculons, était une sacrée femme. L'accordéon sur la poitrine, un foulard noué autour de la taille, elle donnait la note et menait la chorale. Ce que cette Ravachole transportait de charisme n'était pas pensable. Si elle me l'avait demandé, je crois que je l'aurais suivie jusqu'au Pérou et même à Levallois. Mais elle ne demandait rien.

Les mains dans les poches sous les yeux, je perdais du terrain. À un coin de rue, je me laissais même carrément distancer. Malgré nos refrains, j'aurais voulu que cette lutte ne soit pas finale ; qu'on puisse au moins recommencer l'année prochaine…

Deux petites dames étaient là qui me regardaient. Derrière une planche et deux tréteaux, elles vendaient du muguet au profit des chats abandonnés. « Vous comprenez, me dit la moins petite en tendant sa brochure, quand ils n'en veulent plus, les gens les mettent à la porte et ils se retrouvent sans rien, livrés à eux-mêmes dans les rues. Si l'État continue d'ignorer le problème, ça finira mal. » J'opinais gravement, ne sachant plus très bien s'il était question de chats de gouttière ou d'ouvriers débauchés.

XXXVI. – À Saint-Étienne, une Bourse du travail. La promesse que les mauvais jours finiront.

J'étais moi aussi happé par la femme qui menait la troupe d'anarchistes. Je lui donnais à peine cinquante ans. Elle avait ces cheveux blancs, superbes quand ils sont précoces et rebelles. Ils partageaient « la beauté et la diversité toute particulière des ciels gris », pour reprendre les mots de Rosa Luxemburg dans une lettre écrite derrière les barreaux. Oui, nous avions Rosa Luxemburg ou Louise Michel devant nous. L'héritage des femmes au combat, le charisme des cheffes de bande. Son sourire irradiait. Sa joie semblait être le signe extérieur de sa volonté intérieure. Je devinais une force morale prête à abattre des palais, à disperser les superbes. Elle tenait dans ses bras un accordéon noir au clavier blanc, et lançait les chants en enchaînant une série de notes. Tout le monde reprenait. Elle marchait en tête, à reculons. Quand ses yeux verts croisaient un regard, elle souriait davantage, brusquant le soufflet de son accordéon. Quelques gouttes de pluie tombaient, elle ouvrait aussitôt un parapluie et continuait de jouer avec le bras gauche. J'aurais suivi cette femme et son ardeur vitale partout. Je n'étais pas le seul. Derrière elle, un groupe de femmes plus âgées marchait, un carnet de chants à la main. Il y avait aussi ce jeune homme qui boitait, s'appuyant sur une canne. Son chapeau et son bouc trotskiste lui donnaient un air martial. Il connaissait les paroles par cœur, qu'il entonnait avec gravité. Au refrain de *La Semaine sanglante*, il frappait la chaussée avec sa canne :

> *Et gare ! à la revanche*
> *Quand tous les pauvres s'y mettront.*
> *Quand tous les pauvres s'y mettront.*

Avec eux, j'étais sûr que les mauvais jours finiraient. Qu'ils continuent même, nous les oublierions en chanson. Un drapeau noir flottait au-dessus du groupe, où se mélangeaient les poussettes, les vieillards et des jeunes en sac de sport. Je reprenais les chants avec eux, murmurant l'air de *L'Internationale* et de *Bella ciao* :

> *Una mattina mi sono alzato*
> *O bella ciao, bella ciao, bella ciao ciao ciao...*

La joie régnait dans ce cortège d'hommes en noir. Tout de même, ma casquette Pirelli suscitait quelques regards curieux. Philibert noircissait des carnets, et j'avais peur qu'on le prenne pour un mouchard. Mais on était loin des premiers rangs moroses, des tristes slogans des syndicats lancés au mégaphone, à peine repris par la foule. Aussi, on était à perpète du livre de Fouillée, enfermé, pour l'occasion, à double tour dans la 204. Car *Le Tour de la France* apparaissait comme un manuel de soumission. « Ne te rebelle pas », conseillait-il aux bleus de chauffe. Dans le chapitre baptisé « Les reproches du nouveau patron », la morale m'avait fait mal au cœur :

> *« Quand on vous parle avec mauvaise humeur, la meilleure réponse est de garder le silence et de montrer votre bonne volonté. »*

Allez leur dire ça, aux fils d'ouvriers... Plus loin, on lisait même :

> *« Soumettons-nous à la loi, même quand elle nous paraît dure et pénible. »*

On a tourné deux bonnes heures dans la ville. Nous avons traversé le square Violette, longé la mairie. De l'autre côté de la place de l'Hôtel-de-Ville, on apercevait la tête du cortège. La manifestation laissait le vide derrière elle, et des autocollants sur les lampadaires. Nous avons enfin retrouvé le cours Victor-Hugo, les rails du tramway. Dispersés un peu partout, des vendeurs de muguet regardaient passer les marcheurs du 1er mai. Abrités sous un parasol, ils avaient installé leurs bouquets sur une table qui tenait sur deux tréteaux. Des petites échoppes de bric et de broc ; les mêmes qui, au bord des routes départementales, vendaient les premières asperges du printemps. Devant la Bourse du travail, nous avons rencontré un militant du PCF, originaire de Terrenoire. Il vendait son muguet depuis quarante-cinq ans sur le cours Victor-Hugo. Nous étions ainsi revenus à notre point de départ, dans le quartier des Gauds. Les gouttes qui tombaient se faisaient plus lourdes encore. On a définitivement sorti les parapluies et le cortège s'est dispersé. L'apéritif de la CGT avait déjà commencé dans la Bourse du travail. J'avais toujours *Bella ciao* dans la tête, son air gai et obsédant. Les gens s'abritaient de la pluie sur le perron, bloquant l'entrée. Nous avons progressé jusqu'au buffet, où des syndiqués servaient Pastis et vin rosé dans des gobelets. La salle portait le nom de Sacco et Vanzetti, les deux anarchistes célébrés par Joan Baez et le monde entier. Philibert chantait souvent un poème d'Aragon mis en musique par Marc Ogeret : *Le Jour de Sacco-Vanzetti*. Les affiches du parti disaient d'aller manifester sur le port de Dieppe. Le poète n'y avait trouvé personne, seulement des guêpes. Et l'histoire finissait dans un vulgaire hôtel de Dieppe.

Plus tard, nous avons appris que Saint-Étienne aussi avait connu une vague d'immigration italienne. Le sculpteur Vittorio Zanetti, connu ici sous le nom de Victor Zan, l'avait même célébrée. Autour de nous, ses sculptures décoraient la salle. Je m'approchais. Il y avait *Les Victimes du grisou* (1890). Plus loin, *La Grève et ses conséquences* (1905). Ces corps aux abois avaient quelque chose de triomphant, la dignité des miséreux. Je n'étais jamais rentré dans une Bourse du travail. Faut dire que le défilé du 1ᵉʳ mai ou la cho-

144

rale des communards n'étaient pas vraiment dans la culture familiale. Mais j'étais ému par ces bâtiments qui, le plus souvent, décrépissaient en centre-ville. Je me souvenais des Bourses de Lyon ou de Bordeaux, de leurs façades Art déco qui louaient la force du travail, la mythologie ouvrière. Celle de Saint-Étienne datait de 1902. Les mots « Liberté, Égalité, Solidarité, Justice » étaient gravés en grosses lettres, ornés des symboles de la CGT : le bonnet phrygien, le lierre et les mains réunies. C'est justement au congrès de Saint-Étienne, en février 1892, qu'on avait créé la Fédération des Bourses du travail de France. On unifiait alors les syndicats ouvriers. On étendait l'action des Bourses dans les pays industriels et agricoles. Le début du XXe siècle marquait l'âge d'or du syndicalisme. Un certain Fernand Pelloutier avait promu les Bourses dans toutes les villes de France. « Donner à l'ouvrier la science de son malheur », avait-il dit un jour. On ne venait pas seulement négocier un travail. Dans les Bourses, le travailleur apprenait le monde pour mieux le transformer. Payées par l'économie des ouvriers, elles devenaient des écoles de la pensée, des bibliothèques. On s'inscrivait aux cours du soir, on débattait pendant les conférences. Le dimanche après-midi, on venait au spectacle en famille et on visitait les premiers musées du Travail. Non, les Bourses n'étaient pas vraiment l'équivalent de Pôle emploi d'aujourd'hui. On ne pointait pas dans des préfabriqués qui sentent la lavande et le café-dosette. De « Sainté » à Saint-Nazaire, de Dunkerque à

Béziers, le petit peuple avait créé des palais qui incarnaient ses idéaux, des « monuments historiques » qui vivotaient.

Aujourd'hui, nous ne nous définissions plus par notre métier, et notre jeunesse, trop occupée à ses loisirs, ne voulait plus entendre parler du « travail », assimilé au culte de la réussite et de la performance. La même idéologie du pognon célébrée à Davos, dans les écoles de commerce et les mauvais clips de rap. D'une certaine manière, les Bourses avaient permis l'autosuffisance des travailleurs vis-à-vis des hommes politiques. Désormais, l'acculturation et le manque d'engagement créaient notre dépendance au pouvoir. Nous avions mal compris ces mots de Pelloutier que nous ne connaissions pas : « Nous sommes des révoltés de toutes les heures, [...] amants passionnés de la culture de soi-même. » Pourtant, il ne suffisait pas d'être zadiste ou Black Bloc pour vivre libre.

Nous avons quitté la Bourse avec quelques cacahuètes en poche. Les rues étaient vides. Quelques antifa traînaient leurs Dr. Martens sur le cours Victor-Hugo trempé par l'averse. Devant les boutiques fermées, une patrouille de militaires veillait. J'ai entendu le tintement de cloche d'un tramway. On retrouvait l'ordre du quotidien, la banalité qui succède aux grands ralliements. « O bella ciao, bella ciao, bella ciao ciao ciao... » La joyeuse chanson des *mondine* m'accompagnerait toute la journée. La dame à l'accordéon aussi.

XXXVII. – Le coup de folie de Pierre. L'école de Saint-Martin-des-Olmes.

C'est en passant le col des Pradeaux, dans la direction d'Ambert, que Pierre fut subitement saisi par la folie. Je lui avais connu quelques accès par le passé mais jamais de cette ampleur. Les mâchoires crispées, poussant l'auto dans ses retranchements, il abordait la chicane de Saint-Anthème à la vitesse de 109 kilomètres à l'heure, aidé en cela par de forts pourcentages et un vent favorable. Nous venions de pulvériser notre record personnel.

Cramponné au tableau de bord, hurlant à la mort qui ne tarderait pas, j'eus le loisir de voir ma vie défiler en accéléré. La petite enfance en appartement, ma première dent de lait, les vacances au Crotoy, l'apprentissage de la bicyclette, avec puis sans roulettes, une scolarité en demi-teinte... Avant le terme de la rétrospective, Ayrton eut l'idée de rétrograder. En bord de la route départementale 996, sur la commune de Saint-Martin-des-Olmes, une bâtisse blanche à volets verts abritait le musée de l'École 1900. M. Dumas, un boucher de Fournols, y avait entreposé sa collection d'encriers, de pupitres et de porte-plume. C'était un temple en l'honneur de l'école de jadis, une « grotte de Lascaux-larité ! », dis-je à la dame de l'accueil.

Annick ne se donna pas la peine de sourire mais nous appliqua le tarif enfants.

L'ancienne école de Saint-Martin était restée dans son jus concentré. Rien ne manquait. La cloche à l'entrée, les pèlerines aux patères, les taches d'encre violette et la boîte de bons points sur le bureau de l'instituteur.

Nous étions l'une des dernières générations à avoir connu l'usage généralisé du bon point au cours préparatoire. Les taux en vigueur pouvaient varier mais, d'une manière générale, un poème su était rémunéré d'un bon point et une bêtise vous en coûtait trois. J'avais fini l'année débiteur tandis que ma voisine Gabrielle Cornette amassait suffisamment de cartons tamponnés pour se constituer le pactole de dix images, elles-mêmes convertibles à l'issue du trimestre en un stylo-plume Waterman à capuchon chromé, serti dans son coffret-cadeau d'une valeur de 78 francs.

La pratique du bon point n'avait plus les faveurs de l'Éducation nationale. Nombre de psychopédagogues y voyaient un moyen de pression inégalitaire « induisant un rapport utilitariste au travail ». De même avaient été bannis de la vieille école le coup de règle sur les doigts et la leçon de morale. Il faut dire que certaines d'entre elles prêtaient à sourire. Notre *Tour de la France* en était truffé. « Une once d'orgueil gâte un quintal de mérite », « Il faut manger pour vivre et non vivre pour manger », « Quand le corps est faible, il commande ; quand il est fort, il obéit »,

« L'avare ne possède pas son bien, c'est son bien qui le possède », « Si vous voulez qu'on dise du bien de vous, n'en dites point de vous-même », « Puisque la vie est le premier des biens, l'homicide est le plus grand des crimes », ou encore, « Pain mal acquis ne profite jamais et remplit la bouche de gravier ».

En vérité, le catéchisme laïc n'avait pas disparu, seulement changé de nom. Je me souvenais de nos cours d'instruction civique au collège : à raison d'une heure par semaine, l'équipe éducative tentait de nous convaincre du bien-fondé des institutions de la République, « afin que nous trouvions [nos] repères et [notre] place au sein de la collectivité régie par des droits et des devoirs ». Autant dire que nous attendions surtout l'heure de la cantine.

Dans le fond de la classe reconstituée, sous une carte des pertes territoriales de la France suite à la guerre de 1870, une petite carabine pendait par la bretelle. La IIIᵉ République, encore tourneboulée par la défaite de Sedan, les avait fait distribuer dans les écoles. Il s'agissait d'inculquer le pas de l'oie à des enfants qui feraient de bons citoyens et, par voie de conséquence, de bons soldats. Bien des élèves de l'école 1900 eurent un peu plus tard à enfiler le pantalon garance pour s'en aller bouter le casque à pointe hors des frontières. Un certain Augustin Fouillée, petit-fils de l'Augustine qui avait rédigé notre bréviaire, n'était guère plus âgé qu'André Volden lorsqu'il s'en fut mourir dans les tranchées, pourvu d'un Lebel et d'une capote bleu horizon.

Nous saluâmes respectueusement Annick car « la civilité est la pratique de tous les égards que nous devons à nos semblables » et j'inscrivis sur le livre d'or que, si « nous aurions su, nous aurions venu » plus tôt. Revenu à la raison, sage comme dix images de Gabrielle Cornette, Pierre récitait dans la cour les strophes impérissables de René Guy Cadou.

XXXVIII. – Entre Lezoux et Clermont-Ferrand. La visite d'une scierie.

Ma dernière sortie de classe remontait aux années de collège. C'était une journée d'évasion qui commençait toujours à l'aube, devant l'école, au pied d'un autocar en warnings. On jetait nos sacs à pique-nique dans les soutes, et on filait chercher la place la plus éloignée du conducteur. Le car sentait le sapin désodorisant et les godasses. Certains copains étaient équipés pour grimper l'Annapurna. Les parents craignaient pour leur bout d'chou. D'autres étaient dans la situation inverse. Livrés à eux-mêmes, en T-shirt toujours. Ils mangeraient le sandwich préparé par les cuisiniers de la cantine ; ni Curly en entrée, ni Kiri en dessert, seulement un casse-croûte et une compote de poires Sodexo. On n'attachait jamais nos ceintures, et on comparait le menu de nos pique-niques. Y en avait toujours un pour déchirer un paquet de chips à huit heures du matin. Quand il repérait une odeur suspecte, le conducteur menaçait de s'arrêter au milieu de l'autoroute. Un des accompagnateurs venait faire le flic à l'arrière du bus. Pourtant, la sortie était, pour eux aussi, un jour de détente. Loin de la salle des profs et des classes aux touffeurs d'ados en croissance. En cinquième, avec Philibert, notre première sortie commune avait été le chantier du château médiéval de Guédelon. Des gens d'aujourd'hui bâtissaient une forteresse à la manière de ceux d'hier. Grues, bulldozers, tombereaux et décapeuses avaient été exclus du chantier. Il y avait de l'argile partout, de la poussière rouge même sur nos sandwichs. Depuis, nous n'avons jamais été vérifier si Guédelon était terminé. S'il serait prêt pour la prochaine invasion des Huns ou les JO de Paris 2024.

La visite d'une scierie à l'approche de Clermont-Ferrand me rappelait donc au bon souvenir de Guédelon. Philibert avait vu les entrepôts au bord de la route, et insisté pour que je fasse demi-tour. Selon lui, nous étions à la bourre sur Julien et André Volden. Ils avaient visité une laiterie en Lorraine, une boissellerie sur la route de Besançon, une fromagerie dans le Jura, une porcherie dans la Bresse, les tisserands à Lyon et les coutelleries de Thiers... Fallait rattraper le temps grignoté par la bagnole et les arrêts au bistrot. La France était un pays de forêts. Partout, des massifs sur lesquels s'accrochaient des milliers d'arbres. Le livre d'Augustine Fouillée nous l'avait appris bien avant notre départ. On savait distinguer les feuilles du chêne, du châtaignier, de l'orme et du pin. Les rivières qui déchiraient nos vallées servaient au flottage du bois. Sur leurs radeaux, les mariniers dirigeaient la descente des grumes.

Nous avons stationné dans la cour boueuse de la scierie Limabois. L'odeur âcre de la résine et du bois fraîchement coupé nous attaquait vif. Dans un hangar ouvert aux quatre vents, trois gars s'activaient, chacun dans son coin. Par intermittence, on entendait le cri aigu d'une machine qui résonnait dans tout l'entrepôt. La charpente était impressionnante. On croyait marcher sous la carène d'un bateau. Un type est venu à notre rencontre. Pas vraiment plus âgé que nous. On a expliqué que nous étions en « visite » et, gentiment, il nous a fait monter dans une cabine qui dominait la scierie. Ici, ils sciaient le bois des monts du Forez. Du bois non traité, des résineux comme le Douglas et le mélèze.

Dans la cabine, des boutons permettaient d'actionner un élévateur, un pont roulant et le chariot de tronçonnage équipé d'une chaîne d'amenage. Il y avait là toute une science mécanique que nous ne maîtriserions jamais. Philibert suivait les explications consciencieusement. Il notait tout sur son calepin. Les termes techniques liés à ces instruments de torture me donnaient le vertige. Je regardais plutôt les photos des voitures de rallye épinglées dans la cabine. Je pensais à Baccarat, à notre ami Michel. Je découvrais que de nombreuses entreprises familiales sponsorisaient des bagnoles qui concouraient dans les rallyes régionaux.

« Et ce que vous voyez là-bas, ce sont les tas de grumes. Donc des arbres abattus et propres, ébranchés.

– Prêts à passer sur le billot, donc ? a répondu Philibert, stylo en main.

– C'est ça. Après, nous, ici, on rabote, on aplanit. C'est de la première menuiserie. Je veux dire qu'on ne traite pas le bois, on ne met pas de vernis. »

Notre guide avait passé un baccalauréat professionnel de technicien de scierie. Selon lui, il y avait toujours beaucoup de boulot dans le bois. Seulement, c'était comme partout. Les petites entreprises de famille fermaient au profit des grandes. Et puis il y avais les Chinois, tiens donc. Envoyer le bois en Chine par bateau, le faire couper et le rapatrier par la mer à nouveau coûtait moins cher qu'un travail 100 % local. Les industriels reprochaient aux propriétaires cette mauvaise exportation qui menaçait des milliers d'emplois. Le volume de grumes sciées dans le pays avait chuté. En scierie, le personnel avait ainsi diminué de 20 % en une dizaine d'années. Et, tous les ans, la France importait pour près de 6 milliards d'euros de produits issus du bois. Les rapports s'entassaient sur le bureau des ministères. Mais on ne comprenait toujours pas la logique mortifère du marché. Enfin, chez Limabois, ils tenaient bon. Ils traitaient le bois sur commande. Des débits bien précis, qui, le plus souvent, servaient à la charpente et au plancher.

Nous avons quitté le cockpit, les photos de rallye, et redescendu l'escalier vert. Cela faisait le même bruit que lorsqu'on descend les marches de la tour Eiffel. Puis on s'est promenés dans le hangar. L'air était sec. Le bois avalait l'humidité. L'acidité du bois coupé donnait cette sensation qu'on retrouve en préparant la vinaigrette. J'avais le palais qui piquait. Devant les yeux curieux des autres employés, notre hôte nous a guidés parmi les tas d'avivés. Il caressait une planche, retirait des copeaux. Il parlait peu, et nous a regardés d'un air de dire : « Je crois que vous avez tout vu, c'est pas sorcier. Je dois me remettre au boulot. » Nous l'avons remercié, et il a ôté son gant de travail pour nous serrer la main. Une fois en voiture, j'ai fait demi-tour, en évitant les nids-de-poule et les flaques de boue. Une dernière fois, on a entendu le bruit strident d'une scie circulaire.

Plus loin, sur la départementale qui reliait Lezoux à Clermont-Ferrand, j'ai eu envie d'un pique-nique. Ce ne serait pas le sandwich préparé au petit déjeuner par maman, enrobé avec amour dans de l'aluminium. Mais tant pis, j'avais une faim de collégien. On s'est arrêtés dans la première boulangerie. De celles qui ont un parking pour stationner, et où les paninis et pizzas à réchauffer ont remplacé le jambon-fromage de maman. J'ai tendu un billet. La boulangère a hoché la tête et m'a indiqué une machine grise devant la caisse. J'ai glissé 8 euros dans la fente et récupéré la monnaie. J'ai pris les sandwichs et elle a aussitôt récité, plongeant son regard ailleurs : « Au revoir, bonne journée. C'est à qui le tour ? Bonjour ! »

XXXIX. – Clermont-Ferrand. « Heureux soient les fêlés, car ils laisseront passer la lumière. »

Sur la liste de mes dégoûts, j'ajoutais donc le sandwich surimi-Boursin-mayonnaise. À ne surtout pas reproduire chez vous. Je soulignais deux fois la résolution dans mon carnet à spirale en m'essuyant les doigts sur un lambeau de sellerie. La 204 avait pris vingt ans d'âge en l'espace de quatre semaines. Elle grinçait dans les côtes, couinait en troisième, faisait de l'asthme en quatrième, sans parler du passage des dos-d'âne, et plus particulièrement de leurs proches parents, les coussins berlinois.

« Le type qui a inventé ces trucs-là ne devait pas être normal. »

Pour une fois, j'abondais dans le sens de Pierre. C'était certainement chez cet homme – je supposais qu'il fût un homme – la manifestation d'une carence affective, l'expression d'un mal-être, peut-être même un appel au secours…

Tant bien que mal, nous atteignîmes la bonne ville de Clermont avant l'heure du goûter. Toute de pierre noire, la ville semblait porter le deuil. Jusqu'à sa cathédrale, elle était faite de lave, un matériau dur comme la justice et sombre comme la pègre. Je notais toutefois place de la Poterne l'exception d'un immeuble, bâti dans le plus pur goût soviétique.

Au deuxième étage, un locataire semblait avoir aménagé une décharge ménagère sur son balcon. Depuis le trottoir, nous distinguions une peluche de panda, un buste de Valéry Giscard d'Estaing en silicone rose, une Vierge à l'enfant, un médaillon République française et un panneau « mer à 500 mètres ».

Nous avons traversé la rue et nous sommes approchés de l'interphone. Entre autres noms était inscrit ceci : « Poncet Francis, artiste clown ». Ce ne pouvait être que lui, le locataire du second. Je sonnai sans réfléchir tandis que Pierre courait se cacher derrière une Renault Safrane.

« Oui, c'est pourquoi ?

– ... Pour vous.

– On se connaît ?

– Ça m'étonnerait.

– Dans ce cas, montez. »

Quadragénaire aux yeux plus clairs que les idées, Francis dépassait en dinguerie ce que nous avions pu subodorer. Dès le pas de sa porte, nous comprîmes qu'il était plusieurs dans sa tête. Son trois-pièces charriait plusieurs milliers d'objets. Tout un rebut hétéroclite, psychédélique, insolite, effarantique. Les puces de Saint-Ouen et la grande braderie réunies.

« Entrez, entrez, mettez-vous à l'aise. »

D'un seul balayage oculaire, il y avait de quoi se fouler la rétine. Le pire côtoyait l'inégal. Je recensai, pêle-mêle, un Bibendum, une statue de la Liberté gonflable, un masque bantou fumant la pipe, des vues de Clermont-Ferrand, une réclame pour les biberons Robert, une figurine Joe Dalton au 1/43, quelques dizaines de cendriers, un casse-noix panda, des obus de 14 ouvragés, une centaine de capsules, un millier de briquets, une main articulée dont le majeur s'actionnait au moyen d'une pompe à eau et un Post-it stipulant qu'« en raison de l'indifférence générale, demain serait annulé ».

Je tournais de l'œil.

... Une casquette de l'Armée rouge, un salacot, une collection de poings américains, six paires de ciseaux Maped, un poster de l'AS Montferrand, d'autres Bibendum, divers décapsuleurs, une photo de tournage de *L'Emmerdeur,* une porcelaine en vieux Rouen, des Majorettes, une tour Eiffel godemiché, un pistolet-mitrailleur à bulles, une bouteille de champagne cuvée Jacques Chirac, un emblème du parti socialiste, une licence IV, des liasses de dollars factices, plusieurs médailles pieuses, un dé à coudre, une Vierge noire du Puy-en-Velay, les armes de la ville en bois polychrome, une pendule Bayern de Munich, un Pinocchio, un moule mortuaire, une canne à pommeau Charles de Gaulle, une cithare, un présentoir à sucettes Pierrot Gourmand et des poupées russes Medvedev, pour ne citer que le dessus du panier.

Autant d'objets ayant pour point commun de n'en avoir aucun. J'imaginais l'huissier venu dresser l'inventaire : « Un buste de président en polymère moulé ? 35 euros. Un lot de porte-pots en papier crépon Mickey Mouse ? 7,50 euros... »

« Vous savez, a repris Francis, c'est ma vie que j'ai là, sur les murs. Cet appartement, c'est un peu mon autobiographie. »

Francis habitait donc un mausolée dont il était, à quelques exceptions près, l'unique visiteur. Toute son existence était résumée là, sur le moindre accoudoir, dans les étagères, punaisé au plafond ou à même le sol. Je prenais garde à ne pas trébucher sur un chagrin d'amour. Jamais encore je n'avais eu l'occasion de visiter de l'intérieur une existence, dépliée tout à trac, agencée sans la moindre hiérarchie de valeur, d'ordre ou de chronologie. Tout ce dont on se débarrasse pour avancer, les épluchures de vie, Francis le conservait. Il gardait tout ce qu'il aimait et il aimait beaucoup. Je décidai sans cérémonie de lui remettre ma Légion d'honneur.

De ses fenêtres, nous touchions presque la cathédrale, construite au point culminant du monticule sur lequel la ville était assise. Soudain, comme une urgence, comme si la basilique allait s'éteindre ou déposer une RTT, Francis voulut que nous la visitions.

« Faut aller voir là-haut, maintenant. Je connais le gardien. »

Effectivement, un type s'ennuyait dans la nef déserte, un lourd trousseau à la ceinture.

« C'est des copains, lui dit Francis en s'approchant.

— Enchanté, répondit le gardien, aussi enchanté que j'étais pape.

— Dis-moi, tu les laisserais monter à l'œil sur la tourelle de la Bayette ? »

L'enchanté fit non de la tête. Un non franc, ferme, massif, définitif. Deux cent cinquante marches et 4 euros par tête de pipe plus tard, nous embrassions l'un des plus vastes panoramas qu'il soit possible de contempler. Le pays tout entier s'étendait à nos pieds, je trouvais que ça n'était pas cher payé. D'abord les tuiles du vieux Clermont, les tours, les lotissements, puis l'Auvergne. Des sombres horizons des monts du Forez aux croupes arrondies du Limousin, la vue couvrait six ou sept départements. Sur la pointe des pieds, nous pouvions presque pointer Michel, Albert, Jacky, la petite fleuriste, Ivan et les autres. Pourtant, ce qui frappait le plus n'était pas l'ampleur du paysage mais l'extraordinaire aspect de la chaîne des Puys, alignant au nord son chapelet de volcans. Le spectacle de cette longue traînée de monts boursouflés faisait penser à d'énormes taupinières soulevées par des bêtes monstrueuses, ou au visage d'Arnaud, un copain de collège qui avait conservé de l'adolescence les vestiges d'une acné prononcée. De chacun de ces cratères profonds et béants avaient jailli et ruisselé des flots incandescents de lave. Leur cheminement, aujourd'hui refroidi, figé, durci, se lisait encore sur les pentes alentour. Tout cela composait un spectacle saisissant. J'imaginais ce que devait être dans la nuit du passé cet immense alignement de brasiers terrifiés. Ce fantastique « son et lumière » avait labouré le pays, enfanté les puys de l'Auvergne et du Cantal. Il ne devait pas faire bon y randonner lorsque ces grandes gueules béantes étaient de service, crachaient du feu, coulaient, grondaient. L'érosion y avait creusé les causses de Lozère, les gorges étroites du Tarn, du Lot et de la Dordogne. M. Goussard, professeur émérite d'histoire-géographie, nous avait enseigné le respect dû au Massif central, bien plus âgé que ses congénères, les Alpes et les Pyrénées, perdreaux de la dernière ère. Trois cents millions d'années avaient émoussé ses sommets, limé ses crêtes, ridé ses vallées.

Je me tournais vers Pierre. Penché sur la balustrade, il mesurait le temps que prendrait sa salive pour toucher le crâne de touristes allemands, stationnés 50 mètres plus bas.

« Six secondes ! Tu te rends compte ? »

À l'ouest, juste derrière les flèches de la cathédrale, nous devinions le puy de Gravenoire et celui de Pariou. Plein sud, le plateau de Gergovie, où le blond Vercingétorix avait vaincu six légions. Au nord, c'étaient les poteaux du stade Marcel-Michelin, devant Montferrand, le puy de Chanturgue et à l'est la Limagne.

« *Petit Julien, regarde bien à ta gauche, à présent. Vois-tu cette plaine qui s'étend à perte de vue ? C'est la fertile Limagne, la terre la plus féconde de France. Elle est arrosée par de nombreux cours d'eau et produit en abondance le blé, le seigle, l'huile, les fruits.* »

Nous serions restés plus longtemps si n'avaient soudain paru sur le perchoir les quatre Allemands précédemment cités. Armés de pantacourt, de «Wunderbach !» et de perches à selfies, ils prirent rapidement possession des lieux. Nous ne faisions pas le poids. Une fois de plus, il fallut battre en retraite.

Deuxième partie

I. – Le chemin de fer à grande vitesse.
L'arrivée à Marseille.

« Julien n'avait encore jamais voyagé en chemin de fer : il s'amusa beaucoup la première heure, il regardait sans cesse par la portière, émerveillé d'aller si rapidement et de voir les arbres de la route qui semblaient courir comme le vent. »

Comme le petit Julien Volden guéri de sa maladie, je regardais le pays défiler, vitesse grand V. Nous n'étions pas dans un wagon de troisième classe, mais nous détenions des billets Prem's de seconde. Non échangeables, non remboursables. L'air conditionné m'asséchait la gorge. Dehors, on devinait les steppes du Vaucluse ; quand tout a déjà flambé, à la fin du mois d'août, et que le pays entier réclame la pluie.

Depuis le chemin de fer, André et Julien avaient vu la forteresse d'Avignon et l'antique cité d'Arles. Nous ne verrions que les gares TGV. Lancée à plus de 300 kilomètres à l'heure, la locomotive transperçait la vallée du Rhône. À ma gauche, Philibert somnolait, bouche ouverte. Il avait laissé sa canadienne pour cette fois et enfilé son équipement « fortes chaleurs ». Une veste beige et un pantalon technique de même couleur. Coton et polyester : un multipoche.

Il s'était passé trois mois depuis Clermont-Ferrand, centre de la France. Nous reprenions l'école buissonnière à l'heure où les enfants préparent la rentrée des classes. On avait concocté des sacs de routards. Moins de livres, moins d'affaires et de bibelots en tout genre. La route nous appelait, mais de manière différente. C'en était fini de titine, notre vieille 204. La pauvre avait longtemps supporté nos obsessions. Elle avait trimé. Alors, comme une bête qu'on laisse au repos, à l'écurie, on l'a caressée une dernière fois. On lui a dit « salut ». On reviendrait la voir. Mais avant il y avait ce tour de la France à poursuivre. Nous prenions donc le chemin de fer pour la première fois.

« Bonjour, c'est encore moi, Sonia, votre barista. Notre bar se situe en voiture 14, au centre de la rame. En ce moment il y a... zéro minute d'attente pour commander votre sélection de boissons fraîches ou de plats sélectionnés par les plus grands chefs... »

La voix filtrée de Sonia et le jingle tout naze de la SNCF ont sorti Philibert de son faux sommeil. Il a étiré les jambes. Il avait la bouche pâteuse, et ses yeux mi-clos ont fait le tour du wagon à 180 degrés. Il a vu ma tronche et il s'est marré. Phil savait à quel point je déteste le TGV. Sur mon fauteuil mauve ou violet, une couleur qui n'existe même pas en pâte à modeler, je supportais le voyage tant bien que mal.

Plutôt mal, d'ailleurs. J'avais remis un pull à cause de l'air conditionné. Je ne savais plus où mettre mes jambes. On était harcelés par le micro du « chef de bord ». Sans cesse à nous rappeler qu'il était à notre service, qu'on roulait à tant de kilomètres à l'heure, qu'il passerait parmi nous, qu'on arriverait à notre terminus à l'heure initialement prévue... Et dans un carré famille un môme jouait à la Game Boy avec le volume puissance dix.

« Je te jure, il commence à me gaver celui-là...

– On arrive à Marseille dans vingt minutes, Pierrot.

– Vingt minutes de trop. Si un mec se met à éplucher une mandarine, je me tire au wagon-bar. En plus j'ai soif.

– Bah tiens, j'ai de l'eau dans ma gourde.

– Ta gourde ? »

Philibert a sorti de son sac – étiqueté obligatoirement afin qu'il ne soit pas considéré comme un colis abandonné – une gourde clissée de boy-scout qui sentait le renfermé.

« Elle est potable ?

– T'es con... Allez, bois un coup et repasse, j'ai soif. »

J'ai bu une lampée d'ivrogne et j'ai passé la bonne gourdasse à mon pote. En effet, le train ralentissait son allure. On arrivait dans la banlieue. Les murs tagués, les toits de tuiles, tout semblait dégouliner, accablé par la chaleur. Un 28 août, la Provence était un four. Chaleur tournante si le mistral soufflait. Les gens se levaient déjà pour attraper leurs bagages. Par la fenêtre, à flanc de colline, j'ai vu neuf lettres blanches : M-A-R-S-E-I-L-L-E. Pour promouvoir une série, ils avaient installé ce décor façon Hollywood juste avant la zone commerciale du Grand Littoral. Enfin, à notre droite, au loin, les quartiers nord se sont dressés. Ces HLM blanches ne faisaient de la pub pour personne. Au contraire. Elles étaient à la fois l'ADN et le cancer de Marseille. Les Lauriers, le Plan d'Aou ou la Castellane à Zizou, bâtis d'abord pour reloger le centre-ville bombardé ; les rapatriés d'Algérie et la main-d'œuvre immigrée ensuite. Le train a pris ses distances, il nous a conduits dans des tunnels. Et le chef de bord, encore lui, a annoncé l'arrivée « en » gare de Marseille Saint-Charles. J'ai relevé ma tablette, et j'ai glissé *Le Tour de la France par deux enfants* dans la poche élastique de mon sac à dos. Le marque-page était à cet endroit :

> « *Peu de temps après, on arrivait dans la vaste gare de Marseille, et les deux enfants sortirent du wagon au milieu du va-et-vient des voyageurs. Ils se sentaient tout étourdis du voyage et assourdis par les sifflets des locomotives, par le fracas des wagons sur le fer, par les cris des employés et des conducteurs de voitures.* »

II. – Descente de la Canebière. Le tube de l'été 1792. Rencontre d'un marin-pêcheur.

Marseille avait sa petite réputation. Haut lieu de prostitution, plaque tournante de la drogue, capitale des fusillades et de la bouillabaisse ; ses habitants, disait-on, parlaient avec les mains et réglaient leurs comptes à l'arme automatique. Attendu que je nous trouvais trop jeunes pour tomber sous les balles, j'avais pris toutes les précautions en amont : Pataugas souples et robustes à semelle vulcanisée, gilet de reporter sans manches et vieux sac Lafuma. Au Decathlon de Clermont, je m'étais également laissé refourguer une poche à eau, un Opinel à bout rond, une lampe-matraque et un couvre-chef saharien à protection nucale. Pierre n'avait pas manqué de pouffer. Rirait bien qui mourrait le dernier.

Grouillante et lumineuse, la ville nous attendait au pied des escaliers de la gare Saint-Charles, tapie sous cent quatre marches de faux granit. Par grappes, les voyageurs sortaient sur le perron prendre un bol d'air ou de nicotine. Un va-nu-pieds en Nike Air Jordan vint justement nous demander une cigarette. Je serrais dans ma poche la lampe-matraque. Un mauvais geste de sa part et il goûterait de ma semelle vulcanisée. J'étais sensible sur le sujet de la tabagie : malgré plusieurs tentatives, ni Pierre ni moi n'étions jamais vraiment parvenus à commencer. Aux Lucky Strike je préférais toujours les gaufres et Pierre ses ongles, ce dont l'homme aux Nike Air se foutait bien qui tournait déjà les talons. Deux mois plus tard, sur cette esplanade, deux jeunes filles seraient assassinées par le fou d'un Dieu qui n'avait rien demandé. Il y aurait un périmètre de sécurité, des alertes infos sur quarante millions de smartphones, et puis plus rien. La vie reprenait toujours son cours.

À la suite des autres voyageurs, nous avons dévalé la volée et nous sommes laissés glisser le long du boulevard d'Athènes, abrutis de soleil et de bruit. Côté pair et impair, des bouis-bouis grand luxe, divers hôtels plus ou moins borgnes et quelques taxiphones. J'ai suggéré de prendre la tangente dans la première perpendiculaire venue. Ce fut la rue Thubaneau. Étroite et décatie, cette ruelle ombreuse n'avait pas la carrure d'un lieu de mémoire. C'était là pourtant, au numéro 23 ou 25 – en tout état de cause après le Lingerie-Land –, qu'était né l'hymne national. Du moins qu'on l'avait baptisé *Marseillaise*, après que des fédérés mélomanes l'eurent entonné et popularisé quelques semaines plus tard, en traversant le pays jusqu'aux Tuileries.

Nos deux enfants de la patrie débouchèrent bientôt sur la Canebière, rampe de l'embarcadère. C'était donc cela que la mer ! la bonne mer. Plus bleue que le ciel et moins pâle que les goélands dont le guano servait d'engrais aux antennes râteaux. Ici même, vers l'an 600 avant le Jésus de la crèche, des marins grecs, venus de Phocée, avaient accosté et fait rayonner leur civilisation à travers l'Occident. Plus vieille ville de France, Marseille comptait vingt-six siècles d'existence, un peu plus de 2 600 printemps : tout le monde ne pouvait en dire autant.

« De grec, s'est réjoui Pierre, il reste au moins les kebabs ! »

Effectivement, plusieurs broches à viande nous environnaient. D'après le site de référence www.kebab-frites.com, Marseille était même médaille de bronze de la discipline en France. Mais le pauvre Pierre ignorait que les sandwichs grecs sont turcs, de même que *La Marseillaise*, c'est à s'y perdre, peut être l'œuvre d'un Jurassien.

J'ai tapoté sur l'épaule de mon pote, pas bien futé mais bonne graine, et respiré un grand coup. Marseille sentait le ressac et la mouscaille, l'iode et le poisson, l'urine de porte cochère et la chicha pomme-fraise. J'en toussais presque. Marseille puait la vie, le vestiaire d'après-match. C'était une fête de tous les sens, un bouquet d'existences ! Mais cela ne valait-il pas mieux, au fond, que le camphre des cités-dortoirs, l'odeur de Canard-WC des lotissements Grand Siècle ?

À Pierre je racontais la réponse du petit-cousin Tristan, sept ans, à qui son frère Olivier avait un jour demandé, de retour de vacances : « Et Marseille, tu as aimé Marseille ?

– Oui, beaucoup, mais je préfère quand même la France. »

Incontestablement la cité phocéenne avait quelque chose de particulier, de mal-léché, de fascinant, qui la distinguait des villes de l'intérieur. Comme aucune autre elle était fière et turbulente. Dans ses cheveux filasse soufflait le vent de la dissidence, le mistral des indomptés. À Henri IV, à Louis XIV elle avait tenu tête, et même aux jacobins qui l'en avaient débaptisée. Quelques semaines dans l'année 1794, Marseille était officiellement devenue la « Ville-sans-Nom »...

« Ça en jette ! » a dit Pierre, ressuscitant pour l'occasion une expression contemporaine de Quick et Flupke.

La ville avait depuis récupéré son titre. En 2013, Marseille était même devenue capitale européenne de la Culture, à la faveur de menus soins beauté et cosmétiques. L'État et les collectivités en avaient eu pour 600 millions d'euros de travaux – soit deux Neymar et demi – et des mois de marteau-piqueur. L'ensemble du port avait été revu, repensé, réhabilité, requalifié, valorisé, re-valorisé, et la promenade « rendue » aux habitants. De justesse, on avait épargné l'unique arbre du port, un figuier centenaire, qui désormais croisait seul sur l'esplanade de béton.

C'était beau, c'était lisse, c'était propre. Mais un vieux fond de malice, et aussi une certaine soif, nous fit aller voir derrière le décor. Juste au pied du Panier, entre deux barres d'immeubles, était le bar-tabac Le Cool dont je peux certifier qu'il porte admirablement son nom. Sous les stores rouges, une cliente à mèches blondes vint d'emblée nous taper causette. L'armée nord-coréenne venait d'envoyer un missile balistique au-dessus du Japon, mais après réflexion, c'est de

l'aménagement du Vieux-Port qu'elle préféra s'entre-
tenir. « Je vous ferai dire, nous fit-elle dire, que ça ne
plaît pas à tout le monde, leurs travaux. » Rue de la
Loge, à 100 mètres de là, s'était d'ailleurs constituée
sous les auspices d'un syndicat de marins-pêcheurs
une sorte de petit maquis.

« Allons voir ça », fit Pierre et moi mes lacets.

Dans un local grand comme un ascenseur de La
Samaritaine, Michel Meacci menait la dissidence et
l'organisation de la prochaine sardinade. Odette, sa
secrétaire, nous pria de nous asseoir. Quand il eut
téléphoné à M. Domenico, rassuré Lucien, paraphé
deux contrats et agrafé six dossiers, Michel s'aperçut
que nous étions assis en face de lui.

« Bon, au suivant, jeunes hommes, que voulez-
vous ? »

J'y allai franco de port de pêche :

« On nous a dit que le nouveau Vieux-Port n'était
pas votre tasse de thé… »

D'après la grimace qu'il fit, je supposais que
M. Meacci ne devait pas aimer le thé, ni même, peut-
être, les métaphores merdiques.

« Le *niou port* tu veux dire ? tonna-t-il dans un
accent qui sentait la rascasse. Ils prétendent qu'ils
l'ont rendu aux Marseillais. Moi, je dis qu'ils l'ont
surtout rendu aux touristes. »

« Ils », c'étaient Norman Foster et autres « starchi-
tectes », en charge des travaux. Comme en face, quai
de Rive-Neuve, ils prévoyaient sous peu la suppres-

sion des barrières et la création de quatre estacades, « afin de libérer l'espace et l'accès aux quais pour les piétons ».

« Et où est-ce qu'on va stocker nos filets ? On a besoin de grues, d'espace pour les machines à glace, de grilles de rétention d'eau, tout un tas de machins techniques. Sinon comment voulez-vous qu'on travaille ? »

Tandis que la ville perdait ses industries, les édiles se souciaient surtout du vacancier. Il s'agissait là encore d'attirer l'aoûtien, et tant pis pour le janviériste, le févriard, le marsien et les autres. « Des métallos – moins de pédalos », chantait le Massilia Sound System vingt ans plus tôt.

« Moi, j'ai rien contre les touristes mais que viennent-ils voir sur le Vieux-Port ? Des pêcheurs, non ? Beh, bientôt ils n'en verront plus. Ça fera comme au Vallon-des-Auffes, que tous les guides vous présentent comme le petit village de pêcheurs pittoresque… »

Michel était bien placé pour savoir qu'au Vallon, de pêcheur il n'en restait qu'un. Un seul en tout et pour tout. Comme pittoresque on faisait mieux.

« Et n'allez pas croire que je suis contre la modernité ou quoi, hein ? On veut simplement pouvoir continuer de bosser. Mais vous comprenez, la municipalité, ils trouvent qu'on les enquiquine un peu.

– Pourquoi ?

– Pourquoi ? Tu me demandes pourquoi ? »

C'était cela, je demandais pourquoi.

« Mais parce que, gamin, on désaseptise, tu comprends ? On fait tache avec nos grues, nos cabanons… Déjà qu'ils ont interdit la pêche traditionnelle dans le parc des calanques, maintenant ils voudraient la place nette. Une fête annuelle de la barquette et un concours d'aïoli, au fond ça leur suffirait bien. »

À 500 mètres de là, le rutilant MuCEM ne désemplissait pas qui prônait l'histoire et la tradition. Il était permis d'y voir un paradoxe.

« Peut-être bien qu'ils aimeraient nous y mettre, au musée… Mais je vais te dire, il faudra pas compter sur nous pour jouer les santons. »

J'imaginais d'ici le western. Michel et ses collègues, derniers Mohicans de la réserve, déterreraient la hache de guerre sous le figuier pour attaquer le train touristique, comme des Apaches, avec youyous et scalps de promoteurs à la ceinture.

« À propos, demanda Pierre dont j'entendais depuis onze heures le ventre gargouiller, la vraie bouillabaisse, ça existe encore ? »

Les yeux de Michel prirent une plus aimable teinte. Bison Furieux redevint Petit Nuage. « Oui ! Au Miramar. Elle coûte un bras mais vous ne vous ferez pas truander. C'est la vraie. Un Marseillais qui vous le dit. »

Nous sommes donc allés chez Miramar pour déjeuner d'une bouillabaisse pas truande, que c'est un Marseillais qui le disait. Pas truande mais ruineuse. La soupe de poissons dont jadis personne ne voulait s'échangeait aujourd'hui 60 euros. Le monde avait changé, le prix de la langoustine aussi. Aujourd'hui des pingouins vous la servaient en costume et nœud papillon, bien monsieur, parfaitement monsieur, avec la petite sauce de rouille qui va bien.

J'ai regardé Pierre, Pierre m'a regardé, et en accord avec notre banquier nous avons ce jour-là opté pour un sandwich helléno-turc à se partager : tomate, salade, oignon et sauce samouraï.

III. – La cousine Lulu. Un soir à Marseille, ville ouverte.

La bonne nuit d'août tombait sur le port. Les jours devenaient plus brefs, et l'obscurité offrait enfin quelque fraîcheur. Depuis la terrasse du Café de l'Abbaye, on dominait la rade : le quai de Rive-Neuve à pic, au-dessous de nous. Et sur notre gauche, le palais du Pharo qui prenait ses derniers coups de soleil. Lancées en troisième sur les pentes de la rue Neuve-Sainte-Catherine, les voitures déboulaient sans arrêt, frôlant notre trottoir. Nous avions retrouvé Lucie, ma cousine. Elle nous hébergeait chez elle, pas loin de Notre-Dame-du-Mont. Lulu avait fait toutes ses études de médecine à Marseille. Elle connaissait la carte des hôpitaux de la ville. Ça me rassurait d'être avec elle. S'il m'arrivait un truc, une attaque, un malaise, elle serait la première sur le coup. J'adorais la présence des médecins à mes côtés. Entrer dans une pharmacie, sentir les odeurs des médocs, m'apaisait. Lulu était spécialisée en néphrologie.

Mais elle connaissait les gestes qui sauvent. Elle avait aussi une sacrée présence, du haut de ses vingt-huit ans. C'était une aînée, un chef de bande. Gamine, elle s'aventurait là où les garçons n'allaient plus. Je me souvenais de sa coupe à la garçonne, justement. Même si, avec le temps, ses cheveux châtains avaient frisé. Lucie passait ses journées dehors. C'était une enfant sauvage. Le Tom Sawyer de nos étés bretons. Elle suivait les résultats du foot, elle s'aventurait en mer. Lucie avait clamé toute sa jeunesse son amour du PSG, par solidarité avec ses cousins parisiens. Et, j'imagine, pour faire la nique à ses copains du Sud. Mais je la suspectais tout de même de supporter l'OM. Dix années de post-bac dans les faubourgs du stade Vélodrome, ce bleu ciel et blanc partout, ça vous lave un cerveau. Bref, en ce moment, elle était interne à l'Hôpital Européen. Un établissement flambant neuf au-dessus de La Joliette. Quelques mois plutôt, elle avait travaillé à l'Hôpital Nord. Lulu racontait.

« C'était un mélange entre les gens du coin, les patients ramenés par les urgences, et ceux qui venaient pour les spécialités de l'hôpital.

– Et t'en as de bons souvenirs ?

– Bah ouais, moi ça me plaisait bien, a dit Lulu en sirotant son verre. Tu sais, c'est plus facile de s'occuper des patients des quartiers nord que des Aixois friqués qui se la jouent "je connais tout mieux que toi".

– T'as bossé à Aix aussi ?

– Oui, mais à choisir, je préfère l'Hôpital Nord. Je bossais en cardio et en réanimation. Tout le monde se connaissait, c'était la famille. Je me souviens des petites mamans adorables qui nous apportaient à manger, des gâteaux marocains, des trucs comme ça. Et tout le temps à demander des nouvelles de ta famille.

– Mais t'as jamais eu d'emmerdes ? »

J'imaginais Lucie à l'hosto un soir de drame, comme dans les films américains. En blouse vert anis, dans ses sabots blancs, en train de courir derrière un brancard.

« Rien de sérieux, franchement. Prendre le bus toute seule, le soir, oui c'était un peu chaud. Et on a eu quelques bagarres aux urgences, mais c'est tout... Ah si ! Une nuit, il y a eu un règlement de comptes devant l'hôpital !

– Raconte.

– On était en train de prendre en charge un Gitan des quartiers nord qui s'était battu pendant un mariage. On a entendu une voiture débouler devant les urgences. Et là, grosse rafale de kalachnikov ! On s'est tous retranchés dans les chambres. Les mecs sont repartis et on a continué les soins. Quand je suis sortie, j'ai vu les impacts de balles sur le mur.

– Le Far West carrément... a repris Phil, soufflé, les yeux braqués sur Lucie.

– Mais, sans faire ma folle, je ne me sens pas plus en insécurité qu'ailleurs.

– Enfin quand même, la rafale de kalach au boulot, ça n'arrive pas à tout le monde, Lulu...

« – Ouais, tranquilles, les mecs. Je me souviens d'un truc marrant aussi. La grande spécialité de l'Hôpital Nord c'est l'oncologie, et...

– C'est quoi ça ?

– Le cancer. Enfin diagnostic et traitement du cancer. Ils sont très bons en oncologie à l'Hôpital Nord. Du coup, je me rappelle un patient blindé qui était venu de Californie pour se faire traiter. Il était voisin de chambre avec les patients du quartier. Alors il voyait des familles entières qui débarquaient tous les jours. Les cousins, les oncles, les tantes qui sortaient les pâtisseries sous cellophane. Il y avait un tel décalage ! Enfin, c'est ça aussi, la vie d'hôpital. Et je vous passe certaines conditions de travail. C'est pas un secret, les hôpitaux, ils sont ruinés. »

Lucie ne quittait son flegme que pour payer une tournée de panisses. Une pâte de pois chiches en friture, addictive, qu'on avalait avec une bonne gorgée de bière. J'étais impressionné par ma cousine ; son indépendance, son sang-froid, et la joie profonde qui l'animait. Phil l'était tout autant. D'ailleurs, et c'était rare, il causait peu. Comme moi, il considérait Lucie comme une Wonder Woman. Sans combinaison, sans artifices. Ces gens qui sauvent des vies et ne demandent pas un merci. Parce que « c'est ça, la vie d'hôpital ».

La nuit était définitive. Sur la mer, on devinait les feux d'un paquebot. Une fois nos verres terminés, on est rentrés chez Lulu en marchant. On a regagné le port. Les terrasses étaient pleines. Après « New Port », c'était plutôt « New Rich », ici. Mais on a vite changé de décor en entrant dans Noailles. La rue du Marché-des-Capucins n'était plus qu'un tas de déchets. Le bitume était plein des restes des maraîchers, des fruits et légumes pourris et des morceaux de barbaque des boucheries halal. Des bandes de garçons fumaient du hasch devant les vitrines de magasins téléphoniques. En paire de tongs, sacoche Manhattan et survêtement de l'OM, ils passaient d'un trottoir à l'autre. Les bistrots étaient bondés, et les télévisions retransmettaient des matchs de foot africain. Un gamin de dix ans traînait à vélo, torse nu. Deux grands frères ont déboulé en scooter et sont venus le titiller. « Oh putain, tu es encore là, toi ? Arrête de faire krari là, va au lit ! »

Le minot est reparti de plus belle, en rigolant. Sur son vélo trop grand, il a levé sa roue avant, et il a avancé comme ça sur une vingtaine de mètres. Plus loin, des ados jouaient sur leur portable, avachis sur des chaises en plastique traînées au milieu du trottoir. Trois filles riaient sur la banquette d'un scooter. Avec Phil et Lulu, on avançait dans ce bataclan, amusés. Marseille se déguisait, d'une rue à l'autre. Gardant le même bruit de moteurs, les mêmes odeurs d'urine et de fruits suris. Lucie disait qu'elle ne craignait pas grand-chose quand elle rentrait seule. Oui, on l'avait déjà emboucanée, sifflée, mais elle continuait sa route. Rien de sérieux, fallait faire avec. Elle a même rigolé, racontant qu'à l'hôpital, quand un outil disparaissait, on avait l'habitude de dire : « Tiens, c'est encore parti à Noailles ça... »

L'ambiance a changé, sitôt passé la rue du Marché-des-Capucins et le siège de Force Ouvrière. On a remonté le cours Julien. Rue des Trois-Mages, éclairés par les lampadaires, des jeunes jouaient à la boule sur la terre battue. Une autre faune. Ils buvaient la Heineken en hachette. Quinze centilitres qu'on avale en deux gorgées. On entrait donc dans la Plaine, le quartier de Lulu, qui avait longtemps abrité le marché de gros. De nos jours, les alentours du cours Julien se gentrifiaient. Il faisait bon vivre dans les ruelles colorées par le street art, parmi les bars à bière, les magasins de déco et les épiceries fines. Pourtant, on était loin de la gentrification « à la parisienne » et de ses prix prohibitifs. Et ça craignait encore là-haut, autour de Jean-Jaurès. À Marseille, les règlements de comptes étaient aussi façon Schengen : sans frontières. Les cartouches pouvaient sauter dans les quartiers nord, en centre-ville et sur la Plaine.

On a bu un dernier coup, dans une des rues qui débouchent sur la fontaine du cours Julien. Et puis on est rentrés chez Lucie. On a écouté *Un cri court dans la nuit*, un morceau d'IAM.

> *Un fait divers dans une ruelle.*
> *Un cri court, personne n'entend l'appel...*

Les paroles n'étaient pas bien gaies, mais c'est tout ce que j'avais en stock. Sur nous, l'attraction de

Marseille était réelle. On s'attachait. Marseille n'avait pas basculé dans la normalité du capitalisme heureux. Dans l'uniformisation de masse des cultures particulières, décriée par Pasolini au début des années 70. Il disait alors de Naples qu'elle était une des dernières cités déviantes. Sa pauvreté la sauvait. Marseille était notre Napoli française. Je découvrais son authenticité, sa vie particulière. Ça faisait une paie que je n'avais pas marché dans une ville aussi pleine, vivante et nue. Une vraie ruche, un déversoir. Avec la chaleur, les fenêtres ouvertes sur les volets clos, on avait l'impression de dormir entre voisins. De roupiller à la belle étoile, dans la rue, parmi les corps des autres. L'air était lourd et ma peau collait déjà aux draps. Dans la cour intérieure, une lumière s'est allumée. J'ai entendu un bruit de serrure. Un couple rentrait chez lui en riant. Plus loin, une moto-cross a fait un raffut du diable. « Qu'elle aille à dache ! » a murmuré Phil en imitant l'accent marseillais. C'était notre première nuit à Marseille, ville ouverte.

IV. – Visite d'une sommité. De l'usage du selfie.

Nous, les enfants du Tour, n'étions pas de véritables orphelins. J'avais un papa qui travaillait dans le carton, une maman dans le bâtiment et Pierre avait même du gratin dans son arbre généalogique. Une vedette qui faisait la fierté de sa famille, de la mienne et de l'ensemble du voisinage par capillarité. Sa tante, puisqu'il s'agissait d'elle, avait mené une carrière sur les planches avant de devenir, à quarante ans passés, l'un des personnages phares de la série *Plus belle la vie*. Un feuilleton que personne ne connaissait mais que tout le monde regardait. Du lundi au vendredi, à 20 h 25 précises, son générique retentissait dans quatre millions de foyers français.

> *On n'est vraiment rien sans elle*
> *Qu'on soit noir ou blanc*
> *Si on tend la main pour elle*
> *La vie est plus belle.*

Ce quatrain-là, je connaissais des tas de gens très bien qui vous le récitaient de mémoire.

Tout avait commencé au début des années 2000. La troisième chaîne passait commande d'un feuilleton qui « montrerait à travers un quartier populaire la société telle qu'elle est ». Pour le quartier populaire, Marseille faisait l'affaire. Quant à la société, on lui avait grossièrement tiré le portrait. Le casting était un panel TNS Sofres, toutes les typologies de personnages y étaient représentées : le patron de bar au grand cœur, son fils homo, l'ado, l'Arabe, le flic raciste, l'étudiant, la mamie catho, le docteur et le méchant PDG.

Dans ses débuts, l'aïoli n'avait pas pris. Les intrigues, trop convenues, ne convenaient pas. Il avait même été question de déprogrammer le feuilleton dès la première saison. Juste à temps, les scénaristes s'étaient repris et le taux de criminalité avait bondi.

Depuis quatorze ans, on ne comptait plus les enlève-
ments, les meurtres, les tromperies, les revirements
rocambolesques et les dénouements improbables.
Plus belle la vie s'était imposé comme un rendez-vous
familial fédérateur et une alternative aux grands-
messes des JT. On y traitait ainsi les « thèmes de
société » – divorces, remariages, drogue, populisme,
religions… – pour impliquer le téléspectateur au quotidien « et lui donner à réfléchir sur les sujets de son
temps ». C'était, se félicitaient les présidents de chaîne
successifs, l'honorable mission du service public.

Sylvie nous a donné rendez-vous en début d'après-
midi aux studios de la Belle de Mai, anciennement
manufacture de tabac Seita. C'était jour de tournage
au studio 1000. Là, sous un impressionnant dispositif
de lumières artificielles, la production avait reconsti-
tué un quartier entier du Panier, inspiré de la place
des Treize-Cantons – le plus faramineux décor que la
télévision française ait construit depuis des années.
Des tuiles jusqu'au goudron en caoutchouc, pas un
détail ne manquait. Pierre a toqué aux façades qui
sonnaient comme du contreplaqué. Nous étions les
jouets d'un géant.

Des techniciens déjà s'affairaient. Nous en avons
profité pour filer en coulisses. Entre deux prises, Sylvie est venue nous débusquer chez les accessoiristes.
Elle tenait à nous faire la visite.

Au fil des saisons, son quartier, même imaginaire,
avait changé. Le Select, paisible pension de famille

au charme suranné, était devenu Le Céleste, hôtel moderne aux dominantes mauves, à la moquette bleue et au wifi dans les chambres. Plus loin, l'ancienne poissonnerie était désormais un institut de beauté « nail shop » et les décorateurs avaient poussé le zèle jusqu'à mettre aux normes le mobilier urbain. Depuis quelques épisodes, on avait même installé un « jardin participatif ».

« Avouez que c'est vilain, non ? » soupira Mirta.

Je n'avouais rien du tout. Le chef opérateur, de toute façon, se rappelait à son bon souvenir :

« Allez on reprend, tout le monde en place… Silence… moteur et… action ! »

En une seule journée, l'équipe pouvait enregistrer près d'une quinzaine de séquences. Vingt minutes dans la boîte, cinq fois plus que n'importe quel téléfilm. Plusieurs réalisateurs opéraient en roulement pour tenir la cadence.

Dans le fond du faux bar Le Mistral, Pierre touillait un vrai café cependant que je m'engageais dans une partie de 421 avec un figurant. Un figurant « professionnel », avait-il tenu à préciser. Avant d'ajouter que je pourrais le reconnaître, entre autres, dans le prochain *Joséphine ange gardien*…

Sur les coups de quinze heures, Sylvie a regardé sa montre avant de se souvenir qu'elle était factice, elle aussi. « Bon, les garçons, ça y est, j'ai fini mes scènes d'extérieur. Je vous dépose quelque part ? »

Un chauffeur à la disposition des acteurs attendait dans la cour. Sylvie est montée à l'avant et nous derrière. Sur le trottoir, de l'autre côté de la grille, une vingtaine de fans guettaient la sortie des artistes. Le chauffeur a ralenti à leur hauteur et des visages inconnus se sont collés aux vitres teintées.

« Mirta ! Mirta ! C'est Mirta ! »

J'étais un peu intimidé. Nous n'avions pas imaginé qu'accompagner la tante de Pierre reviendrait à côtoyer Madonna. Sans se faire prier, ladite Mirta est sortie comme d'habitude saluer la petite foule. Seule une maman tendait une feuille et un crayon. Les autres voulaient leur photo. Le selfie, constatait Sylvie, avait définitivement supplanté l'autographe. Il était loin le temps où j'allais demander le sien à Jamy de Fred et Jamy ; le temps où Pierre tentait de me faire croire que Michael Jordan lui-même avait signé sa trousse au Tipp-Ex. Au XXIe siècle, ces griffonnages n'intéressaient plus grand monde.

La comédienne a eu droit, encore, aux gronderies d'une téléspectatrice qui n'admettait pas son comportement dans les derniers épisodes : « Mirta, il faut jouer franc jeu avec Roland. Vous ne pouvez pas continuer à le mener en bateau... » Toujours souriante, elle a promis d'en toucher un mot aux scénaristes et le taxi a repris sa course.

Le code de la route connaissait à Marseille quelques ajustements. Pour signifier la priorité à droite, il était par exemple d'usage de lever le majeur au ciel. Quant aux feux orange, ils se cueillaient ici plus mûrs qu'ailleurs.

Le chauffeur a suggéré de nous déposer au pied de la montée des Accoules. « Vous n'aurez qu'à suivre la rampe pour atteindre le haut du Panier ! » J'ai dit merci à la dame, Pierre au monsieur et nous avons planté là le star system.

Il devait faire bon vivre dans ce lacis de ruelles aux volets peints, perchées comme un village italien. Pour mieux appréhender le quartier du Panier, les guides recommandaient d'ailleurs de s'y laisser aller au hasard. Autrement dit, de ne pas suivre de guide. Et c'est en suivant ce conseil que nous sommes tombés opportunément sur la place des Treize-Cantons, celle-là même dont s'inspiraient les décorateurs du feuilleton. Après la copie, nous découvrions l'originale. Qui semblait à son tour copier la copie. En face du Bar des 13 coins, un marchand d'anisette avait ouvert boutique et, à côté, la Maison de la Boule Pétanque et Jeu Provençal. J'en ai conclu que nous étions en présence d'un double pastiche. D'un 102, aurait dit l'autre. La réalité faisait quelquefois toc.

V. – De la corniche Kennedy à la gare Saint-Charles, un départ mouvementé.

Certes, on suffoquait. On suait sous nos fringues. La touffeur amollissait nos gestes. À chaque respiration, notre palais réclamait une gorgée d'eau fraîche.

Le soleil tapait comme il sait le faire, à l'heure de la sieste. Avec l'asphalte, il construisait des vagues. Au loin, la route, les voitures, les formes dansaient sous l'effet de la chaleur. Oui, mais bon Dieu, on était à l'aise dans cette transpiration assumée. Et les criques qui parsemaient la corniche Kennedy étaient une invite à un bain de mer bleue. L'eau clapotait contre les roches artificielles. Elle ramenait quelques saletés. Mais à trois heures de l'après-midi, il n'y avait rien d'autre à faire ; il fallait plonger. Gagner la mer. On avait déboulé dans l'anse de Malmousque par les ruelles blanches, les impasses et traverses parmi les villas, où chaque coin d'ombre est une victoire sur le soleil. En face du rocher des Pendus, des barques à moteur patientaient sur l'eau, rangées comme des boy-scouts. Et le long des pierres, sur la corniche, une multitude de corps rôtissaient. Les peaux étaient noires, ocre. Elles s'étalaient sur les serviettes, maladroites, gênées par la pierre. Sur un promontoire, un peu plus loin, la marmaille sautait dans la mer en hurlant. Une bande de minots se précipitait déjà pour les rejoindre. Ils sautaient d'un rocher à l'autre, serviette autour du cou. Leur enceinte portative crachait le rap des familles. Un retardataire a perdu une claquette. Il criait qu'on l'attende, merde. Ces maillots de bain colorés slalomaient entre les deux-pièces tartinés de crème solaire. C'était le spectacle de l'eau. Et nous allions le rejoindre au plus vite.

« Médiation littorale coordination. » En descendant vers les rochers, j'ai deviné les grosses lettres blanches sur le T-shirt bleu. Deux trentenaires coiffés comme des footballeurs, lunettes de soleil sur le nez, surveillaient la plage avec nonchalance. Ils n'étaient ni maîtres-nageurs, ni policiers de proximité. D'avril à septembre, on les envoyait par binôme sur les plages de Marseille, pour « préserver la tranquillité publique sur les sites balnéaires, éviter les conflits d'usage et apporter conseils et informations aux visiteurs ». La Mairie avait surtout eu cette idée pour la deuxième raison. La plupart du temps, les médiateurs étaient les grands frères des quartiers. Ils avaient eux-mêmes connu l'électricité des plages en été, les départs de bagarre et les vols à la tire. Ça me faisait penser aux stades de football, où certains stewards qui accompagnaient les ultras étaient des anciens du Milieu. Ils connaissaient les codes. On voyait donc les T-shirts bleus au Frioul, dans le Vallon-des-Auffes, sur la corniche. Plus loin à la Pointe-Rouge, à l'Estaque, aux Corbières. Ils accomplissaient leur mission sans excès de zèle. Ils reconnaissaient les minots et savaient se faire entendre. Avec Phil, s'agissait de ne pas faire les zouaves et de descendre sur la plage sans esbroufe. J'avais déjà posé ma casquette Pirelli sur un rocher et je tirais sur mon haut qui collait à ma peau, quand Philibert s'est transformé. D'un coup, il a écarquillé les yeux façon grenouille :

« Merde, Pierrot, on va rater le train, nan ?

– Le train, quel train ? Oh, les cons...

– Refous-moi tes sapes, on se trace à la gare !

– Attends, Phil, faut récupérer les sacs chez Lucie, et lui ramener les clés à l'hosto. C'est mort !

– Nan, c'est pas mort, t'es dingue. On va pas rester une troisième nuit à Marseille. Faut qu'on bouge sinon on repartira jamais. »

J'ai remis mes fringues toutes collantes, lacé mes sneakers, attrapé ma casquette, et on a remonté les marches quatre à quatre en direction de la corniche.

«Voilà ce qu'on va faire, a dit Phil comme s'il était soudain devenu médiateur. On prend les vélos à la prochaine station, on bourrine chez Lucie. Je porte les sacs et je marche vers la gare. Toi, comme t'es fort à vélo, tu fonces à La Joliette pour lui rendre les clés. On se retrouve sur le quai à Saint-Charles. »

À fond les manettes, on a replongé dans le Vieux-Port par la corniche, congestionnée. Puis il a fallu remonter sur la Plaine. En danseuse sur nos bécanes trois vitesses. Je tirais la langue comme Richard Virenque sur le Ventoux. « À boire, à boire... » Les derniers hectomètres en sens interdit ont bien failli être fatals. « Jésus, Marie, Joseph... » Phil a rangé son vélo dans la station du cours Julien. Bip-bip, et le voyant vert. « C'est bon, mon pote, t'as bientôt fini ton triathlon. Maintenant, cours Forrest ! Cours ! » On a coupé par les ruelles aux graffitis. Sur mon vélo à la selle baissée je suivais les petites foulées de Philibert. Il s'est retourné et m'a dit en se marrant :

« Avec ta casquette et ton sac banane, on dirait un dealer à Harlem…

– Run, run baby, run ! »

Une fois chez Lulu, on a attrapé nos sacs dans l'appartement vide. J'ai fermé à double tour. Et dans la rue, sous le soleil de quatre heures, on s'est dit « à toute » ! Phil a disparu sous nos sacs, harnachés à son buste. Ma mission impossible commençait : filer jusqu'à l'Hôpital Européen, déposer les clés à docteur Lulu, claquer une dernière bise et remonter à la gare Saint-Charles pour attraper le TER.

Je suis donc arrivé sur la Canebière à une vitesse insensée. J'ai tiré tout droit, sur le boulevard d'Athènes. Ça remontait un peu : même pas peur. J'ai relancé sur le gros braquet. Là, j'étais Miguel Indurain. Mes cuisses gonflaient, je soufflais comme un bœuf. Fallait même pas envisager de prendre la piste cyclable. Les voitures étaient garées dessus. Une camionnette de livraison a déboîté. Nouveau drame évité. Enfin, sur ma droite, rue Désirée-Clary, j'ai aperçu l'hosto couleur de verre. J'ai laissé les clés à l'accueil, expliquant mon cas. Les deux dames très gentilles ont pris la commission. Puis j'ai regardé mon portable : il me restait quinze minutes pour retrouver l'autre, et sauter dans le train.

Je ne me souviens plus très bien du retour sur Saint-Charles. J'étais en sucre, je fondais. Au kilomètre zéro de l'autoroute du Soleil, qui débouche devant la fac Aix-Marseille, un auto-stoppeur levait le pouce avec un carton rigolo : « Je connais Ryan Gosling. » Avec les deux mains, j'ai fait signe que je n'avais qu'une place sur ma selle. On a souri tous les deux. Puis j'ai retrouvé le désordre des escaliers de Saint-Charles. J'ai remis mon vélo dans sa station. Bip-bip. Enfin, épuisé, j'ai escaladé les marches descendues deux jours plus tôt. Tout collait. J'en pouvais plus. Phil m'avait envoyé un message avec le numéro du quai. J'ai remonté les numéros comme certains comptent les moutons pour trouver le sommeil. J'ai aperçu la tronche de Philibert sur la plateforme du vieux train express régional. Il avait trimé avec nos sacs à dos, et il suait à grosses gouttes. Les billets étaient achetés, compostés. On s'est effondrés dans des effluves de sueur. Je ne donnais pas deux minutes à nos voisins pour changer de place. « Notre train à destination de Nîmes va partir. Attention à la fermeture des portes, attention au départ. » Le wagon a remué sur ses rails, balalin-balalan, et je me suis éteint comme une fin de bougie sur sa cire.

VI. – Quand vient la fin de l'été, sur la plage de La Grande-Motte.

Terrible, cette manie qu'on avait de mettre les cannes. Marseille nous avait ouvert grand ses bras, sans faire la difficile, nous nous étions lovés contre sa poitrine et, juste avant qu'elle ne resserre définitivement l'étreinte et ne demande le mariage, nous avions décarré. Une nuit de plus et nous ne serions jamais repartis, je le pressentais. En vertu de quoi je m'étais donc inventé la veille un grand-oncle domicilié à La Grande-Motte, qui nous attendait, ajoutais-je, pour ce soir-là.

« D'où tu le sors, celui-là ? Et puis, qu'est-ce qu'on irait foutre à Sarcelles-sur-Mer ? avait objecté Pierre, qui reniflait déjà l'arnaque.

– Je ne t'ai jamais parlé de Jean-Luc parce que ça n'est jamais venu dans la conversation. Pardon d'avoir une famille qui ne fait pas la couv' de *Télé 7 Jours...* »

Quant à Sarcelles-sur-Mer, comme il disait, on irait voir, comme d'habitude, balader nos préjugés, leur faire prendre l'air, s'en mettre plein les yeux et la pellicule du Kodak.

« Bon... Et il sait qu'on arrive au moins ton grand-oncle Jean-Luc ? Parce que ça pleut ce soir, c'est Cabrol qui le dit. »

La suite n'avait été qu'une course folle, une fuite, une cavale. Je m'en voulais un peu. Pierre, encore sous le coup de son étape victorieuse, avait rapidement succombé au roupillon et on n'a pas tardé à perdre de vue la Provence. Depuis la voiture 4 du train Intercités 4762, j'apercevais Arles, Tarascon et le Parc naturel régional des Alpilles.

« *En face de quel département sommes-nous ? demanda Julien, qui cherchait à s'instruire. – C'est le Gard, dit le patron. – Chef-lieu Nîmes, répondit Julien* », qui décidément n'en loupait pas une.

Il fallait changer pour Le Grau-du-Roi. C'était cette fois les côtes basses du Languedoc que nous devinions, toutes bordées d'étangs rouge sang, où l'eau de mer, s'évaporant sous la chaleur du soleil, laisse pour cendres des monticules de gros sel. Devant l'Aquarama, une automobiliste qui prétendait ne pas connaître Mirta voulut bien nous avancer un peu. Six kilomètres plus tard, nous débarquions par la plage. Moi en chapeau de brousse et havresac, Pierre en casquette italienne. Ce 31 août était notre jour J, le D-Day des deux enfants.

Rome ne s'était pas faite en un jour et pour La Grande-Motte il avait bien fallu compter quinze à vingt ans. Bâtie sur des terrains marécageux, littéralement sortie de vase, elle était une Atlantide à l'envers, née de la société des loisirs. Vers la fin de son règne, le général de Gaulle avait souhaité endiguer la fuite des vacanciers vers l'Espagne et c'est à Jean Balladur qu'était revenue la charge de domestiquer le littoral. Son architecte avait conçu ses bâtiments sur le modèle « inca » : des immeubles pyramidaux dont les balcons étaient creusés à même la façade. À l'intérieur, les « studios-cabines » dépassaient rarement les deux-pièces. Un projet avant-gardiste pour un phénomène en pleine expansion : le tourisme de masse. Mais contrairement au mythe du clapier pour vacanciers, ces grands ensembles avaient une certaine allure. Cinquante ans plus tard, on prenait conscience de ce patrimoine, la cote de la côte remontait.

Le jour mourait sur les façades concaves et convexes du quartier du Couchant. Au pied des immeubles, une enfilade de restaurants encaissaient leurs derniers Chèques-Vacances de la saison. C'était ce jour-là, sous les guirlandes de néons verts et roses, la dernière soirée de congés payés.

En terrasse du restaurant Le Catamaran, un vague sosie de Michel Constantin exhibait ses poils de torse derrière un jus d'ananas. Il semblait dormir mais je crois qu'il ne dormait pas. Du coin de l'œil, il détaillait le cheptel. Je l'imaginais, ce vieux prédateur, traquant son ultime proie avant l'hibernation.

À deux tables de là, nous avons commandé une cassolette de moules-frites. Encore un peu plus loin, dans la pinède artificielle du camping, un orchestre jouait l'instrumentale de *Diego libre dans sa tête*, puis Voulzy et sa fin de l'été. J'en étais à me lécher les doigts quand est venu le tour de Procol Harum. Combien de couples s'étaient formés sur le slow *A Whiter Shade of Pale* et combien d'enfants devaient leur naissance au timbre de Gary Brooker ? Aucune étude sérieuse ne statuait là-dessus.

«Tu sais, pour ton grand-oncle, j'ai su tout de suite que tu bidonnais... »

À la manière des crustacés dans l'aquarium, je l'ai joué profil bas. Derrière nous, les pieds dans ses méduses en plastique mou, une petite fille chouinait qu'il était trop tôt pour dormir, que ça n'était pas juste, qu'elle n'irait pas à l'école, et d'ailleurs qu'elle n'aimait pas l'école, que ça n'était pas juste et que chaque fois c'était pareil vu que c'était pas juste. Ses parents ont pris bonne note des revendications mais la négo a tourné court. Rien n'endiguerait plus la reprise du travail, avec ses odeurs d'interrogation surprise et de protège-cahiers neufs.

D'autres enfants, plus âgés ceux-là, moutonnaient vers les discothèques du Grand Travers, une bouteille de Gordon's à la main. Pour eux aussi, ce serait le dernier bal, la dernière virée.

On est restés encore un moment silencieux, devant le tas de coquilles. Michel Constantin s'était trissé depuis des plombes, sans rien à se mettre sous la dent. Près du ventilo, dans un coin, la télé continuait de diffuser les desserts en diaporama. Pierrot a repris un sorbet. Le troisième. Il avait depuis longtemps compris que ce soir, par ma faute et grâce à moi, nous dormirions sur la plage, abrités du vent par une rangée de transats à 25 euros la journée. Enfants sur le retour, nous étions cette nuit les hôtes de notre dernier château de sable.

VII. – **Le bateau-stop et la première traversée en mer. La belle arrivée à Sète.**

La nuit avait été blanche. En bivouaquant sur la plage, on croyait trouver un sommier naturel. On pensait dormir sur un tatami, la tendance du moment. Tu parles. Le sable était aussi dur qu'une dalle en béton.

Je me suis levé perclus de courbatures, les muscles ankylosés.

Passé minuit, on avait d'abord vu des silhouettes approcher sur le rivage. Elles avançaient vers nous, lentement. Leurs lampes vibrionnaient dans l'obscurité. On pensait se faire déloger par je ne sais quelle police. Au mieux, se faire déranger par des rouleurs de joints. On s'était trompés. Il s'agissait de trois trentenaires équipés de détecteurs de métaux. Après ça, le sommeil avait été impossible. J'étais sûr que Philibert dormait pour de bon. Et lui était certain que je m'étais endormi. La vérité, c'est qu'on avait les yeux grands ouverts tous les deux.

« Tu dors ?

– Nan.

– ...

– Et toi, t'arrives à dormir ?

– Devine, ducon. »

L'aube s'était pointée après une nuit de somnolence. Il était sept heures à peine et, sans dire un mot, on a fait nos sacs. Encore plein du sel de la veille, j'ai utilisé la douche des baigneurs. Déjà, une mauvaise bruine nous chassait.

On a erré en ville à la recherche d'un petit déj. La Grande-Motte ressemblait à la dalle d'Argenteuil un dimanche de mauvais temps. En bord de mer, certes, mais le décor était bien triste. Les néons jaunes et roses de la veille étaient éteints, les parasols rangés et le mobilier des terrasses plié en quatre. Deux hommes promenaient leur chien en regardant leur téléphone.

Un coureur est passé. Sa foulée était légère. Il inspirait et expirait comme on souffle sur une bougie. Sur nos têtes, il y avait surtout ces drôles d'immeubles aux allures de paquebots. Oui, le quartier du Couchant ressemblait au *Costa Concordia* découpé en parts de gâteau.

On a quitté les plages pour arriver sur le port. Il y avait enfin un café ouvert. Le genre d'établissement qui envoie BFMTV à plein volume dès huit heures du matin. Ça nous agaçait, mais avec deux express, ça nous a réveillés pour de vrai. Il s'agissait maintenant de trouver un moyen de quitter le village vacances. Et vite. On pouvait regretter notre petite 204 et la liberté qu'elle offrait. Mais son absence nous apprenait la débrouillardise. Fini le confort des banquettes. Il fallait attraper des trains à la volée, et lever le pouce avec les auto-stoppeurs.

Depuis Marseille, on avait surtout une seule idée en tête : prendre le large. Appareiller. Mince, Augustine Fouillée avait envoyé Julien et André Volden sur des navires, de Marseille à Dunkerque. Pour l'heure, nous n'avions squatté que le bitume et le ballast. La mer nous convoquait.

Sur le Vieux-Port, déjà, nous avions offert nos services à quelques bateaux. Des plaisanciers avaient bien voulu nous prendre, mais ils partaient en sens inverse, à Porquerolles. À la capitainerie, on avait même laissé un message avec nos numéros. « Deux mousses prêts à embarquer en direction de Sète. »

Notre appel avait été vain. Et les bouts de papier déposés à l'entrée des pontons avaient déjà dû s'envoler, emportés par le mistral. Nous n'avions donc plus rien à perdre. Et, rassasiés par les cafés, le croissant et les infos en continu, nous avons marché en direction de la capitainerie de La Grande-Motte.

Sur le quai, Philibert était occupé à gratter un Keno. Encore perdu. Les tickets s'entassaient dans ses poches. Cependant, il ne renonçait jamais. Dès qu'on passait par un PMU, il s'offrait l'adrénaline du rmiste.

On a monté les marches qui menaient au bureau. Partout, sur les murs, il y avait des consignes de sécurité, des panneaux en liège avec des petites annonces. «Vends hors-bord», «Vends bateau à moteur», « Cherche catamaran », « À donner : chatons déjà sevrés »...

On a déboulé dans une salle panoramique qui donnait sur le port. Malgré nos dégaines moitié boy-scouts, moitié clochards, nos sacs de randonnée et nos bouilles fatiguées, on a été accueillis comme le prince Albert. Ça rigolait, dans ce bureau. Les humeurs étaient fraîches et les polos blancs lumineux. Derrière un ordinateur, une jeune femme s'est intéressée à nous.

« Messieurs, bonjour ! Qu'est-ce qu'on peut faire pour vous ?

– Bonjour, bonjour ! Alors voilà, qu'on vous explique. Nous sommes deux voyageurs et...

– On vient d'Alsace », a coupé Philibert. Ce qui n'était pas vrai. Pas faux non plus. On ne savait pas expliquer d'où l'on venait. Et évoquer les frères Volden, notre aventure, c'était prendre le risque de perdre tout le monde en route.

« … et on voudrait se rendre à Sète par la mer, continuais-je. D'abord, existe-t-il une ligne régulière ? »

Toute la capitainerie écoutait maintenant notre histoire. Il y a eu quelques rires, puis la dame s'est levée, et derrière le comptoir nous a dit :

« La seule ligne régulière, c'est le bus jusqu'à Montpellier puis le train.

– Oui mais justement, c'est ce qu'on veut éviter.

– C'est rapide, vous savez.

– Ou faites du stop, ce sera encore plus direct », a repris un grand blond qui se tenait devant la baie vitrée, face à la mer. L'officier de port a souri : « Vous avez l'air de connaître ça, nan ?

– Plutôt, oui, c'est comme ça qu'on est arrivés ici. Mais en parlant de stop, justement, vous savez pas si des plaisanciers vont à Sète, ou plus loin même ? Vous comprenez, on veut juste monter sur un bateau. Et après on se démerde.

– Ils peuvent faire le tour des pontons, Cédric ? a demandé la jeune femme, l'air blasé.

– Sans problème, mais regarde, il n'y a personne. Il est encore tôt et je ne pense pas que ça va sortir ce matin. La mer est trop calme, et ils annoncent un peu de pluie.

– C'est dommage pour vous, les jeunes, hier on en a eu qui partaient sur Canet…

– Et là, ce matin, vous avez rien ?

– Pour l'instant, non. Essayez quand même d'aller voir sur les pontons. Sinon, vous prendrez le train, hein !

– Ou le stop ! » a rigolé l'officier.

On a continué à discuter un peu avec eux. On voulait regarder la carte routière avant de partir. Entre les étangs et le front de mer, on s'y perdait un peu. Philibert avait aussi un tas de questions sur la capitainerie et sur La Grande-Motte. Il notait tout, comme à son habitude. Et puis on se sentait bien entourés. Le bureau ne semblait pas crouler sous les tâches. L'ambiance était déjà celle de l'après-saison. Relâchée, après les semaines exigeantes d'intervention, de surveillance et de régulation du trafic des plaisanciers qui entraient et sortaient du port. Ils nous ont souhaité bonne chance, bonne route, et on a remis nos sacs sur le dos. On a descendu l'escalier exigu avec les petites annonces et les brochures touristiques. Quand soudain, derrière nous, le grand blond nous a appelés :

« Attendez deux minutes, les jeunes !

– Pardon ?

– Attendez, il y a un bateau qui passe en bas, je vais demander ! »

On a fait marche arrière. Tout le bureau avait les yeux braqués sur la baie vitrée. Deux mâts blanc cassé dépassaient.

« Dites-moi, vous allez pas à Sète par hasard ? a crié l'officier depuis le balcon.

– Si ! Enfin à Agde, à côté.

– J'ai deux jeunes, là. Ça vous ennuierait de les embarquer ?

– Nan, nan, allez-y, faites-les monter... »

Les choses ont été aussi simples que ça. Il avait fallu qu'on soit encore dans la capitainerie, à cette minute bien précise. J'ai pensé aux jeux à gratter de Philibert. Cela avait sans doute un sens, me suis-je dit. Il ne grattait pas seulement un bout de carton. Il grattait notre futur proche. Là où il perdait, il nous faisait gagner ailleurs. C'était inespéré. En une minute, on s'est retrouvés sur le pont du bateau. Tous les officiers du port ont applaudi, et fêté ça avec nous. On a serré la pince du grand blond, qui nous a aidés à descendre l'échelle jusqu'au ponton. « C'est drôle la vie, des fois... », a-t-il dit en partageant notre étonnement. Nous avons enjambé les taquets du bateau. Ça y est, nous quittions la terre ferme pour la première fois et gagnions un plancher hésitant. On a salué les polos blancs comme si on les connaissait depuis l'enfance. Le personnel de la capitainerie rétrécissait derrière nous. Je me suis alors retourné. Un tapis vert se déroulait jusqu'à la ligne d'horizon. Le ciel était gris tendre, et la lumière jouait avec les éléments. Il fallait grimacer pour voir au loin. Sous la coque, on devinait l'infini, les fonds marins. Nous larguions les amarres, et notre aventure était aux mains d'inconnus.

Nous embarquions sur un beau navire de croisière, clinquant et moderne, blanc neuf. J'appris plus tard qu'il s'agissait d'un Amel 54. Avec 17 mètres de longueur en coque et 140 mètres carrés de voilure, il y avait de la place pour tout le monde. Le moteur de 110 chevaux nous permettait d'avancer à sept nœuds sur une mer bonasse. On avait ôté nos chaussures, et on passait sans cesse de la banquette en cuir beige au pont, comme deux curieux. Nous avions le sourire aux lèvres, satisfaits de notre coup. Le capitaine de bord était un septuagénaire qui rentrait, avec sa femme, de vacances en Adriatique. Tous les deux, ils passaient leurs étés en mer depuis vingt ans. Il tenait la barre en silence, il regardait au loin. Par moments, il lançait une œillade à l'ordinateur de bord. Un compteur affichait notre vitesse et la profondeur au-dessus de laquelle nous voguions. Depuis le pont, on devinait le carré intérieur : deux cabines et deux salles d'eau. Des panneaux ouvrants laissaient entrer la lumière sur l'habillage en bois de noyer. Un bois lisse de maquette, muséal. Une femme est sortie, qui se déplaçait difficilement. Son visage figé, presque paralysé, et ses mouvements lents la vieillissaient. Je pensai qu'elle avait dû subir un AVC. Elle nous a serré la main, posant quelques questions, et pensant d'abord que nous étions frères. « Pas vraiment... », a répondu Philibert en lui racontant les derniers jours de notre voyage.

Loin de la côte, le vent se levait et la proue s'abattait plus violemment sur l'eau. On entendait le clapot régulier des vagues, et l'embrun caressait nos visages. L'eau léchait le pont, timidement. Elle repartait aussitôt, et je regardais sa course, captivé. De longues ridules fendillaient la mer. Il devenait de plus en plus difficile de bouger. Le mal au cœur est arrivé progressivement. Il s'agissait pourtant de faire bonne figure, et je ne trahissais rien.

L'homme et la femme ne parlaient pas. Même leurs corps étaient silencieux. La promiscuité du bateau augmentait l'anomalie du silence. Ils avaient fait monter deux jeunes inconnus à bord pour plusieurs heures de traversée, on se retrouvait assis les uns en face des autres, et pourtant la conversation était nulle. La mer, seulement, causait. Et le ronron du moteur qui laissait derrière nous une trace blanche comme les avions dans le ciel. Mes maux de cœur ne me poussaient pas à poser des questions. D'ailleurs, je n'en avais pas. Philibert s'est assis à l'avant, près du foc, balançant ses pieds par-dessus bord. Et l'homme m'a seulement dit : « J'espère qu'il sait nager, ton ami. On ne sait jamais... » J'ai hoché la tête. Il ne devait pas s'inquiéter. J'étais assis sagement sur ma banquette. Je fixais un point à l'horizon et je respirais profondément pour évacuer le vacarme en mon cœur. Le mal passait, puis il revenait aussitôt.

L'homme et la femme, je les ai beaucoup obser-
vés. Je devinais sur leurs visages les marques d'une
douleur ancienne et intacte. La fragilité d'un couple
qui avait connu un grand malheur. La femme
blonde, forte, frissonnait dans sa polaire bleue. Sans
dire un mot, son mari lui apporta une couverture.
Sinon, il restait statique, et sous sa casquette son
visage ne trahissait rien. Il portait une simple chemisette à carreaux. La femme s'est levée une fois
seulement, pour descendre au carré. Elle est revenue
avec deux tranches de brioche qu'elle m'a tendues.
« Pour toi et ton ami », a-t-elle seulement dit en
souriant. Puis elle s'est assise. Elle se tenait droite,
comme un enfant. Ses pieds ne touchaient pas le
sol. Et, chaque fois qu'elle se tournait vers moi,
elle portait un regard d'affection, fragile, à pleurer.
Celui d'un animal blessé, en convalescence. Oui, il
y avait eu quelque chose. Un drame, et je ne savais
lequel. Mais le silence évacuait toute question sur le
passé. Le passé qui ne regarde personne. J'ai mangé
la brioche pour lui faire plaisir. J'avais le cœur renversé par la houle. Envie de tout sauf d'un goûter.
Mais j'accomplissais le devoir d'un petit-fils pour sa
grand-mère. C'était tout ce que je pouvais lui offrir.
Nous avons retrouvé le calme, et j'ai cherché un peu
de repos. Après une courte sieste, Phil est venu s'asseoir avec nous. Nous approchions de Sète, et il m'a
dit : « Si c'est pas une arrivée royale, ça... Comme
André et Julien, exactement la même. »

Le mal au cœur m'avait abandonné entre-temps. Reposé, et heureux à l'idée de retrouver la terre ferme, je jetais un œil au livre d'Augustine Fouillée. Selon elle, une longue vue nous aurait permis de voir Montpellier. Elle écrivait ensuite :

> « *Le soir, en effet, n'était pas encore venu quand on aperçut Sète et la montagne assez haute qui la domine.* »

Il a d'abord fallu éviter des filets non signalés sur le radar. «Pire qu'un champ de mines », a soupiré l'homme en manœuvrant. Nous avons enfin laissé les silos de la zone industrielle à tribord. Et il était midi passé quand notre embarcation s'est aventurée prudemment dans le port de Sète. Nous étions même en avance sur l'horaire Volden. Nous avons accroché un à un les pare-battages en approchant d'un ponton. Après de vifs remerciements – «sont comme ça les gens de mer», a répondu notre hôte –, nous avons accosté au milieu des bateaux au mouillage et sous les yeux étonnés d'un groupe de pêcheurs. C'est vrai, on quittait l'Amel 54 comme on sort d'une bagnole. Et on le faisait devant le port, sur une scène de théâtre. «Vous avez des papiers quand même les garçons ? a demandé l'homme, plaisantant à peine. Ils vont croire que je débarque deux clandestins. »

On s'est salués. Encore des visages qu'on ne reverrait plus. Mais une intimité de quelques heures et un silence qu'on garderait en nous. Je savais que ce vieux couple nous accompagnerait jusqu'à la fin de l'aventure. Il est parfois impossible de retenir trait pour trait le visage de quelqu'un que l'on croise tous les jours. Pourtant, l'image de certains inconnus reste intacte dans notre mémoire, alors même que nous n'avons passé que quelques heures ensemble. À peine. L'homme debout, tenant la barre, et la femme à la polaire bleue, ils resteraient en moi pour longtemps. Sans raison, peut-être. Resterait aussi une des rares phrases échangées entre nous. Philibert avait demandé à la femme pourquoi elle aimait la mer. Elle avait répondu : « Parce qu'on est seul. Ou qu'on en a l'illusion. » Alors leur bateau s'est éloigné à l'ouest, vers Agde. Il a disparu aussi vite qu'il était apparu. Comme un spectre.

On a remonté la file des embarcations qui patientaient tels des veaux parqués dans une étable. On a gagné la corniche et le foutoir du monde. On était veinards. On entrait dans une ville sans passer par la zone commerciale. Pas de Saint-Maclou ni de centre Leclerc. Et comme si nous n'étions pas assez gâtés, nous sommes passés devant un beau rond-point où trônait une ancre rouillée. Sur la pierre, j'ai lu ces vers du Sétois Paul Valéry :

> *Je remonte le long de la chaîne de ma vie,*
> *Je la trouve attachée par son premier chaînon,*
> *À quelqu'un de ces anneaux de fer,*
> *Qui sont scellés dans la pierre de nos quais,*
> *L'autre bout est dans mon cœur.*

Nous arrivions comme deux seigneurs en sacs Decathlon. Après ça, tout nous semblerait diablement compliqué.

VIII. - **La moustache qui fait rimer couille avec nouille, les bicyclettes et le Palais de la trouvaille.**

N'en déplaise à Frédéric Lopez, la terre en vue n'était pas tout fait inconnue. Nous l'avions déjà foulée dans nos géographies mentales. Pierre en lisant Valéry, moi grâce à mes compils de Brassens. Du temps de la 204, j'avais d'ailleurs reçu l'interdiction de programmer « l'autre moustache qui fait rimer couille avec nouille ». Trop de roulements de « r », de brave Marrrgot, de gougoutte à son chat pour le goût de Pierre. « Je te préviens, si tu nous le passes, je rentre à Phalsbourg. » J'avais eu beau m'indigner, menacé de porter atteinte à l'intégrité de son double best-of Michel Sardou… rien à faire, Moustache m'était passée sous le nez. Trois mois plus tard, je ne l'avais toujours pas digéré.

En débarquant sur le môle Saint-Louis, nous avons d'abord vu la dorsale de ce mont dont les marins prétendent qu'il ressemble à une baleine. D'un côté la mer, de l'autre l'étang de Thau. Une face noble et l'autre moins. Les morts ont leurs coquetteries et le grand Georges, au soir de son existence, avait souhaité reprendre son testament.

Mon caveau de famille, hélas ! n'est pas tout neuf.
Vulgairement parlant, il est plein comme un œuf,
Et, d'ici que quelqu'un n'en sorte,
Il risque de se faire tard et je ne peux
Dire à ces braves gens : « Poussez-vous donc un peu ! »
Place aux jeunes en quelque sorte.

Si bien que le chanteur s'était fendu d'une supplique pour être enterré en plage de Sète :

Pauvres rois, pharaons ! Pauvre Napoléon !
Pauvres grands disparus gisant au Panthéon !
Pauvres cendres de conséquence !
Vous envierez un peu l'éternel estivant,
Qui fait du pédalo sur la vague en rêvant,
Qui passe sa mort en vacances.

Les autorités compétentes n'avaient pas laissé Brassens reposer dans le sable. Ni d'ailleurs dans la terre du cimetière marin. J'imaginais qu'il devait s'en foutre pas mal, au demeurant. D'autant qu'on ne dormait pas en paix sur une plage, nous avions eu l'occasion de le constater. Le grand Georges avait donc fini sa vie et commencé sa mort au cimetière des pauvres, qu'on appelait aussi le « ramassis ».

Après bien des pourparlers, j'obtins que nous passions fleurir d'un bouquet de chiendent l'humble caveau de la section 9. La dalle était semblable à toutes les autres, avec une petite plaque et un pin parasol. Tout bêtement, tout joliment, j'y mis mon chiendent.

C'est en rejoignant les arcades du port que Pierre a eu l'idée d'acheter des vélos. D'un coup de pédale, nous remonterions le canal du Midi et en quelques jours à peine nous serions à Toulouse. Va pour les biclous, j'étais d'accord.

À l'office de tourisme, nous nous sommes donc branchés sur un site de petites annonces, classées par ordre croissant de valeur. La première d'entre elles vantait les mérites d'un « vieux vélo Jacques Anquetil marron prix d'ami ». Pierre a passé un coup de fil et dix minutes plus tard nous sommes entrés dans un garage de la Grande-Rue-Haute. Le vélo était effectivement marron, le prix très amical mais la propriétaire avait omis de préciser qu'au vélo « Jacques Anquetil marron » il manquait les roues. « C'est fâcheux », ai-je dit. « Qu'elle est con », pensais-je.

J'avais par chance reproduit sur mon calepin les coordonnées du second vendeur, Alain, souhaitant se départir d'un lot de « vélos *toutérain* et course état passable à correct pour pièces ou usage ». Pierre ne le sentait pas trop et à vrai dire moi non plus. Mais dans notre condition de piétons, mieux valait se boucher le nez.

Alain habitait le quartier de La Plagette, face à La Pointe-Courte. Passé le pont mobile et la ligne du Bordeaux-Vintimille, toutes les rues portaient le nom d'un poisson. Rue des Anguilles, du Loup, du Jol-de-la-Palourde, quai de la Daurade. J'ai pensé : la voilà notre bouillabaisse.

Devant chez lui, planté sur ses deux cannes, Alain nous a tendu la main. Pas la droite, qu'il avait dans le plâtre, mais l'autre. Une main énorme, gonflée, cloquée, une paluche d'étrangleur. Alain devait être bourreau de travail ou d'enfant.

«Vous prenez ce qui vous plaît : c'est 30 balles l'unité », grogna-t-il en soulevant la bâche qui recouvrait son lot de rapines.

Ça n'était d'ailleurs pas un lot, ni même un tas de vélos. Plutôt un charnier. Entassés les uns sur les autres, fourches cassées, guidons tordus... Si les deux-roues prenaient un jour le pouvoir, Alain serait jugé en cour martiale.

« Bon, mettons, 20 balles », marmonna-t-il, en admettant que ses clous n'en valaient pas un.

Pierre ne prêtait aucune attention à ces marchandages. Sourcils froncés, il fit deux fois le tour du monticule, le remua un peu et en tira deux cadres moins rouillés que les autres. Alain, de son œil torve, le regardait faire. Main de velours dans un gant de Mickey, il vit qu'il avait affaire à un connaisseur.

« Disons 15, mais vous faites vite, hein ? »

Pierre ne l'entendait pas mieux. Économe en gestes, vif, précis, il démontait la selle de l'un pour l'installer sur l'autre, avisait la qualité des patins, changeait les caoutchoucs, fixait un garde-boue. Au bout du compte, il constitua deux vélos à la carte, presque roulables, qu'il restait à gonfler.

Nous avions justement repéré sur les quais une enseigne qui ferait notre affaire. Le Palais de la trouvaille, comme son nom l'indiquait, tenait de la caverne d'Ali Baba. C'était l'un de ces bazars de centre-ville, temple de la chinoiserie bon marché, garantie satisfait ou déplumé. On se procurait dans ce type de commerce tout à la fois des coussins péteurs et des flexibles de douche, des sets de table des rois de France et, l'espérions-nous, un kit de rustines avec pompe fournie.

Tandis que Pierre assurait nos emplettes, je restais sur le trottoir à surveiller les bécanes. D'abord celle qui me revenait, une réplique indienne du vélo d'Octave Lapize, sans freins ni vitesses, mais très joliment chromée et pourvue d'une sonnette. Et le « *toutérain* » de Pierre, qui avait dû faire le bonheur d'un préadolescent vers la fin des années 80.

Aucun doute à présent, nous nous étions fait refiler de vieilles carnes, boiteuses, arthrosées. À ce prix-là, il fallait s'attendre à de méchants aléas. Pierre est ressorti avec les rustines et nous avons enfourché, moi mon vélo de forçat et lui son VTT de trafiquant de Haribo.

Sur l'une des routes asphaltées les plus raides de France, nous avons suivi le fléchage d'une auberge de jeunesse. Celles-ci étaient nées au début du siècle précédent, dans un contexte de montée des nationalismes. Leur essor n'avait empêché ni l'une ni l'autre guerre mondiale mais peut-être achevé de convaincre les générations suivantes que les peuples pouvaient vivre et ronfler en harmonie. Et leurs dirigeants de faire de l'Europe et du monde chambrée commune.

Pourtant, depuis quelques années, hors des grandes villes, ces bonnes vieilles auberges souffraient de la concurrence de modèles émergents. Elles n'étaient plus les moins chères et rarement les plus pratiques. Pour pallier la baisse de fréquentation, l'association qui les gérait avait même levé la limite d'âge. On pouvait traîner ses quatre-vingt-cinq ans en auberge de jeunesse.

Quand je revins de me brosser les dents – car une hygiène bucco-dentaire régulière prévient l'apparition de caries et facilite les relations sociales –, Pierre s'était déjà fourré sous les couvertures. Dans le noir j'ai mis la main sur mon sac à viande et me suis glissé sous les draps.

« Bientôt, me souffla-t-il après quelques instants, bientôt je n'aurai plus l'âge de ces conneries.

– Quelles conneries ? De quoi tu parles ? ai-je murmuré pour ne pas réveiller le routard octogénaire qui dormait à ma droite.

– Le Palais de la trouvaille, l'auberge, les punaises de lit... Tu vois, bientôt je ne les supporterai plus. »

Ainsi lui passait le goût de la débrouille et des embrouilles. Il n'y a pas si longtemps, adolescents encore, nous avions tous deux juré ne jamais nous refroidir. Bernanos l'avait écrit quelque part : « Quand la jeunesse se refroidit, le reste du monde claque des dents. » Et voilà que ce soir, dans la touffeur d'un dortoir, Pierre baissait soudain de température, passait dans l'autre camp... J'en grelottai d'avance, et le reste du monde avec moi.

« Demain, lui chuchotai-je, nous passerons te prendre une chaufferette au Palais de la trouvaille. »

IX. – Le canal du Midi à bicyclette. Sous les platanes, d'Agde à Toulouse.

On quittait la Méditerranée pour de bon. Après Sète, il y eut d'abord une piste cyclable interminable en direction d'Agde. Une Route 66 pour cyclistes, recouverte de sable, entre le bassin de Thau et la mer. Le soleil nous tirait dessus à bout portant. Les yeux torturés par la sueur, on avançait dans le cagnard. À 38 degrés Celsius, j'appelle ça le thermostat de l'Enfer. Nos machines grinçaient. Les chaînes grasses et rouillées faisaient des bruits de poulie, et les roues voilées cognaient contre les freins. La piste cyclable filait droit, entre plage et bungalows. Les aoûtiens tardifs déjeunaient à l'ombre des parasols. J'imaginais le menu : melon, jambon de Bayonne. Avec un peu de basilic là-dessus, le ravitaillement des jours caniculaires. Accablés, nous avions fait un arrêt baignade. Avancer sur le sable avait été un supplice. Nous marchions sur des braises. Nous avions gagné la mer sur la pointe des pieds, en caleçon, enfin soulagés de tremper notre peau. De trouver un peu d'air au contact de l'eau. L'été finissait. Il insistait dans ce qu'il avait de plus cruel ; il portait ses derniers coups, et on était au bord du knock-out. Il avait d'ailleurs été impossible de s'allonger sur la plage, déserte à midi. À nouveau, on avait harnaché nos sacs sur les porte-bagages. Ils vacillaient. Un coup de tendeur, et zou ! On avait repris la route.

À Marseillan, on s'était éloignés des plages pour musarder entre des lotissements de bord de mer, des cahutes à churros et des restaurants kebab. Avant Agde, nous étions passés devant un parc d'attractions désuet, à la limite de la désaffectation. Les enfants étaient ailleurs. Ils commandaient des tacos, le regard plongé dans leur téléphone. Passé les parkings de la zone commerciale, et le ventre des voitures qu'on remplissait de sacs Auchan, nous avions vu une fumée noire se dégager au loin. Et les voitures d'urgence converger vers le sinistre dans le bruit des sirènes. On avait eu une pensée pour nos pompiers de Nevers. Je songeais alors à abréger notre martyre en montant dans un express régional. Mais nous avions découvert des tribus de vacanciers papillonnant autour de la gare d'Agde. Des caténaires brûlaient sur les voies ; les trains ne partaient plus. Nous avions regagné Agde et le port fluvial. Et, comme le peloton du Paris-Roubaix se jette dans la trouée d'Arenberg, nous avions quitté la route et déboulé sur le chemin de terre qui longeait le canal du Midi.

André et Julien Volden l'avaient jadis remonté en bateau. Nous privilégiions l'effort sportif aux péniches de retraités britanniques. Et, à mesure que nous avancions, je me demandais si Augustine Fouillée ne se foutait pas un peu de nous. Ses enfants voyaient des villes qu'on ne pouvait deviner : les arènes de Nîmes depuis la Méditerranée, le centre-ville de Montpellier à la longue-vue... Ils passaient de Béziers à Carcassonne à la vitesse d'un jet-ski. Depuis le canal, ils contemplaient les Pyrénées et se retrouvaient fissa devant le cirque de Gavarnie. Elle charriait, G. Bruno. Philibert avait beau écraser ses pédales comme un forçat, se courber sur son vélo d'après-guerre et plonger la tête dans le guidon, on ne rattraperait jamais les frères Volden.

« Tu veux mon avis ? dis-je à Philibert en me portant à sa hauteur.

– Ton avis sur quoi ?

– Elle est mythomane, Augustine.

– Ouais ?

– Je vais te dire, elle l'a fait en hélico son tour de la France. Ça va trop vite pour nous...

– Fais gaffe, y a du monde devant. »

Philibert était en contre-la-montre. Son sac dodelinait sur le porte-bagages comme un fessier refait. Il avait serré un boyau de secours autour de la taille et fondait sur les couples de retraités. Il les piochait un par un en appuyant sur la sonnette, sans un regard, comme Lance Armstrong avalait les coureurs échappés dans les cols. D'un air de dire : « Vous êtes mignons, vous avez sûrement bien rigolé, mais maintenant on laisse la place aux grands. » Dur au mal, je « suçais » sa roue. Je restais à l'abri, persuadé qu'il ne tiendrait pas dix minutes à ce rythme-là.

La première crevaison de Philibert arriva après quelques kilomètres. Pour réparer sa chambre à air, il fallait démonter tout l'arrière du vélo. Nous étions partis sous-équipés, et les plaisanciers qu'il avait dépassés comme un drôle s'étaient arrêtés pour nous prêter une clé. Philibert faisait moins le fier, tout d'un coup. Surtout que je m'occupais de son pneu. Sa maladresse était telle qu'il aurait pu foutre en l'air son vélo. Je le priais donc de faire la conversation. Nous avancions ainsi au hasard d'un matériel précaire. Mais nous roulions, et bien. La piste cyclable était un vrai billard. Une autoroute pour deux-roues. On roulait au rythme des écluses, seul dénivelé d'un parcours plat comme une Margherita. Les écluses étaient nos aires de repos. On buvait un coup, on mangeait un morceau.

À Castelnaudary pour « la couchée », comme disaient jadis les bateliers, on avait partagé un cassoulet en compagnie d'un chic type. Un caviste qui tenait boutique sur le quai. Originaire d'Aulnay-sous-Bois, il était passé d'instit en ZEP à prof d'aïkido aux Tarterêts, une cité de Corbeil-Essonnes. Désormais, il vivait dans les vignobles et vendait son vin aux touristes et aux rmistes. L'Aude était plus pauvre encore que la Seine-Saint-Denis, disait-il. Ça ne le changeait pas tant que ça. Ici aussi, il croisait de sacrés zigs. Il nous avait passé une fiole d'armagnac pour la route. Elle s'ajoutait à nos bibelots fétiches. Aux souvenirs de nos faits d'arme : une dédicace *Plus belle la vie*, la carte de visite de Jacky, un jeton de fête foraine, un poème d'Albert. Le lendemain, on s'était arrêtés au seuil de Naurouze, point le plus haut du canal. Augustine Fouillée en faisait tout un foin, et on se devait de faire une halte. Un obélisque avait été érigé à la mémoire de Riquet, biterrois d'origine, ingénieur du canal au XVIIᵉ siècle. Encouragé par Colbert, Riquet avait construit des réservoirs qui versaient l'eau vers les deux mers, retenue çà et là par les écluses. C'était donc symbolique. Passé Naurouze, nous basculions vers l'océan. Sur la carte, un voyage finissait. Nous avions vu les fragments d'un pays du nord au sud, sur son versant est. Désormais, un autre voyage commençait. Pour nous, l'horizon était pourtant le même. Un bitume étroit qui se faufilait sous des allées de platanes. Le canal avait la couleur que les feuilles n'avaient plus. Il était vert et trouble, d'aspect gluant comme un bubble-gum. Nous roulions à l'abri du soleil et du vent. Derrière les troncs d'arbres, la campagne s'offrait au ciel. Les champs jaunes attendaient la première moisson. Nous supportions nos sueurs de la veille en usant d'un seul T-shirt pour l'effort. On se passait la bouteille d'eau sans quitter notre selle, zigzaguant, frôlant la chute, le grand plouf dans le canal. Les journées filaient, à parler de tout et de rien. On était les Dewaere et Depardieu des *Valseuses*. Sur cette avenue vide, nous ne croisions plus grand monde. Seulement quelques péniches qui traînaient, remuant à peine l'eau dans leur sillage.

L'après-midi touchait à sa fin alors que nous remplissions nos gourdes au robinet de l'écluse de Négra. « La Mano, la Mano, la Mano Negra ! » chantait déjà Philibert, à l'heure où la fatigue rend saoul. On puait. Nos selles sans gel et nos shorts sans chamois achevaient nos fesses. Une fois désincarcérés des vélos, on avançait comme des oies, tirant sur nos calebars. Nous étions toujours en Lauragais, à une trentaine de kilomètres de Toulouse. Et, pour la première fois, j'apercevais une chapelle au bord du canal. Un édifice en pierre, minuscule, avec ses chaises et ses prie-Dieu en paille. Elle ressemblait aux chapelles de bord de mer, suppliant le bon secours. Le canal du Midi n'est pas l'Atlantique, et les murs de la chapelle n'étaient pas recouverts d'ex-voto. Une maquette en bois a pourtant retenu notre attention. Il s'agissait du bateau de l'Entr'aide sociale batelière. Nous avons appris qu'un jour de tranchée, aux pires combats de 1918, un jeune lieutenant séminariste avait fait la promesse à un de ses hommes agonisant, marinier du Midi, de lutter pour la reconnaissance de son métier. Les mariniers étaient des nomades qu'on observait de loin. On craignait ces étrangers de passage, ces marginaux reclus dans leurs chalands. Ils étaient nos romanichels d'aujourd'hui, les sans lotissement fixe. Leur caravane à eux flottait. Après la guerre, l'abbé Bellanger a donc parcouru l'Europe batelière. Sur le port de Paris, à Anvers, le long des berges de la Seine et de l'Oise, de la Meuse, de l'Escaut, il a observé le travail des marins d'eau douce, toujours moqués par les gens de mer. Bellanger n'a jamais oublié la promesse faite à son frère d'armes toulousain. En 1936, il créait ainsi l'Entr'aide sociale batelière et devenait le premier aumônier de la batellerie. L'ESB devait se battre pour le statut social des mariniers. Apporter aux gens d'à-bord la même aide réservée aux gens d'à-terre. Deux mondes qui se croisaient à peine, aux écluses et dans les villages, séparés seulement par quelques mètres d'eau. L'histoire était touchante. Je songeais aux prêtres ouvriers, à ces soutanes boueuses qu'on voyait parfois sur des photographies. La devise de l'Entr'aide était gravée en grosses lettres sur la péniche de l'association : « Je sers ». Depuis notre autoroute cyclable, on s'était bien rendu compte que le trafic fluvial se réduisait aujourd'hui à du promène-touristes. On venait d'Australie pour descendre le canal et se rafraîchir aux buvettes. Nous avions seulement croisé quelques bateaux ventouses. Ces péniches habitées, qui prennent la mousse et l'humidité sur la bande d'arrêt d'urgence.

On est remontés sur nos destriers. Nos fidèles. Et nous avons commencé la longue entrée dans Toulouse. Le canal est devenu rose, un peu plus sale. C'est en croisant les joggeurs et les premiers étudiants en « Velô » qu'on a compris que la tranquillité finissait avec la métropole. À la gare de Matabiau, on rejoignait la faune des gares centrales. Des babas cool chantaient sur quelques accords de guitare. Une voiture klaxonnait au dépose-minute. Dans le hall, on retrouvait les mendiants roumains en habits de sport, la file au guichet et les têtes baissées, braquées sur les téléphones. L'impression d'attente, et ses exaspérations. Pied à terre et bicyclette en main, on a traversé la gare. On ne s'attarderait pas à Toulouse.

X. – L'exercice du pouvoir, Panache Land et la rentrée scolaire. « Le plaisir d'apprendre à l'école est la condition du succès des élèves. »

La France venait de connaître quelques soubresauts politiques. Notoirement méconnu trois ans plus tôt, un jeune homme fringant et bien peigné était devenu président de la République. Après lui le déluge et après le déluge un raz de marée, qui avait emporté les trois quarts de l'Assemblée. Les Français remplaçaient leurs députés usagés par de nouveaux, tout beaux, tout neufs, pour la plupart issus de la société civile. Jean-René Cazeneuve était de ceux-là. Cadre dirigeant d'une société de télécom, il avait rempli le circulaire de candidature par internet et, trois semaines plus tard, s'était trouvé investi candidat dans la première circonscription du Gers. Il avait dans la région des attaches, une maison et des ancêtres sur quatre générations. Mais la concurrence s'évertuait à le proclamer député « parachuté ». C'est idiot, Jean-René n'aurait pas sauté d'un muret : il avait horreur du vide.

Or, donc, M. Cazeneuve avait accepté que deux enfants l'accompagnent et l'encombrent de leurs questions. C'était courageux, trouvai-je. « Imprudent », corrigea Pierre.

À vrai dire, nous ne savions pas grand-chose du quotidien d'un élu. Seulement qu'ils passaient sur la 3 le mercredi après-midi. Avant le début de la retransmission des *Questions au gouvernement*, j'avais vu, plusieurs fois, les bancs se remplir et l'hémicycle se changer en fosse aux lions. Une fois l'antenne rendue, disait-on, la plupart des lions repliaient leur serviette, dénouaient leur cravate et s'en allaient paître ailleurs.

S'ils officiaient sur la même chaîne, Jean-René, à la différence de Mirta, n'avait pas de chauffeur à sa disposition. Il était venu nous chercher à la gare d'Auch, seul au volant de son crossover personnel, et j'avais eu du mal à cacher notre déception :

« Même pas une escorte ?

– Non, désolé.

– Ni même un gyrophare ou des petits drapeaux sur le capot ?

– Vraiment, je suis confus. »

L'emploi de député n'était pas ce que nous imaginions. Jean-René, à le croire, menait plutôt une existence de VRP. Il sillonnait sa circonscription la moitié de la semaine et l'autre moitié siégeait à Paris, entre l'Hémicycle et la commission des Finances. Sans cesse il faisait la navette, traversait le pays dans un sens puis dans l'autre. Peut-être avait-il eu affaire à Sonia, la barista de la voiture 14.

« Sur les marchés, le commerçant vient vous dire qu'il est trop taxé, la retraitée que sa pension est misérable... On nous interpelle pour empêcher la fermeture d'une école, l'ouverture d'une centrale, on passe des coups de fil, on fait ce qu'on peut. Mais la vérité, c'est que notre marge de manœuvre est réduite. On est là surtout pour voter des lois. »

C'était, nous enseigna le député, l'une des difficultés de ce mandat. D'après la Constitution, les parlementaires ne représentaient pas tant leurs électeurs et administrés que la nation en général. Ils n'étaient donc pas censés défendre les intérêts de tel ou tel patelin. C'était la théorie. Dans la pratique, chaque semaine, on venait le solliciter pour régler des conflits de voisinage, demander la mise en place d'une nouvelle route ou l'implantation d'une maison de santé. On supposait qu'il était copain de ministre, peut-être même qu'il avait l'oreille du président. « L'autre jour, une femme est venue me trouver parce qu'elle n'avait pas vu sa fille depuis dix ans... » Jean-René, malheureusement, n'était pas Jacques Pradel et ne pouvait pas grand-chose pour les perdus de vue.

Levé à l'heure des canards, le député Cazeneuve avait ce matin-là trouvé le temps de visiter le colonel Meunier, du Service départemental d'incendie, d'attraper au vol deux enfants et de fomenter la création d'un parc d'attractions avec le directeur d'un grand hôtel de la région. «Vous comprenez, lui avait dit l'hôtelier, après le foie gras, d'Artagnan et Cyrano sont les deux grandes fiertés gasconnes. Il faut investir là-dessus. Pour le nom, j'ai pensé à "Mousquetaire Park". Mais si vous préférez, ça pourrait être "Panache Land"... »

L'agenda électronique du député faisait état pour cet après-midi-là d'un rendez-vous à Miélan. Le directeur du collège Vasconie nous conviait à sa rentrée des classes en musique.

Trois mois plus tôt, le gouvernement, en fanfare, avait dévoilé son « plan chorale » afin d'offrir aux élèves des sept mille collèges de France « l'occasion de marquer de manière positive le début de l'année ». C'était même l'objet de la toute première instruction officielle envoyée par le ministère de l'Éducation nationale aux recteurs de France. Elle commençait par une petite morale digne d'Augustine Fouillée : « Le plaisir d'apprendre à l'école est la condition du succès des élèves », puis détaillait l'instauration de cette « rentrée musicale [...] réalisée en lien étroit avec le ministère de sorte que toutes les institutions culturelles pourront être sollicitées pour anticiper ce moment exceptionnel ». Sous le préau du collège Vasconie, vers les deux heures de l'après-midi, nous assistions donc en compagnie du député et de l'inspectrice de l'Académie à ce moment exceptionnel. Les sixièmes s'étaient rangés sur deux rangs et, au signal de leur professeur, Mme de Saint-Léger, entonnèrent une ritournelle que je ne parvins pas à identifier. Jean-René nous assurerait plus tard qu'il s'agissait de l'*Ode à la joie*. Pierre, quant à lui, avait cru reconnaître une interprétation libre de Cabrel en wolof.

Les enfants ont fait leur compliment à Monsieur le député, le directeur a pris la parole, et le maire à sa suite. Un maire magnifique, sans étiquette mais doté d'une moustache blanche à guidon, d'une pochette à pois et d'un nœud papillon. Un si beau maire que nous sommes allés le trouver à l'issue de sa petite allocution. Très vite, il nous a posé l'équation : activité économique en berne + population vieillissante = fermeture de classes. Tout titulaire du brevet pouvait comprendre le problème ; mais il fallait a minima passer l'ENA pour le résoudre. « Miélan, nous dit-il, pèse 1 173 habitants selon le dernier recensement. » Le maire tenait précisément les comptes car la survie du collège en dépendait. « On voit revenir des familles du Var par exemple et aussi des Parisiens. Mais je vais vous dire, heureusement qu'on a les Anglais. »

Dix pour cent des Miélanais l'étaient. « Ils me scolarisent des enfants, pour moi c'est tout bénef ! » Les Britons, hélas, n'avaient pas suffi à sauver l'antenne de La Poste, qui ferait ses valises à l'automne. Ni l'officine du Crédit agricole. « Une quadra qui perd son boulot n'a que l'aide à domicile pour s'en sortir », nous a dit une mère d'élève qui avait rejoint la conversation.

« Toulouse aspire tout, a repris le maire. Vu d'ici, même Auch semble une mégalopole, c'est vous dire... »

Quelque temps plus tard, tandis que nous nous en retournions à la mégalopole par la route de Mirande, le député Jean-René a ralenti l'allure dans un village qui comptait encore un café-épicerie. « N'oubliez jamais, les enfants, que la France est un pays de tradition rurale. Tous les Français ont un parent, un grand-parent, un arrière-grand-parent paysan. Et si on laisse ces écoles et ces commerces fermer, c'est un peu de la France qui fermera. »

XI. – La péniche « Espérance ». Des bicyclettes et des platanes à l'agonie.

Prendre la route un jour de rentrée était un luxe. Pendant que les rangs d'élèves rejoignaient leur classe, nous partions à l'école des buissons. Nous fuyions la sonnerie à heure fixe, la cohue du « self », la peur de l'interro surprise. Enfant, j'avais déjà l'idée de ma propre fin en voyant l'été s'achever. Le compte à rebours commençait après les fêtes du 15 août. Dès lors, je recensais les derniers jours. Je comptais aussi les fournitures qui manquaient. Et j'ai toujours en tête, net comme une photographie, un rayon du centre Leclerc où maman nous emmenait faire les courses ; la couleur des feutres et des cahiers-classeurs, la plume Casterman, l'odeur des feuilles à carreaux, le plastique des équerres et des règles. Ce mauvais plastique gradué, qui m'obligeait à calculer cinq fois le bon nombre de centimètres en devoir de maths. L'achat des fournitures me soulageait un peu du cafard de septembre. Il opérait la transition.

La rentrée avait été une torture dont je devinais très tôt la mélancolie. Il viendrait, ce sentiment que le temps passe. Avec lui, un jour, je regretterais la rentrée des classes. Un poème appris à l'âge de dix ans contenait déjà le regret des septembres sans rentrée. La seule poésie que je retenais par cœur.

> *Odeur des pluies de mon enfance.*
> *Derniers soleils de la saison !*
> *À sept ans comme il faisait bon,*
> *Après d'ennuyeuses vacances,*
> *Se retrouver dans sa maison !*
>
> *La vieille classe de mon père,*
> *Pleine de guêpes écrasées,*
> *Sentait l'encre, le bois, la craie,*
> *Et ces merveilleuses poussières*
> *Amassées par tout un été.*
>
> *Ô temps charmant des brumes douces,*
> *Des gibiers, des longs vols d'oiseaux !*
> *Le vent souffle sous le préau,*
> *Mais je tiens entre paume et pouce*
> *Une rouge pomme à couteau.*

Je chuchotais le poème de René Guy Cadou en roulant. Je pensais aux préaux de mon enfance. Aux photos de classe de la mi-septembre qui trahissaient nos bouilles encore bronzées. Mais chaque coup de pédale m'éloignait des écoles, et c'était très bien comme ça. On roulait comme deux évadés.

Nous avons quitté le Gers et regagné nos canaux. À Auch, nous avons d'abord rentré nos vélos dans la soute d'un autocar en direction d'Agen. Nos vélos baptisés Crin-Blanc et Tornado au cours d'un après-midi d'ennui. La ligne de bus suivait une dangereuse nationale à faits divers. Le genre de route qui compte ses morts, bordée par une glissière de sécurité plissée et des platanes lépreux. Sur le bas-côté, par moments, je devinais l'ancienne voie de chemin de fer. La ligne faisait partie de ces dizaines de tronçons abandonnés dans le pays. À Agen, on nous a crachés à la gare routière. On a alors repris nos habitudes : « Tiens bien le sac sur le porte-bagages, passe-moi les tendeurs, vas-y, serre, c'est bon, tu peux lâcher. On est partis. »

Le canal de Garonne avait la même tronche que celui du Midi. Certains disaient même qu'ils ne faisaient qu'un. Qu'on avait tort de les distinguer. La piste cyclable était identique, et nous ne croisions que des couples de retraités à vitesse modérée. Nos bicyclettes du pauvre dépassaient leurs Rolls-Royce. Des vélos équipés de pied en cap : trois plateaux, vingt-deux vitesses, freins à disque, sacoche à droite, sacoche à gauche, selle premium, porte-carte, compteur kilométrique. On les dépassait presque en sifflant. On reluquait leurs bécanes avec envie. Car la route pour Bordeaux devenait interminable. Philibert avait encore crevé. Une fois, deux fois. On réparait inlassablement sa chambre à air. On la barbouillait de colle qui ne colle pas. Les rustines glissaient, on en avait plein les doigts. Et son vélo faisait un bruit de sous-marin. On avait l'impression que de l'eau coulait à l'intérieur du cadre. C'était inquiétant. Avec le temps, on s'y était attachés, à nos deux montures. Et la rouille qui les dévorait, l'incertitude matérielle nous rappelaient la 204 abandonnée au printemps. Leur fragilité permettait aussi d'avancer.

Avant Le Mas-d'Agenais, nous sommes passés devant une péniche en loque, échouée. Nous avons lu le nom sur la coque : « Espérance ». Nous n'étions pas superstitieux, mais le décor devenait de plus en plus effrayant. Au-dessus de nos têtes, les platanes nous dévisageaient comme des morts-vivants. Un chancre les avait infectés, il passait d'un arbre à l'autre. Dans la circonscription de Monsieur le député, avant son arrivée, ils en avaient abattu six mille en quelques mois. Le champignon avait conquis la France en même temps que les GI's, en 1945, par des caisses de munitions en bois de platane importées des USA. La France avait été libérée, mais on lui laissait deux horreurs : le chewing-gum et le « chancre coloré ». Le poison avait débarqué en Provence. En quelques mois, il condamnait un arbre ; en moins de trois ans, il le tuait. Autour de nous, les pauvres bêtes portaient déjà la tristesse de novembre. Ils fêtaient la Toussaint à l'Ascension. Pour moi, les allées d'arbres prenaient la couleur du *Grand Meaulnes*. Je baptisais « Grand Meaulnes » cette couleur que j'associais dans ma tête aux bois de la Sologne en automne, à ses marais. Au teint brûlé du livre de poche des maisons de campagne. Oui, le pays avait bruni. Il vieillissait. Et Philibert nous retardait dans tout ça. Je n'en voulais pas à son vélo qu'il réparait lui-même désormais, mais à ses arrêts répétés. À chaque écluse il y avait une buvette. Et chaque buvette était l'occasion d'un rafraîchissement.

« Mais fais gaffe, merde ! hurla Phil alors que je posais Crin-Blanc contre son vélo.

– Ça va… Il craint rien ton machin !

– Déjà, c'est pas un machin. Il s'appelle Tornado. De deux, c'est sensible, ces bêtes-là…

– C'est sensible… Je prends note. Alors occupe-toi de ta ruine, je fonce au comptoir.

– Dépêche, il y a de la visite. »

Un groupe d'Australiens énormes a débarqué d'une péniche et pénétrait déjà dans la cahute. Je savais qu'ils étaient d'Australie parce que je reconnaissais l'accent, j'avais le don des langues. Ils avaient des gabarits impressionnants. En avançant, ils enterraient les pavés difformes du halage. La cabane en bois craquait sous leur poids, et la petite dame qui servait les consommations a pris des airs affolés. « Beer ! », « A beer please ! », « Une bièèère, s'il vous plaîte ? », « Two beers, madame ! » La buvette faisait la taille d'un sauna. Elle avait aussi sa chaleur. Je me suis faufilé dans les odeurs de déodorant chimique, parmi les shorts et les paires de Crocs. Ils avaient des têtes sympathiques, ces Australiens, mais ils riaient grassement et s'envoyaient des claques sauvages sur l'épaule. J'ai atteint le comptoir, agile comme un fakir, et j'ai passé la commande. Avec ma chambre à air autour de la taille et mes mains tachées de cambouis, je me prenais pour un coureur du Tour des années 60. Quand le peloton déboulait en meute dans les bistrots, se chargeait d'alcool et repartait aussitôt grimper les cols, blindé à la gnole et aux amphétamines. Je suis sorti avec un Coca light dans une main, une Amstel dans l'autre. C'était moins impressionnant. Philibert regardait le canal sur sa chaise en plastique. À l'aise, Blaise. Nos muscles refroidissaient, et on avançait sur un faux rythme. J'étais désespéré. Une demi-heure plus tard, nous repartions. Les Australiens commandaient leur troisième tournée. Un jour, on retrouverait leur péniche contre un platane.

Le canal jouait au chat et à la souris avec sa grande sœur Garonne. Les panonceaux vert et blanc annonçaient les villes que nous contournions. En passant au large de Marmande, une nouvelle crevaison nous jeta dans le fossé. J'étais excédé. Je retrouvais un à un tous mes gènes colériques. Chemin de Croix, neuvième station : Jésus tombe pour la troisième fois. Le biclou de Phil était devenu le fardeau du monde. Nous n'étions pas Dieu et, d'un commun accord, on capitulait. À Marmande, nous sommes montés dans un TER plein de lycéens. Destination : Bordeaux-Saint-Jean.

Cent fois j'avais failli le jeter dans le canal, ou l'abattre d'une balle dans la fourche ; cent fois je m'étais retenu. Tornado roulait sur des rustines et, tandis que le guidon tirait à gauche, le porte-bagages branlait à droite. Cet unique porte-bagages qui me valait de porter seul nos deux ballots. Plus l'eau, la pompe, et ma gourmette. Pierre avait raison. Nous avions peut-être passé l'âge de ces emmerdements. Pourtant, rien à faire, je ne parvenais pas à grandir. Même accidenté, boiteux, claudiquant, je tenais à ce biclou comme on tient à sa grand-mère. J'avais cette foutue manie de m'attacher à ce qui n'en avait plus pour très longtemps. C'était mon côté sage-femme en unité de soins palliatifs. À chaque crevaison, j'assurais à Pierre que ce serait la dernière, que le vélo, désormais, se tiendrait bien tranquille. Au bout du compte, je n'avais pu m'empêcher de le monter dans le train.

« Je trouverai peut-être quelqu'un pour me l'acheter à Bordeaux.

– T'as raison, ouais, ça te paiera un sandwich ! »

Pierre faisait montre d'irrespect à l'endroit de Tornado mais il n'avait pas tort. Tout chromé qu'était ce vélo, il ne valait pas plus qu'un jambon-beurre à l'argus.

Dans le TER j'ai ressorti notre petit bréviaire républicain. Ces deux enfants du *Tour*, pleins de miel et d'enthousiasme, commençaient à me courir sur la pilule. Toujours et en tout lieu, ils trouvaient le moyen d'apprendre et de se réjouir.

> « *Oh ! les jolies plantes vertes ! on dirait de longs rubans. Et ces coquillages, comme ils sont luisants !* »

Leur bonne humeur me rendait chèvre. Même blessé des suites d'un accident de char à bancs, le petit frère voyait l'opportunité de s'instruire sur l'anatomie et le recouvrement de sa santé. Quelques pages plus loin, sa jambe d'ailleurs guérissait.

> « *À mesure qu'elle allait mieux, la gaieté de l'enfant lui revenait, et aussi le besoin de sauter et courir. À la pensée qu'on arriverait bientôt, il ne se tenait pas de plaisir.* »

Et moi je ne tenais plus tout court. La Réole, Langon, Cérons, Beautiran... Nous longions la Garonne qui s'élargissait entre ses coteaux couverts des premiers vignobles du monde.

> « *André, dit Julien en frappant dans ses mains, vois donc ; nous arrivons, quel bonheur !* »

Si je rattrapais ce binoclard, promis je lui claquerais le beignet. Mais avant toute chose, il fallait trouver le moyen de brader ma bicyclette. Tout de même, je n'avais pas le cœur de l'abandonner contre un réverbère, comme les salauds leur chien sur les aires d'autoroute.

Gare Saint-Jean, j'ai suivi Pierre qui s'engageait sur la rue de Tauzia. Nous sommes passés devant un loueur de vélos hollandais. Dix ou douze bicyclettes rutilantes crânaient sur leur béquille. Jamais le boutiquier ne reprendrait Tornado, même contre un panini. J'ai continué à traîner ma vieille carne. Pierre pédalait devant, le cul relevé en danseuse, pauvre Virenque de sous-division.

Soudain j'ai remarqué deux gaziers, affairés derrière les grilles de l'École des beaux-arts. Je me suis approché pour les mieux voir. Ils devaient avoir notre âge, peut-être davantage. Alors sous le coup de la fatigue, fourbu du corps et de l'esprit, j'ai fait le rêve qu'un jour mon vélo recouvrerait entre leurs mains sa dignité. Tornado méritait mieux que la ferraille. Grâce à ces artistes en herbe, il poursuivrait sa carrière en galerie, traverserait l'Atlantique et ferait les honneurs du MoMA.

« Qu'est-ce que tu fous encore ? » m'a demandé Pierre tandis que j'entrais dans la cour.

Les deux étudiants ont levé la tête et moi la main, paume ouverte en signe de paix. Lorsque j'ai eu fini de leur dévoiler mon projet, ils m'ont regardé longuement. Comme si je leur avais demandé, s'il vous plaît, de me dessiner un mouton.

« Donc, si je comprends bien, récapitula le moins grand, tu proposes à mon pote Kévin de lui refiler ton vélo. Le vélo que tu traînes depuis Sète… »

Je comprenais leur surprise. Me voyant venir à eux, dépenaillé, grinçant des coudes et du moyeu, ils

234

avaient dû penser que je venais taper de l'oseille. Et voilà que le vagabond leur offrait sa richesse.

« Oui, enfin, en s'aidant quelquefois du train. Et puis je ne suis pas seul : il y a l'autre, là, ai-je dit en pointant Pierre du doigt, qui attendait sur le boulevard.

– Mais vous dormez où ?

– Où on peut. Dans les auberges, chez les copains, sur la plage...

– Non, je veux dire : vous dormez où, ce soir ? »

C'était mon tour d'être soufflé. Tornado valait donc bien plus que nous l'escomptions. Il valait l'hospitalité de ces jeunes gens. Peut-être même leur amitié. Un autre olibrius aux cheveux longs sortit à cet instant du cabanon. Kévin, Jules et Nicolas partageaient une colocation dans le quartier des Quinconces, « l'une des plus belles places de France », disait notre petit livre. Tous trois élèves des Beaux-Arts, ils achevaient leur cinquième année en préparant pour la semaine suivante une grande exposition. Mais, à quelques jours du vernissage, rien n'était encore prêt. Ni le rocher de polystyrène peint sur un transpalette, ni le matelas plié en deux recouvert de plâtre et sanglé, ni même une sorte de pyramide en néon cerclée de fil de fer barbelé. Je décidai de ne pas chercher à tout comprendre.

Un peu plus tard, nous nous sommes retrouvés dans leur appartement, au cinquième sans ascenseur, autour d'un paquet de Chipster. Comme chez tous les étudiants du monde, la vaisselle de la veille attendait dans l'évier. Comme chez eux seuls, une taupinière en fonte coulée trônait sur une chaise paillée.

Une fois de plus, et cette fois sans avoir rien demandé, nous étions les bienvenus. C'était beau, la France. Sur le frigo, je remarquai d'ailleurs une carte-magnet des départements, quasi complète. Seules manquaient l'Indre-et-Loire et Mayotte.

« Les DOM-TOM sont les plus rares », me confia Nicolas, à qui n'avait pas échappé mon intérêt.

Ces trois-là, à l'évidence, n'avaient pas de fric, pas de boulot, pas de pétrole mais des idées plein leurs cartons à dessin. Et une curiosité à toute épreuve. En détail, ils ont voulu savoir ce qui nous menait ici, chez eux. C'était la moindre des politesses et Pierre, une fois vautré dans leur canapé, a commencé le récit de notre aventure. Les fortifications de Phalsbourg, la Lorraine en 204, Jacky, Baccarat, Le Cornemuse, les mystérieux occupants de l'Amel 54… Il insistait sur des points de détail et passait sur d'autres épisodes que je jugeais essentiels. Même en tandem, dans la roue l'un de l'autre, je m'apercevais que nous n'accomplissions pas le même voyage.

Le paquet de Chipster s'est vidé tranquillement. Je me sentais bien, et je crois que Pierre aussi. Le destin n'était pas mesquin qui nous avait jetés dans leurs bras, et eux dans mon guidon. Il n'était plus question d'abandonner ces nouveaux vieux copains. Nous accomplirions ensemble « le tour de Bordeaux par cinq enfants ». Puis six et sept et huit, car des amies rappliquaient maintenant.

Celles-là étaient venues accompagnées d'un pack de Kronenbourg que l'on décapsulait au briquet, ou sur l'angle de la table basse en mélaminé. Jules portait un T-shirt de marque Ellesse, Lena des Reebok blanches, un jean taille haute, et Kévin un bas de survêtement Fila. Ce vestiaire « streetwear », hier encore considéré comme crime caractérisé contre le bon goût, redevenait tendance chez les jeunes urbains. La mode était cyclique et ces cycles semblaient se rapprocher. Le temps moyen d'attente au purgatoire de la ringardise réduisait, concluais-je en regrettant d'avoir cédé l'année dernière à mon petit cousin Paul un vieux pull-over à zip Champion USA. Demain, le fin du fin consisterait à se vêtir en chemisette. Voire d'une casquette Pirelli.

Branchés à la tour d'un vieil ordinateur fixe, les baffles dévidaient une hard-tech planante à cent trente battements par minute. À la différence de Pierre, je n'éprouvais pas de goût particulier pour cette tachycardie musicale, qui avait même tendance à m'engourdir. J'en profitai pour visiter le water-closet, décoré d'un poster d'Ulrich Ramé. Il y avait aussi derrière la porte deux ou trois tomes d'Achille Talon.

Lorsque j'en eus fini, cinquante-deux planches plus tard, tout le monde avait enfilé son K-Way. La mobilisation semblait être tombée dans l'instant. Un plan en or : une fille qui connaissait un mec qui pourrait nous faire entrer au Before du Climax Festival, en français : « l'Avant du festival de l'Apogée ». Une icône de la touche française y tripotait les platines sur une friche militaire, reconvertie en incubateur à teufs.

Dans l'absolu, je préférais Isabelle Mayereau mais je n'ai pas voulu faire d'histoire et me suis laissé entraîner, trop content d'être trimballé de nuit dans une ville inconnue. Pierre m'a glissé en aparté : « Tu vas voir, rien de mieux que d'être trimballé de nuit dans une ville inconnue. » J'ai pensé qu'une promiscuité prolongée nous faisait déteindre l'un sur l'autre. La Micra de Kévin s'est engagée sur un pont. Un pont impressionnant. J'ai attendu un peu et Pierre a demandé : « C'est quoi, ce pont ? Il est impressionnant.

– Le pont Chaban, lui a répondu Jules, que tous les Bordelais appellent pont Baba parce qu'il relie la Bastide au Bacalan. »

Devant la caserne Niel, une flaque de fêtards recalés, moyenne d'âge vingt-cinq ans, marronnaient, poireautaient, pianotaient. Comme il fallait s'y attendre, la fille-qui-connaissait-le-mec ne répondait plus à son téléphone. Nous étions tombés dans le piège classique des soirées étudiantes, dont les plans en or, bien souvent, se révèlent de plomb.

Tout juste enrôlé dans la bande, un grand échalas peroxydé émit à point nommé une autre idée. Un plan « B », comme « Bazz », Jazzy Bazz, rappeur qui se produisait ce soir sur un ferry amarré quai des Bassins à flot.

Le temps qu'il finisse sa phrase, nous étions déjà entassés dans la Micra, direction la péniche.

« Bordeaux, vous êtes chauds ? »

Jazzy Bazz en tout cas l'était, qui haranguait la foule en s'essuyant le front avec une serviette-éponge. À fond de cale surchauffée, ses postillons faisaient effet de brumisateur sur un public galvanisé. Les faisceaux des projecteurs balayaient la soute, la masse compacte et fervente oscillait, tanguait, brimbalait.

C'est pas l'Apocalypse, mais le présent est lugubre.
J'suis tellement loin, j'suis nostalgique du futur.

Sur le pont supérieur, j'ai retrouvé Jules qui se roulait un joint.

« Tu veux croquer ? »

Sans rien attendre en retour, ces types nous offraient le shit et le couvert. Qu'avions-nous fait pour les mériter, ces braves Bordelais ? Rien d'autre que de nous présenter aux concours de circonstance. Les seuls que je passais sans trop d'encombre.

XIII. – Le réveil dans la coloc. La base sous-marine et la création contemporaine.

J'ai ouvert l'œil en plein jour. Il m'a fallu quelques secondes pour me situer. Puis la machine s'est remise en route. Le canapé-lit était un deux-places, et Philibert dormait à côté de moi, la tête écrasée contre le sofa. Il était neuf heures, et la coloc était silencieuse. Derrière la porte de chaque chambre, on devinait le lourd sommeil. Le salon où nous créchions était encore sale du retour de la veille. Philibert dormait à quelques centimètres d'une table basse remplie de boîtes de bière, de filtres et de tabac à rouler, de verres usagés. J'ai quitté mon sac de couchage pour me servir une eau fraîche dans la cuisine américaine. On avait entassé les assiettes dans l'évier. Avec l'agilité d'un chat, j'évitai tout contact avec les restes de pâtes bolognaises. J'atteignis le robinet. Je ne réveillai personne. Phil ne bougeait pas, enterré dans son sommeil. Nos sacs de voyage traînaient dans l'entrée, à côté d'un vélo noir à pignon fixe. Des fringues étaient jetées un peu partout. Au-dessus de notre couche, il y avait une petite bibliothèque. Beaucoup de livres d'art, de traités, d'essais. L'*Histoire de l'art* de Gombrich, Guy Debord, Orwell, Jack Kerouac, Thoreau, Barjavel... Mélangés avec les DVD de Wim Wenders : *Paris, Texas*. Ou *Five Easy Pieces* de Bob Rafelson. Les gars avaient une soif de savoir qu'on avait devinée la veille. J'ouvrais une fenêtre. L'air s'engouffrait en tribu et donnait l'impression de laver la baraque. Les voitures passaient, plus bas. L'immeuble d'en face, d'allure XVIIIᵉ, avait la couleur de la suie ; une façade noire dans une ville blanche. Elle avait échappé à la campagne de ravalement lancée par la mairie Juppé à la fin des années 90. En passant la tête par la balustrade, on voyait, à droite, les premiers marronniers de la place des Quinconces.

J'ai regagné mon sac de couchage. En retraçant nos aventures nocturnes, je me suis souvenu d'un néon rose qui dominait les bassins à flot. « Something strange happened here », était-il écrit au-dessus de l'eau. Jules m'avait dit qu'il s'agissait de l'ancienne base sous-marine. Un bunker insubmersible construit par l'armée allemande. La planète Terre serait vouée à s'éteindre avec ce truc. C'était indestructible, pire qu'un déchet nucléaire. Oui, mais que voulait bien signifier ce « Something strange » ? Incapable de trouver le sommeil, je me redressai sur le canapé. Avec les jambes dans le duvet et mon torse nu, j'avais l'air d'une sirène. Enfin, une sirène transgenre. La coloc sommeillait toujours. Même pas un gars pour aller pisser. On récupérait. Sur internet, j'ai fait mes recherches. La base sous-marine d'abord. Les travaux avaient commencé en 1941 et s'étaient achevés en 1944. Six mille travailleurs avaient bâti le bunker. Des prisonniers, parmi lesquels des républicains espagnols, traités comme des veaux. Certains y étaient morts. Pour le reste, il s'agissait d'une architecture de type « Wehrmacht années 40 » : 245 mètres de long, 162 mètres de large, 19 mètres de haut et une dalle de 9,20 mètres d'épaisseur pour couvrir les onze bassins. En bref, 600 mètres cubes de béton avaient été nécessaires pour bâtir le blockhaus. L'obsolescence programmée à l'époque, on s'en moquait bien. Ce n'était pas les années iPhone. La base sous-marine faisait partie du fameux mur de l'Atlantique. Elle accueillait les U-Boots et les Sommergibili ; sous-marins allemands et italiens s'y côtoyaient. Sur le site de la Ville de Bordeaux, on précisait qu'aujourd'hui « cet équipement culturel est dédié à la création contemporaine ».

Je tapai ensuite mon message : « Something strange happened here ». S'il faisait aussi référence aux flottilles en dormance sur le site pendant la guerre, le néon violet de 60 mètres de long était avant tout une installation de l'exposition *Black Whole for Whales*, présentée par l'artiste Daniel Firman.

À ce moment-là, la porte de la chambre de Jules s'est ouverte. Jules est passé en calebar – « ça va, mec ? » –, il a attrapé une bouteille dans le frigo. « Hey, Bordeaux, vous êtes chauds ? » ai-je répondu en singeant le rappeur de la veille. On s'est marrés. « Je suis mort », a murmuré Jules après une longue gorgée d'eau. Il est rentré dans sa tanière finir sa nuit. J'avais trouvé le dossier de presse de l'exposition, et je commençais la lecture :

> « *Pour cette exposition intitulée "Black Whole for Whales", Daniel Firman, installé depuis deux ans à Bordeaux, s'empare de la base sous-marine, l'appréhendant comme "une architecture-paysage dé-mesurante". Il en fait un élément socle dans sa réflexion et l'utilise comme support physique pour ses œuvres.* »

J'avais déjà deux-trois questions à poser à Jules. Mais sa porte était refermée. Il n'était pas encore neuf heures. J'attendrais.

> « *La base sous-marine devient le support interrogatif de son paysage urbain. Le néon sera activé le 2 juillet à l'occasion du week-end inaugural de la*

saison culturelle "Paysages Bordeaux 2017" célé-
brant l'arrivée de la LGV. »

Le néon avait donc rayonné pendant les grandes
vacances. L'exposition finissait, mais je ne savais
toujours pas ce qu'elle montrait. L'énigmatique
« Something strange » m'avait hanté toute la nuit, je
poursuivais ma lecture.

> *« La seconde œuvre, une installation sonore don-*
> *nant son titre à l'exposition* Black Whole for
> Whales, *se présente sans doute comme la plus*
> *audacieuse. Daniel Firman choisit de n'ajou-*
> *ter ni forme visuelle et plastique, ni éclairage, et*
> *de laisser entièrement bruts les espaces des bassins*
> *pour en renforcer la puissance ténébreuse et donner*
> *davantage de profondeur à la couleur noire de ses*
> *eaux. Le paysage sonore, créé à partir de chants de*
> *baleines combinés à des notes jouées par un qua-*
> *tuor à cordes, occupe la totalité de l'espace. »*

Mince, je n'avais toujours aucune idée de l'expo.
Les mecs étaient forts. Ils suscitaient la curiosité. Ils
mettaient en forme un fond qu'ils ne révélaient pas.
Black Whole for Whales, ça sonnait comme un vers
de Shakespeare. Le noir total pour baleines... Mais
ça ne venait toujours pas. Jules, Nico et Kévin ne le
savaient pas encore : quand ils poseraient un orteil
dans la pièce, ils seraient assaillis de questions. Et peu
importe qu'ils aient dormi cinq heures, qu'ils sentent
encore la bière et rêvent d'un Coca light. Je fonce-
rais sabre au clair. Pour l'heure, le silence n'était pas

rompu. Il tenait bon, il tenait sur un fil. La sonnerie d'un réveil, un coup de téléphone, un mouvement trop brusque, et le fil casserait. La tranquillité d'une matinée ne tient à rien. On peut passer du calme absolu au désordre en dix minutes.

Sur mon moteur de recherche, je trouvai une image de *Black Whole for Whales*. Je découvris la photographie d'un éléphant suspendu, accroché au plafond par sa trompe. Le mammifère semblait danser sur sa patte arrière droite, comme dans un numéro de cirque. Il était éclairé par une lumière jaune et entouré du « black whole », le noir total. La « sculpture/spectacle », baptisée « Suspended Chord », l'Accord suspendu, clôturait l'exposition.

Je fermai toutes les pages internet. Je jetai un œil à Philibert. Il n'avait pas bougé d'un pouce, blotti dans le sac de couchage comme un nouveau-né dans ses langes. Je me demandais même s'il respirait encore. Si Philibert était une installation, je l'appellerais : « After a party ». Toute cette histoire m'inquiétait. Jules, Nico et Kévin seraient un jour des Daniel Firman. Ils s'apprêtaient plus ou moins à faire le même métier. Alors qu'allait-il advenir de nos bicyclettes ? On leur avait donné de la chair à expo. Le vélo de Philibert finirait-il suspendu à un plafond, bariolé aux couleurs de l'arc-en-ciel ? Et le mien, mon « *toutérain* » ? Je l'imaginais tournant à 360 degrés sur une plateforme, couvert d'argile « évoquant la boue », entouré de noir. Une sono passerait en boucle le rythme d'une respiration haletante, comme dans le

Tour de France de Kraftwerk. Deux vélos achetés chez un ferrailleur sétois deviendraient les vedettes d'une installation new-yorkaise. Qui sait, on en ferait même des T-shirts, des cartes postales et des mugs...

Je suis sorti de cette apathie inutile. J'ai attrapé un livre qui dépassait de la bibliothèque : *Lieu commun : le motel américain*, de Bruce Bégout. Ça me parlait, cette histoire de motel. J'ai tourné les pages un peu au hasard, et j'ai lu ces lignes :

> *« Le nomade est celui, qui, même en repos, n'est pas présent. À ce compte, il n'est ni pèlerin, ni déporté. Il ne voyage pas par conviction, ni par soumission, mais avec un profond sentiment d'ennui. Ce n'est plus la curiosité du pour voir qui régit ses mouvements incessants, mais simplement la volonté de continuer la route, puisque route il y a. »*

Je nous reconnaissais bien là-dedans. Avec Phil, après tout, on voyageait aussi par ennui. On avait rejoint ce « nomade's land ». Décidément, les planètes étaient bien alignées. On trouvait refuge chez des inconnus qui deviendraient des amis. On ne parlait pas le même langage, certes. Un « black whole » nous séparait. Mais quelque chose de bien plus fort nous unissait ; le goût de l'autre et deux bicyclettes rouillées. J'allais poursuivre ma lecture quand j'ai entendu le bruit d'une clé dans la serrure. Kévin rentrait avec des paquets, traînant avec lui un courant d'air. Philibert, enfin, est sorti du coma. « Vous êtes réveillés, les gars ? Je suis allé chercher le petit déj... » Kévin ne dormait donc pas. Il était parti en ville et nous avait tous devancés. On a fait de la place sur la table basse. On a vidé les cendriers. Les cloportes sortaient de leur trou avec des gueules pas possibles. « Ouah, je suis vanné... » a dit Nico en s'attachant les cheveux. Voilà, le fil avait cédé. Et le silence laissait sa place au désordre.

Nous ne devions pas succomber aux sirènes de l'attachement. Surtout, ne pas se poser de questions. Faut-il partir, rester, si tu peux rester, reste... Non, non. Il fallait repartir. Enfoncer notre duvet au fond du sac à dos, s'offrir une dernière toilette, profiter du coupe-ongles. Il fallait faire nos adieux, saluer tout le monde. Et continuer la route, puisque route il y a.

XIV. – **Un moyen de transport dernier cri. Les blagues les plus courtes sont les moins pires.**

« Mais t'en es sûr ?

– C'est évident !

– Sûr de sûr ?

– Puisque je te le dis... »

Sur le chemin du parking Descas, coincés entre le quai de Paludate et la bretelle d'accès au pont Saint-Jean, Pierre tentait de me convaincre que les enfants du *Tour*, s'ils avaient été nos contemporains, auraient certainement couru la France en car Macron. Mais les malheureux n'avaient pas connu la libéralisation du marché des autocars. Ils étaient nés trop tôt pour voir les compagnies se multiplier à travers le pays. Ce matin-là, nous avons choisi la moins chère d'entre elles et aussi la plus lente. Seize euros par personne pour rejoindre Quimper, avec un transfert par Nantes. Moins de 4 centimes au kilomètre. À ce prix-là, pensais-je, il devait y avoir un loup.

« Bonjour, je m'appelle Rachid, je suis votre capitaine de bord. Nous arriverons approximativement à dix-sept heures précises. »

Pas causant, le Rachid, mais on ne peut plus ponctuel. À l'horaire attendu, il a tourné les clés du contact et du même coup le bouton de la radio. Dès lors, et ce pendant six heures consécutives, l'ensemble des passagers a voyagé au rythme de la bande FM. Nous avons traversé la Charente branchés sur Radio Brunet, les Deux-Sèvres et le Marais poitevin avec Flavie Flament, sommes entrés en Vendée sur une blague des *Grosses Têtes* et avons atteint Nantes juste avant que Fogiel ne refasse le monde.

J'étais dans un état de quasi-mort cérébrale. Un quart d'heure supplémentaire et j'allais m'immoler par le feu devant le siège de RTL.

« Salut, les jeunes. Moi, c'est Mickaël mais vous pouvez m'appeler Schumacher, hin, hin. »

La première blague du second chauffeur connut un succès très confidentiel parmi les passagers. Mais Mickaël disposait de trois heures un quart pour se refaire et il n'attendit pas même Orvault pour reprendre le micro.

« Je vous préviens, j'ai pas dormi. Si vous m'entendez ronfler, mettez vos boules Quies ! »

Sa vocation n'était clairement pas le transport de personnes. Je supposais que Mickaël, dans une autre vie, avait chauffé les salles, probablement animé des mariages ou des banquets de départ en retraite.

« Et celle du type qui la lui pousse sur le front, vous la connaissez ? »

Je me retournai pour chercher la caméra cachée. Ça n'était pas possible autrement. Mais un post-préado mis à part, qui filmait la scène avec un téléphone grand comme un Velux, personne ne semblait réagir. Pierre m'a demandé si j'avais le marteau brise-vitre à portée et j'en suis venu à regretter *Les Grosses Têtes*.

Au passage de la Vilaine, nous avons franchi un rideau de pluie comme on s'acquitte d'un péage. Nous entrions enfin en Bretagne, capitale des lessiveuses.

« Ici, il pleut que sur les cons ! » a jubilé Mickaël.

J'espérais qu'il sorte le nez par la vitre, qu'on voie un peu s'il était prix Nobel...

« Allez, éteignez les lumières ! Éteignez les lumières,
je vous dis !

– Arrête de charrier, Yves...

– Vous voulez pas du nucléaire ? Eh bien, allez. On
éteint les lumières et on boit tous dans le noir !

– Mais tu sais bien que c'est pas aussi simple que
ça !

– Elle vient comment ton électricité, champion ?
Bon alors... Vous faites vos beaux discours, là, mais
vous êtes incapables de trouver des solutions. Et puis
t'y étais pas à Plogoff à l'époque.

– ...

– Yves, ces messieurs se renseignaient juste sur la
centrale, va pas nous faire tout un foin. Tiens, bois un
coup avec nous plutôt.

– Dans le noir alors...

– Oh, tu nous emmerdes !

– Ça va patron, j'arrête. De toute façon, je venais
juste t'acheter des clopes. Alors, bonjour et au revoir,
messieurs ! »

Les messieurs, c'étaient nous. Et on venait de
relancer un débat vieux de quarante ans. Accoudés
au comptoir de La Cambuse, sur le port d'Audierne,
la discussion avait dégénéré. Se souvenaient-ils de
Plogoff ? Une seule de nos questions, posée timidement, avait entraîné une algarade parmi les habitués
du pub.

Notre voisin de comptoir était maraîcher sur les hauteurs d'Audierne. Originaire de la banlieue parisienne, il s'était reconverti dans le travail de la terre. Il cultivait ses légumes et travaillait sur les marchés. Il avait le corps sec, le dos tassé par l'effort, et la trentaine bien entamée. Ses cheveux longs et gras étaient réunis en chignon. Il avait les doigts noirs et les ongles jaunis. Son discours anarchiste et anti-flic s'interrompait juste le temps d'une ou deux gorgées de bière. Puis il reprenait, à une cadence infernale. Par moments, le temps de rouler une cigarette, il parlait avec un filtre aux lèvres. Expliquant qu'il détestait tout : la ville, la police, les hommes politiques, la police, la ville. En entrant dans le pub pour acheter son tabac, M. Yves avait donc attrapé son monologue au vol, et il lui était rentré dedans sans hésiter. Avec Philibert, on avait regardé nos verres, un peu gênés. À peine arrivés en Finistère, on se faisait déjà remarquer. Mais notre curiosité avait un sens, à l'heure où la France vivait de nouvelles luttes écologiques et libertaires. À Notre-Dame-des-Landes, à Bure, Sivens, Roybon, Kolbsheim… Les projets d'aéroport, d'autoroute ou de centrale hydraulique créaient les dissidences. Or, pour beaucoup, Plogoff était un modèle de contestation réussie. À la fin des années 70, il avait été ainsi prévu d'y bâtir une centrale nucléaire de 5 200 mégawatts. Un champignon hallucinogène, « là-haut », sur la pointe du Raz. Laissant le maraîcher causer dans le vide, je pensais à Augustine Fouillée, à ce qu'elle écrirait :

« Et ça, qu'est-ce que c'est ? demanda le petit Julien à l'oncle Frantz, en devinant des colonnes de fumée.

– Ce sont des réacteurs nucléaires !

– Nucléaires ?

– Oui, André. La fission des atomes d'uranium produit de la chaleur qui transforme l'eau en vapeur. Cela met en mouvement une turbine reliée à un alternateur qui produit de l'électricité.

– Merci, oncle Frantz !

– Mais laissez-moi plutôt, les enfants, vous parler des exploits du chevalier Duguesclin ! »

Non, ça ne passait pas. D'ailleurs, Plogoff n'était pas passé non plus. Et l'affaire restait vive dans les mémoires. La mobilisation de la population locale avait fait capoter le projet mené par EDF et le président Giscard. Au printemps 1980, des manifestations avaient réuni jusqu'à cent mille personnes dans ce bout du monde. On venait de la Bretagne entière, de la Loire, du Larzac pour manifester. Les jets de pierres répondaient aux grenades lacrymogènes. Dans un pays de pêcheurs, où les hommes partaient en mer de longues semaines, les femmes de Plogoff avaient été en première ligne. On avait vu une voisine octogénaire tenir tête aux CRS. Des femmes en chemisier noir et en sabots cloutés veillaient devant les barrages de fortune. L'attente, elles connaissaient. Celles qu'on retrouvait sur la pointe les jours de tempête, guettant le retour des pêcheurs. Les terres incultes de Plogoff avaient été choisies après concertation. On comptait sur ce massif granitique et sur les courants marins pour seconder le site nucléaire de Brennilis, installé des années plus tôt au pied des monts d'Arrée. Le maraîcher continuait, sans qu'on ait eu besoin de le relancer.

« À Brennilis, ils démantèlent la centrale depuis trente ans… Une fois que t'as mis les mains dedans, t'es pas sorti.

– Oui, moi, ce qui m'emmerde, c'est les déchets, a repris le patron de La Cambuse. On en fait quoi, des déchets… ?

– Les déchets, et puis là-haut, c'était de la folie. Vous êtes montés, les gars ?

– À la pointe du Raz ? On comptait y aller plus tard, ouais, a répondu Phil qui pouvait enfin en placer une.

– Parce que, là-haut, les vents peuvent souffler à 200 kilomètres à l'heure. Ils étaient pas bien, les mecs. En plus, on est sur la faille armoricaine. Mais ils sont pas cons, les Bretons, hein, ils sont pas cons. À partir de là, ils ont arrêté de donner leur voix aux capitalistes. Ils ont dit merde au gaullisme, à Giscard, et depuis ça vote à gauche.

– La côte de granit rose, la vraie ! a coupé le patron, en s'affairant derrière le comptoir.

– Ouais, faut voir ce qu'ils en ont fait après. Mitterrand, il nous a bien entubés, quand même. Enfin c'est lui qui a annulé Plogoff… »

En 1981, la Bretagne basculait à gauche pour la première fois. Tout juste élu, François Mitterrand mettait un terme à l'affaire de Plogoff. En vingt ans, la Bretagne avait bougé. « 68 » était passé par là. Le mouvement avait secoué les facs d'étudiants boursiers, à Brest, Quimper et Rennes. Paradoxalement, la soif de liberté avait entraîné un retour aux origines, une réappropriation de la culture bretonne. L'enseignement de la langue apparut avec les écoles Diwan, à la fin des années 70. La danse, le fest-noz accompagnaient les luttes écologistes de Plogoff, Erdeven et Le Pellerin. Les batailles rangées dans les champs d'endives étaient aussi une réaction au traumatisme des marées noires. Deux pétroliers avaient vomi leur mazout sur les côtes. Le *Boehlen* dans le raz de Sein, en octobre 1976. Et l'*Amoco-Cadiz*, un an et demi plus tard, au large de Portsall. On avait en tête les images des plages de sable noir, les goélands enlisés, incapables de reprendre leur envol. Leurs naufrages avaient salopé la mer qui est la vie. Écolier, je passais l'été chez mes grands-parents à Portsall. Pendant de longues années, j'avais raconté à mes copains que le « choc pétrolier » avait eu lieu devant ma maison de vacances.

On a quitté La Cambuse pour ne pas s'enliser. Nous voulions monter « là-haut » avant la tombée de nuit. À la gare de Quimper, nous n'avons pas eu d'autre choix que de louer une voiture. Les autocars ne partaient plus pour la pointe du Raz, et Philibert tenait à poser son pied sur l'île de Sein comme on plante un drapeau sur l'Éverest. « Aucun homme n'est une

île », lui répétais-je en prenant des airs graves. Dans
Le Télégramme, ils annonçaient une mer forte dans le
Finistère Sud, et une houle de nord-ouest. J'avais les
chocottes, et redoutais la traversée. Sur la route, entre
Quimper et Audierne, nous avons fait halte dans une
recyclerie pour quelques commissions. En une journée d'autocar et d'air climatisé, nous sommes passés du Sud-Ouest au Finistère. Du septembre doux
au septembre froid. Phil regrettait sa canadienne, et
nous n'avions plus rien pour nous couvrir. En chi-
nant dans le hangar, il avait dégoté un pull en laine à
la Tabarly, et un bachi de quartier-maître. Il m'avait
ensuite trouvé devant une glace, posant fièrement
dans un complet bleu. J'avais déniché un uniforme
de marin taillé pour moi : pantalon à pont, vareuse et
col marin. « Au poil », avait dit Philibert. Nos déguisements pendaient à l'arrière de la voiture.

Au-dessus d'Audierne, la route était offerte aux
vents. Elle zigzaguait entre les champs et les maisons
en parpaings de béton, isolées. Nous traversions des
lieux-dits au nom imprononçable, annoncés par des
panneaux noirs. La route semblait libre, mais elle
n'était qu'une impasse. Naïve, elle filait vers un pré-
cipice. Nous avons traversé Plogoff, bourg tranquille
de maisons blanches. Ainsi, c'était dans les champs
alentour que les manifestants s'étaient jadis donné
rendez-vous pour la « messe » quotidienne. Au printemps 80, chaque jour à dix-sept heures, les fourgons
de CRS quittaient le calvaire de Saint-Yves pour
escorter les camionnettes servant de mairie annexe.

Et les rixes éclataient. Le maraîcher nous avait conseillé un film documentaire sur les manifs : *Les Femmes de Plogoff*. Les écrivains de Bretagne s'étaient aussi levés contre le projet de la centrale. Depuis sa chaumière de Bossulan, Xavier Grall avait réveillé les mythes celtiques pour dénoncer le « libéralisme sans imagination ». Dans *Les vents m'ont dit*, la chronique qu'il envoyait à *La Vie*, il avait écrit en février 1980 :

> *« Les ingénieurs de l'EDF ne croient pas aux légendes. Ils ont choisi un lieu sombrement épique pour bétonner leur réacteur. Et ce, tout près de la baie des Trépassés, face au site le plus grandiose et le plus inquiétant qui soit car il cache sous ses vagues les décombres de la ville d'Ys ! »*

C'est à la pointe du Raz que la Sodome bretonne, la ville légendaire d'Ys racontée par Guy de Maupassant et Anatole Le Braz, aurait été engloutie. Grall écrivait encore :

> *« Chacun porte dans sa tête une ville d'Ys pleine de cris et de rumeurs. Et si vous ne voulez pas, messieurs, que la mer reste à la mer, attendez-vous à récolter la tempête... »*

Nous roulions plein ouest. Nous foncions droit sur le soleil, braqué vers nous comme un halogène. Les maisons sont devenues plus rares. Elles n'avaient plus d'ouverture, elles se protégeaient du vent. Nous pensions voir le raz de Sein en garant la voiture sur le bord de la route. Et boire l'apéritif le dos contre la portière, imiter les road-movies américains dans ce pays désert qui leur ressemblait. On s'était vus trop beaux. La route s'arrêtait net entre les landes sèches. Un parking menaçant se dressait face à nous. Les trente premières minutes étaient gratuites. Ensuite, il en coûtait 6,50 euros pour profiter de la vue. La pointe était à 800 mètres. À moins de courir comme Usain Bolt, voir la mer, et faire aussitôt demi-tour, personne ne pouvait quitter le parking sans présenter sa carte bancaire.

« Qu'est-ce qu'on fait ?

– C'est le prix d'un menu best-of chez McDo…

– On va pas faire demi-tour pour 6 balles ?

– C'est clair, mais c'est une question de principe. Ils nous font payer le paysage. Merde, j'y crois pas !

– Comme les églises à Venise. Tu dois casquer pour avoir le droit de prier.

– Et ils pouvaient pas faire des manifs contre le parking ?

– Tant pis, prends le ticket. Et pas de McDo ce soir. »

On a garé la voiture à côté d'un camping-car. Nous avons dépassé la boutique touristique, une cafétéria et des toilettes aux normes handicapés. Enfin, un chemin de granit plongeait vers l'océan. Le vent avait balayé autour de nous. La lande était rase, asséchée. Elle courait jusqu'aux falaises, dans les bruyères et le lichen, les rares bouquets de silènes. Et, comme en haute montagne, la couleur laissait peu à peu la place à la pierre. Le soleil avait beau nous aveugler, il n'arrivait pas jusqu'à nous. Le vent d'ouest le repoussait, et on avançait penchés. Plus bas, la mer baffait les rochers. Elle semblait plus solide qu'eux. Elle tapait inlassablement, sans bruit. Nous n'entendions que le vent. Ce spectacle naturel nous obligea à nous taire, il nous captivait comme les flammes d'un incendie. Autour, tout cessait d'exister. Il n'y avait rien à faire. Rester là, seulement, regarder. Voir, assister. Oui, cela ne pouvait être que le bout du monde. La fin. Ici viendraient s'écraser les vanités. Derrière le phare de la Vieille, pourtant, on devinait une bande de terre. Un trait au crayon sur la mer. Le lendemain, nous irions à Sein. Et un dicton nous rappelait la réalité des îles du Ponant : « Qui voit Molène voit sa peine. Qui voit Ouessant voit son sang. Qui voit Sein voit sa fin. »

Nous avons fait demi-tour. J'ai regardé l'heure, et le délai était dépassé : on paierait. Ce spectacle avait un prix.

XVI. – Au bout du bout du monde. Voyage au centre de la mer. L'île de Sein.

« *D'abord, les premiers jours qu'on était sur le navire, il y avait de grosses vagues, si grosses que cela nous ballottait comme les feuilles sur un arbre quand le vent souffle. On ne pouvait pas marcher sur le plancher du navire sans risquer de tomber. Il fallait donc rester toujours assis comme si on était en pénitence, et puis à table, quand on voulait boire,*

le vin vous tombait tout d'un coup dans le col de
votre chemise, au lieu de vous tomber dans la gorge.
Et alors, petit à petit, à force d'être toujours secoué
comme cela, on finissait par avoir envie de vomir.
Les marins riaient : Bah ! disaient-ils, ce n'est
rien, petit Julien, c'est le mal de mer, cela passera. »

Et cela ne passait pas. Même déguisé en Dupont, dans son uniforme de quartier-maître, Pierre, à peine franchie la baie d'Audierne, avait blêmi. Au passage du phare de la Vieille, je l'ai vu tourner du vert mauve au blanc Dafalgan. Et la moitié de l'équipage avec lui. Nous étions une vingtaine ce matin à embarquer sur l'*Enez Sun* de la compagnie Penn Ar Bed. Hors saison, le bateau-poste accomplissait deux traversées par jour. « On vous mène en bateau mais on ne vous raconte pas d'histoire », disait la brochure. Il y aurait eu à dire pourtant. La pointe du Raz que nous laissions à tribord figurait l'extrémité de la Bretagne, de la France et de l'Europe. Grise, sèche, nue, elle signifiait le Finistère, là où « finit la terre ». Mais il y avait au-delà quelque chose, encore. Un avant-poste, une redoute, le véritable bout du monde. C'était l'île de Sein, dernière citadelle avant l'Amérique.

L'Océan avait beau remuer l'échine, je n'en ressentais aucun mal et me prenais de ce fait pour Popeye. « Ça m'a tout l'air d'une houle de nord-est, allant s'amplifiant, creux de 6 mètres à prévoir », dis-je l'œil sombre et le pompon du bachi rouge : « Ça doit chercher dans les 6, 7 Beaufort, tu ne crois pas ?

– Phil, s'il te plaît, trouve-moi un sac. »

Pas bien glorieux, le mousse Adrian. À sa décharge, l'île ne figurait pas au programme des deux enfants. Si j'avais insisté pour la voir, c'était la faute de Louis Capart. Un barde breton, troubadour à la voix feutrée qui avait chanté Sein, ce « caillou battu par tous les vents au raz de l'Océan ». On apprenait encore *Marie-Jeanne-Gabrielle* dans les écoles environnantes. C'est l'Yves de La Cambuse qui nous l'avait dit. Nous allions bien voir ce qu'il y avait de vrai dans ces couplets.

Entre le phare et les récifs, trois petits chalutiers gouvernaient furieusement parmi des vagues plus grandes qu'eux. Au-dessous un banc de poissons, au-dessus le siège des mouettes. Je regrettais que mon homme de quart ne puisse assister au spectacle grandiose de ces bouchons de liège jetés dans une baignoire sans bonde. Aux vagues s'ajoutaient le bruit sourd du moteur et l'odeur âcre du diesel demi-écrémé. Pierre venait de rendre par-dessus bord son bol de Smacks Choco Trésor.

Soudain, dans le ciel couleur de vieux plâtre, le soleil a tenté une percée. Un rayon savamment dirigé, braqué en plein sur l'île de Sein. Au milieu de la brume les passagers ont vu se dresser le clocher de l'église Saint-Guénolé. Puis la tourelle du grand phare, immuable, et les ardoises des premières habitations. Je m'accrochai à mes lunettes.

Enfin, nous l'avions dans la mire, l'effroi de l'Armorique ! Sein, l'île druidique, « si basse à l'horizon qu'elle semblait un radeau, entouré d'un millier de récifs à fleur d'eau ». L'île, en effet, surnageait à peine. Altitude moyenne : 1,50 mètre. Point culminant, une roche anonyme, tirant à 9 mètres. Aux grandes tempêtes, j'avais entendu dire que la mer sautait par-dessus les toits, brisait les fenêtres, dégringolait dans les cheminées. Elle était ici chez elle et le faisait savoir. Pourtant, depuis toujours, sur cette soucoupe à flot, des hommes tenaient la lande, qui avaient toujours vécu de la mer. L'une des mers les plus redoutables d'Europe. On avait dans l'Histoire plusieurs fois tenté de les y déloger, de les rendre à la raison. Les îliens ne s'étaient jamais laissé faire, collés comme des berniques à leur caillou.

Au plus fort de la marée, l'*Enez-Sun* suivit le chenal et vint accoster Cale-Neuve. « Ne ramassez pas nos galets, priait un écriteau sur la jetée. Ils sont précieux. Si chacun d'entre vous en emporte un, nous coulerons. »

Deux hommes attendaient à côté d'une carriole à bras. Il n'y avait pas alors de véhicule sur l'île. Seulement le camion des pompiers et deux ou trois tracteurs sans âge. Le patron a jeté la corde et nous avons débarqué. Nous n'étions pas accueillis avec des colliers de fleurs. Sans animosité non plus. Je devinais le rapport ambivalent des Sénans avec le continent. Nous, les touristes, représentions tout à la fois la manne et la plaie. Surtout à la belle saison, quand les quais dégorgeaient d'estivants en bob et bermuda, venus voir de près les sauvages. Mais au fond n'était-ce pas eux, n'était-ce pas nous, les sauvages ?

Avides de « nature » et de pâté Hénaff ? Tout à notre goinfrerie d'air pur, nous le viciions de fait : pour le monde et les Sénans, il aurait mieux valu que l'on se contentât des reportages *Thalassa*.

N'étaient ces deux hommes et la cargaison d'étrangers, le bourg semblait désert, transi. Blotties les unes contre les autres, les maisons formaient un groupe compact. Pas la moindre semblance de rue ou de place : il n'existait que des venelles dont la plus importante, la cale Mayor, mesurait exactement 1,20 mètre dans sa largeur. Cet entassement constituait la plus sûre défense contre les éléments. C'était aussi le moyen de ne pas gâcher le moindre arpent de terre arable. Entre les murets de pierres sèches, on avait jadis cultivé de l'orge et des choux rabougris. Dans ces fougeraies, il ne courait plus aujourd'hui que le lapin, calamité allogène, venue comme nous du continent.

Pierre recouvrait ses esprits. En remontant le quai des Français-Libres, nous sommes passés devant l'ancien Hôtel de l'Océan. Ici, par un matin de juin 40, les Sénans avaient entendu l'appel du Général. L'un puis l'autre s'étaient portés volontaires et bientôt tous les hommes de l'île à leur suite. Ils étaient cent vingt-huit, dont le plus jeune n'avait pas quinze ans. Celui-ci s'appelait Louis Fouquet, je connaissais son histoire : voyant les grands sur le départ, il s'était planqué sous une couverture dans le compartiment des moteurs et n'était réapparu, l'air de rien, qu'à l'approche des côtes anglaises. Son père à bord, je supposais que la guerre du petit Fouquet, quatorze printemps, avait débuté par une sacrée dérouillée.

En quelques jours, l'île était siphonnée de ses pêcheurs, rendue aux femmes et aux enfants. À Londres, de Gaulle relevant ses troupes s'étonna que le quart de son armée vienne de Sein. Il en avait conclu que l'île était « le quart de la France ». Un septième de ce quart ne revint pas, vingt braves qui ne surent jamais qu'en leur nom l'île tout entière était faite Compagnon de la Libération.

Derrière nous les cloches ont sonné la messe de onze heures. Un vieux curé de Douarnenez faisait trois fois l'an le déplacement. Un déplacement que la République laïque, dans sa bonté, lui défrayait. « Au nom de la continuité territoriale ! » nous expliqua-t-il guilleret. « Sacro-sainte continuité territoriale », a soufflé Pierre.

Nous avons encore grimpé les marches du phare de Goulenez, marché en équilibre sur les digues et musardé par les ruelles.

« Tu as remarqué ? il n'y a pas de cadenas aux vélos. »

Pas plus que de serrures aux portes. Ici, personne ne tournait jamais le verrou. Ni gendarmes ni voleurs. Où auraient-ils fui ? Et caché leur butin ? Tout se savait, se voyait, se sentait. Le larcin était tué dans l'œuf.

Plus singulier encore, dans toute l'île, il n'y avait jamais eu qu'une seule publicité, en tôle émaillée, rivée sur le quai des Paimpolais. Vantant les mérites d'une marque de peinture sous-marine, elle était devenue patrimoine aux yeux des îliens, et conservée religieusement dans l'une des vitrines de l'abri-musée du Marin.

À l'heure de sortie des ouailles, nous avons reflué Chez Brigitte, bar fameux qui donnait sur le midi. Dernier resto avant les USA. Une sono diffusait Céline Dion. La bande originale d'un naufrage resté fameux. Comme Kate et Leonardo, les Sénans pouvaient craindre la montée des eaux. Ils étaient même aux premières loges du changement climatique à venir.

L'île, apprendrions-nous plus tard, n'était pas reliée au réseau électrique. Elle dépendait d'une vieille centrale à fioul, chère et polluante. Ouessant, Molène, Sein, la Corse et la Réunion, tous ces petits paradis roulaient à l'énergie fossile. En 2003, un comité d'îliens s'était donc constitué pour porter un projet de transition énergétique. Il s'agissait de montrer l'exemple. Ne plus vivre contre mais avec vents et marées. Hélas pour eux, la loi française protégeait le distributeur d'électricité en situation de monopole. Tant qu'EDF maintenait la centrale opérationnelle, il n'y aurait rien à espérer du ciel, du soleil et de la mer.

Nous en avions juste assez vu pour savoir que nous n'avions rien vu. Sein, c'est certain, s'appréciait une fois le dernier bateau parti. Et nous étions dans ce foutu bateau. Promène-couillons qui sentait le remugle. Dernier à bord, Pierre est allé s'installer en position fœtale, un linge humide sur le front. J'ai relevé mon bachi de l'index et me suis planté à la poupe. Il me semblait que les îliens déjà convergeaient sur le quai. Ils se retrouveraient jusque tard dans la nuit, au Cormoran Borgne et Chez Brigitte. Les gendarmes du continent, disait-on, surveillaient l'heure de fermeture à la jumelle.

> *Un pays si petit face au grand Océan*
> *Qu'on ne voit pas son ombre au couchant*
> *Un trait sur l'horizon fait de quelques maisons*
> *De granit et de brun goémon.*

Ça n'avait pas traîné, Capart nous avait contaminés. Sa Bretagne était dangereuse, hautement contagieuse. Ni Pierre ni moi n'étions bretons, mais nous voulions nos chapeaux ronds. Venus innocemment téter le Sein, il nous faudrait dorénavant vivre sans.

XVII. – L'arrivée au port de Paimpol. La nuit chez un gardien de phare.

François nous attendait sur le perron, les mains dans les poches. Il a hoché la tête en guise de salut, a présenté sa pogne chaude et ferme. Puis il nous a fait entrer chez lui, dans un couloir sombre et exigu. Une averse balayait la rue et nettoyait Paimpol.

Au téléphone, papa m'avait dit, à propos de son ami François : « Tu verras, il est d'un granit plutôt taiseux, mais intarissable sur ses passions : les phares et les arts. » François était gardien de phare en retraite depuis dix ans et l'automatisation de son feu. On ne pouvait pas passer en Finistère sans visiter un des derniers témoins d'une profession anéantie. En quittant la côte déchiquetée du cap Sizun, après Douarnenez, il m'avait envoyé un message : « OK pour la nuit. Quand arriverez-vous ? François. » Nous avions traversé les landes des monts d'Arrée, ses bouquets de bruyère et ses ajoncs sous des ciels changeants ; tantôt gris, tantôt bleus. Toujours noirs. Sur les premiers talus du Roc'h Trevezel, on avait roulé dans le brouillard, à travers des tunnels de fougères rousses. Puis, dans les bois de Huelgoat, des chênes intimidants s'étaient levés sur la route. Leurs troncs noueux projetaient des branches comme les fous s'arrachent les cheveux dans un couloir d'asile. Nous entrions dans les tableaux de Yan' Dargent, dans un pays de spectres et de damnés. Entre les arbres, les brumes prenaient la forme des lavandières de nuit. Ces âmes qui hantent les lavoirs, condamnées à nettoyer, essorer et suspendre des suaires. L'Arrée avait quelque chose d'effrayant. Religion et paganisme se mêlaient dans la Bretagne intérieure, et cette terre, déjà brûlée par l'automne, avait la beauté du diable. Plus loin, bien plus loin, le port de Paimpol nous avait rassurés, avec ses chalutiers au mouillage et sa forêt de mâts qui couinaient. Malgré quelques soleils, l'été était bien mort. La pluie nous avait surpris après la gare ferroviaire, en remontant la rue de Goudelin.

François a ouvert deux bouteilles de Mutine, la bière des Abers. Nous nous sommes assis autour de la table de la cuisine. Et chacun s'est mis à raconter ses histoires. François était en face de nous, les coudes posés sur la toile cirée. La plupart du temps, il parlait en gardant la tête baissée, levant les yeux au-dessus de ses verres de lunettes. Ses cheveux gris-blanc avaient la couleur du ciel breton et des maisons d'Iroise. Des favoris rampaient jusqu'au milieu de ses joues. Il avait la bouche lippue d'un fumeur de pipe. François portait l'éternel pull breton en laine, bleu, à col rond. Il a d'abord écouté le récit de notre voyage, inévitable introduction à chacune de nos étapes. Nous étions désormais rodés : Philibert parlait de notre état d'esprit et du livre d'Augustine Fouillée. J'abordais l'itinéraire et l'aspect pratique. François écoutait, esquissant par moments un sourire pudique.

« Tiens, votre histoire ça me rappelle *L'Atlantique à la rame* de Chay Blyth et John Ridgway. Ils l'ont écrit à deux aussi. »

L'Atlantique à la rame... On n'en était pas encore là, même si le tour de la France avec Philibert devenait un défi comparable. Un jour peut-être, on tenterait le coup. Qui sait, quand je n'aurais plus la naupathie... Chez François, tout partait de la mer et y revenait. Autour de nous, la pièce était recouverte de tableaux maritimes, de peintures et de dessins de phare. Sur les meubles, on ne comptait pas le nombre de maquettes et de bateaux en bouteille. Un baromètre à collerette pendait quelque part. François connaissait la mer grâce aux phares du continent. S'il ne les avait pas visités, il les avait peints ou il collectionnait leur photo. Il gardait la passion d'un métier qu'il avait exercé pendant plus de trente ans. François ne se la jouait pas. Il disait, seulement. Pendant vingt et un ans, il avait été affecté au phare des Roches-Douvres. Sur son plateau rocheux, cerné par les courants violents, le feu se situait à 16 milles de Guernesey et de la pointe nord de Bréhat. Notre hôte avait passé sept mois par an dans le phare le plus éloigné des côtes en Europe. Une existence de sauvage.

« La traversée pouvait durer sept heures par mer forte. Ensuite, on alternait : deux semaines en mer, et une à deux semaines sur terre.

– Mais t'étais pas tout seul ?

– Non, on vivait en binôme. Et nous, on le choisissait pas.

– Moi, je l'ai pas choisi, Philibert... »

François a souri. Avec la main, il rassemblait des miettes de pain sur la table.

« Mais ça se passait bien. On avait une vie monacale, et puis chacun avait ses occupations. Alors on entretenait le phare, bien sûr, comme sur un bateau. Réparer une lumière, appliquer un joint de béton sur une fissure... L'humidité condamnait tout.

– Et comment tu t'occupais ? C'était quoi, ton passe-temps ?

– À ton avis, Phil ? Regarde autour de toi... »

François, ça l'amusait qu'on se chambre un peu. Son visage rond s'éclairait. En grattant, on découvrait sa sensibilité, comme la mer use le granit et polit la pierre.

« La peinture, bien sûr, mais pas seulement. J'ai énormément lu. Je ramenais des tas de bouquins, c'était mon ravitaillement.

– Et vous aviez la télé ou la radio ?

– Ah, je me souviens des premières télés en noir et blanc. Elles prenaient l'humidité, ça ne fonctionnait jamais. Tiens, et tu me fais penser à une blague, un jour... J'étais au feu en train de réparer un truc, et mon binôme en bas hurle : "François, viens vite, viens vite ! Dépêche !" Je me précipite dans l'escalier. Je descends à me donner le tournis. Et le gars était affalé devant l'écran. Il me dit : "Regarde, ils montrent la mer à la télé !" Bref, on avait des blagues comme ça... »

François s'est redressé pour allumer une lumière. Le geste de toute une vie. Il s'est avancé devant l'évier pour faire un coup de vaisselle, et vérifier le dîner qui chauffait dans le four.

« Enfin, au départ, je rêvais de faire Mar Mar.

– Mar Mar ?

– Ouais, Marine marchande. Mais j'avais un ennui aux yeux. Alors je suis rentré aux Phares et Balises.

– Enfin, on a quand même l'impression que t'as vécu en mer. »

François nous tournait le dos, occupé à laver une assiette. Il a coupé le robinet d'eau. Il s'est retourné, en essuyant la vaisselle au torchon.

« Oui, j'ai vécu en mer, c'est vrai. D'ailleurs, pendant longtemps après la retraite, je me suis levé la nuit pour vérifier que le faisceau du phare fonctionnait. Il passait une fois, deux fois, trois fois… Et c'était bon, je retournais au lit. Le rituel, quoi.

– Et il en reste, des gardiens en activité ? » Philibert menait son enquête.

« En France, il y a plus que "Tonton" à Fréhel. Un personnage, celui-là. Avec la pipe, la barbe blanche jusqu'au ventre. Il résiste, mais c'est fini, tout ça.

– Toi, aux Roches-Douvres, ils ont automatisé quand ?

– En octobre 2000. Après, j'ai fait dix années aux Sept-Îles, face à Perros-Guirec. C'est le programme européen Galileo qui a lancé la campagne d'automatisation des phares. Et puis, avec les radars et les GPS, les bateaux n'ont plus besoin de nous. Les gars des Phares et Balises passent tous les six mois pour vérifier que ça roule, et ils repartent.

– Pourtant, ça fait rêver comme métier, a murmuré Phil, songeur.

– C'est le paradoxe. Aujourd'hui, les gardiens de phare n'ont jamais autant fait rêver. Tu verrais le succès de "Tonton", les articles dans les journaux… Mais on nous a remisés, d'une certaine manière. »

Désormais, les phares se retrouvaient livrés à eux-mêmes. Des petits bonshommes solitaires, auxquels on avait retiré des copains et leur chien qui jappait. D'une certaine manière, ils crevaient comme des églises sans curé. François entretenait leur mémoire en les peignant. Il présentait ses toiles à l'occasion d'expositions, bien souvent organisées dans des phares désaffectés. Dans la petite maison de Paimpol, dans sa chambre qui ressemblait à la cabine d'un navire, les murs étaient couverts de souvenirs. On aurait voulu que les feux s'allument, que leur éclair passe toutes les quinze secondes. La lumière était l'horloge de François, sa façon d'être au temps. En flânant d'une pièce à l'autre, il suffisait de lui demander :

« Et ça ? »

François répondait :

« C'est le phare de Saint-Mathieu, à Plougonvelin. Le dernier gardien est parti en 2006.

– Celui-là ?

– La Garoupe, à Antibes. »

La peinture semblait bouger, et le phare criait, comme l'homme en noir d'Edvard Munch.

« Ça, ce n'est pas un phare, si ?

– Fais voir… Non, c'est un bateau-feu que tu peux voir dans le port de Dunkerque. Le *Sandettié*. Désaffecté en 89, il me semble.

– On dirait un camion de pompiers, rouge comme ça. »

On visitait son musée. François peignait aussi des icônes par dizaines. Son atelier ressemblait à une chapelle orthodoxe. Plus loin, dans une chambre avec un lit clos en bois noir, qu'on confondait presque avec un confessionnal, les livres montaient jusqu'au plafond. Ils parlaient de la mer et de la terre de Bretagne. Dans la bibliothèque, on retrouvait Xavier Grall, Max Jacob, Jean-Pierre Abraham, Guillevic, Céline ou Beckett. Les compagnons de François lors de ses nuits de veille.

Après le dîner, François nous a montré nos chambres. On était pleins des rêves de l'enfance. J'avais en tête les notes hésitantes d'une boîte à musique que ma grand-mère faisait jouer lors de mes vacances en Bretagne. J'actionnai la manivelle, et la boîte murmura la mélodie de *La Mer* de Trenet. Je m'endormis confiant, rassuré par le faisceau du phare de l'île Vierge qui éclairait le plafond de ma chambre. Je comptai : quinze secondes. Un beau jour, il faudra expliquer aux gosses que les métiers de rêve disparaissent. Que les livres d'images sont des livres qui mentent. Il faudra leur dire, comme François, qu'on a automatisé. Que les nouveaux métiers ne se racontent plus parce qu'on ne les comprend pas. Consulting, marketing, webmaster et data analyste… C'est trop compliqué. Pas d'histoire pour ce soir. Allez, bonne nuit, mes chéris.

Depuis l'adolescence, j'avais remplacé *La Mer* de Trenet par un livre de chevet : les *Noces* d'Albert Camus. Ce soir-là, chez François, je n'avais pas le livre. Mais, une fois la lumière éteinte, je récitai par cœur le point final de *La Mer au plus près* :

> « *J'ai toujours eu l'impression de vivre en haute mer, menacé, au cœur d'un bonheur royal.* »

XVIII. - **Les vignes de l'Anjou. La fabrication du vin.**

Je cherchais la falaise de Paimpol et Pierre la Paimpolaise quand nos deux téléphones ont sonné concomitamment. C'était un message d'Olivier Picherit, dit la Piche, dit le Pinardier fabuleux, dit Captain Cabernet :

« Dites donc les pines d'huître, ça vous dirait de venir filer un coup de main en Anjou ? J'ai besoin de vendangeurs pour demain. »

Pierre a souri et de mémoire a récité la deux centième page de notre petit livre rouge :

> « *C'est se forger une chaîne de misère et de servitude que d'emprunter quand on peut vivre en travaillant.* »

Ça n'avait rien à voir mais c'était joliment troussé. Quoi qu'il en soit, un copain du gabarit de la Piche ne pouvait être laissé sans renforts. Depuis le temps qu'il nous tannait avec ses tanins, ce serait aussi l'occasion d'apprendre de quelle manière on traie le raisin.

Partis de mauvais matin, nous arrivâmes en Anjou par l'autocar sur les coups de six heures. Au terme d'une journée de labeur, notre Piche était moins fringant qu'à l'accoutumée. Les traits tirés, l'échine voûtée, les doigts gourds, à grands jets d'eau il nettoyait des flaques rougeasses. On aurait dit qu'il maquillait un génocide.

« Ça va, la Piche, on dérange pas ? a tenté Pierre.

– Jamais, les bézots, jamais. »

Ses compagnons d'infortune avaient déjà quitté la taule. Seule restait à ses côtés la fidèle Anita, qui l'aidait à nettoyer le chai.

« Vous voyez, les gars, dans ce métier, on peut vivre dans l'bordel, mais pas dans la crasse. »

Ce soir, comme tous les autres, il aspergeait, récurait, serpillait, à grandes siaulées de flotte. Jamais je n'aurais imaginé qu'il fallait tant d'eau pour faire du vin.

Quand il en eut fini avec son ménage, Piche nous mena un peu plus haut dans le village, à l'Auberge du Layon, où convergeaient le soir venu les vignerons du coin. Nous étions pile à l'heure des braves, hé ho, qui rentrent du goulot. Olivier commanda trois bières. « Suis pas fou, devança-t-il, je sais ce qu'on met dans le vin… »

L'auberge était le repaire des viticulteurs « biologiques », ceux qui dispensent leurs cultures d'adjuvants. En préambule, Piche expliqua que le monde de la vigne était scindé en deux. Les « bio » d'un côté et « ceux qui s'arrangent » de l'autre. Ces deux mondes-là ne se fréquentaient pas. Ils se haïssaient même. Une querelle d'anciens et de modernes dans laquelle notre Piche s'était bien gardé de prendre parti. Il était l'un des rares à filer des coups de main aux deux bords. Lui se passait de sulfites mais il comprenait les « anciens », élevés dans l'après-guerre et l'obsession de la productivité. Ceux-là voyaient dans le désherbant la quintessence du progrès, la victoire des hommes sur les éléments. Tout le monde n'avait pas la sagesse de Piche. En s'en revenant par la route de Thouarcé, nous vîmes plusieurs têtes de mort peintes à même le goudron, devant les vignes « chimiques ». Une guerre fratricide larvait dans nos campagnes et nous n'en savions rien.

Il plut le lendemain, il plut le surlendemain. Une rincée continue qui rendait impossible le moindre coup de sécateur. Captain Cabernet devrait attendre pour lancer les vendanges, c'était le lot de tous les viticulteurs, qui passaient le clair de leur temps les yeux rivés au ciel, pendus aux alertes météorologiques. Leurs ceps étaient plus fragiles qu'une communiante anémiée : un coup de froid, un coup de chaud vous les rendaient malades. Au matin du troisième jour, nous en étions quittes pour un prélèvement dans les vignes de chenin. Chacun dans une allée, l'exercice consistait à quadriller les parcelles en cueillant au hasard pour obtenir un échantillon représentatif. Un coup à gauche, un coup à droite, en haut de la grappe, en bas, sans regarder si possible. Évidemment, je regardais quand même, les beaux grains grenat et ronds, gorgés de la belle saison. Je ne pouvais m'empêcher de prélever dans mon prélèvement et, en bout de ligne, Piche chaque fois s'étonnait que mon rang ait moins donné.

« Oui, c'est bizarre », répondais-je invariablement, des pépins plein les dents.

Nos récoltes mises en commun, on gagna le laboratoire. Sous les ordres d'Olivier, Pierre pressait la mixture que je filtrais jusqu'à remplir une éprouvette. Le spectromètre se chargeait ensuite de convertir le taux de sucre en degré potentiel d'alcool. « 10,9, dit le patron. Pas mal, mais faut attendre encore. »

Attendre, toujours attendre. « Patience, avait dit la vie, si tu veux le paradis, il faut attendre demain, peut-être attends-tu pour rien. » Capart encore. J'étais trop impatient pour faire un bon vigneron. Et, dans le dos de Piche, nous éclusions la bernache – le premier jus –, douce comme le petit Jésus en culotte de velours, mais traître comme Lucifer avec du poil aux pattes et une déripette carabinée dans le fond du falzar.

Il plut le troisième jour, il plut le quatrième. Le vent faisait grincer l'ancienne maison du régisseur, plantée au milieu de ses 16 hectares. Ses vignes, Piche ne les avait pas choisies. Son grand-père, maréchal-ferrant, les avait acquises avant-guerre. Du plus lointain qu'il s'en souvienne, on lui avait toujours tendu la perche pour qu'il reprenne le domaine. Mais Olivier voyait son avenir ailleurs. En 1998, l'oncle qui avait pris la suite du grand-père calencha d'une tumeur au cerveau. Dans la famille, on laissait entendre que les produits n'y étaient pas pour rien. Piche menait alors une carrière dans le domaine des équipements de protection individuelle. « Je chapeautais le secteur de la protection des mains, précisa-t-il en jetant un furtif coup d'œil à ses ongles noirs. À l'époque, je gagnais très bien ma vie. » Mais la gagner n'est pas la réussir et, au milieu des années 2000, Olivier bascula. À quarante ans passés, il en avait marre de ne s'user les mains que sur les touches d'un clavier. Toujours mû par le désir d'essayer, de se planter, de recommencer, il voulut faire « œuvre ». J'aimais la façon dont il parlait de son raisin. Non pas en œnologue ou en idéologue mais plutôt comme d'un vieux copain. Un vieux copain fragile, un Jef, un Pierrot, dont il prenait le plus grand soin.

Ce soir-là, Piche nous a annoncé qu'il remonterait le lendemain en Normandie, avec un plein camion de livraison. Il a dit encore qu'en se serrant un peu on pourrait l'accompagner. On s'est retrouvés comme ça, tous les trois sur la banquette, à tailler dans un bout de France. De Champ-sur-Layon jusqu'à Varengeville-sur-Mer, je comptai cinq panneaux marron. Camembert, Lisieux, le château du Champ-de-Bataille, celui d'Harcourt, et l'abbaye du Bec-Hellouin.

En quittant l'autoroute, ce fut autre chose. Nous entrions chez Maupassant. Une Normandie détrempée, un pays de Caux saturé d'eau. Dans un recueil de morts idiotes et absurdes, j'avais lu l'histoire de ce peintre anglais, décédé des suites d'une insolation en Normandie. Et la marmotte mettait le chocolat dans le papier d'alu.

Piche a baissé sa vitre électrique, moi la mienne et, 6 kilomètres plus tard, Pierre est tombé malade. Nous l'entendions jérémier sur la banquette.

« Le mal de terre ? j'ai demandé.

– La fille de l'air ? » a renchéri Piche.

Rien de tout ça. D'après l'automédication du malade, il s'agissait d'une « rhinite asthmatiforme »... Aiguë, renchérit-il. Piche se boyautait mais c'est moi qui trinquerais. Avant le départ, ses parents m'avaient fait promettre de rendre Pierre dans l'état où je l'avais trouvé. On ne me pardonnerait pas d'esquinter la marchandise. Rouge sur blanc, ne nous restait plus qu'à foutre le camp.

XIX. – À Dieppe, la tristesse de Philibert. Une partie de football au pied des immeubles.

Je lisais la mélancolie sur le visage de Philibert. Le pauvre sentait bien qu'approchait la fin du voyage. Et il s'y refusait. Nous avions créé une sorte de monde en parallèle relié au monde en lui-même. Depuis des semaines, nous bougions sur une terre en mouvement. On découvrait des villes à l'aube, quand les dockers déchargent le poisson sur la criée. On regardait ensuite les adultes en voiture, dans les encombrements, pour se rendre au bureau. On prenait l'apéro avec les retraités et les chômeurs. L'après-midi se passait au rythme d'une nouvelle profession, et on s'enfuyait le soir, à l'heure du ramassage scolaire. Le temps passait, et nous avec.

Sur la route de Dieppe, nous avons longé un terrain vague. Quelqu'un avait peint à la bombe noire, sur un mur ruiné : « Vivons libres ». À côté, le panneau d'un promoteur promettait : « Ici bientôt : 50 appartements F3, cuisine, salle d'eau, rez-de-jardin... » Une famille française (un papa, une maman, deux enfants et un labrador) posait, souriante, devant une pelouse verte et sous un ciel bleu. La friche deviendrait un lotissement, et la contradiction entre l'utopie d'un slogan et la réalité du monde m'avait foutu un coup. Elle résumait aussi notre voyage. « Vivons libres », avait-on clamé avec Philibert, haut les cœurs. Mais notre liberté était limitée. Elle ne durerait pas, et il faudrait rentrer. Se réadapter à la vie ordinaire. Notre poursuite des frères Volden prendrait fin avec le Nord, et le retour au pays : Paris. Mais Philibert cherchait des prétextes. Il disait qu'on n'avait pas tout vu. Il faudrait voir la montagne, après tout. On avait esquivé la montagne, non ? Et la Touraine ? Le Cotentin ? Les Ardennes ? La Thiérache, tiens, on ne l'avait pas vue non plus ? On avançait sur les galets des plages. On trébuchait sur cette vague pierreuse qui remonte jusqu'à la promenade du boulevard du Maréchal-Foch. Nos pas faisaient le bruit des billes. Et Philibert réclamait un nouveau tour de manège. La nacelle ralentissait, le son et la lumière déclinaient, et il prenait peur. Phil cherchait à éviter le cafard des fins d'histoire. Celle-là l'effrayait.

On s'est assis sur la plage. Avec mes pieds, je créais un cercle parmi les pierres. Phil lançait timidement des galets vers la mer. Plate et vitreuse, bleu méduse, elle s'allongeait à l'infini. Dans le lointain, un paquebot semblait arrêté. La ligne de ferry Dieppe-Newhaven donnait de nouvelles envies d'ailleurs. En buvant notre café au bar Le Coup de Roulis, labélisé par nos soins plus beau rade de France, on avait vu passer un groupe de migrants sur le port. Les mains dans les poches de leur survêtement, ils erraient en rêvant d'Angleterre. On avait clôturé les gobes, les trous des falaises où ils dormaient jadis, sur les graves de mer. La route qui menait à l'embarcadère des ferries, avec son grillage barbelé, portait un nom cruel : quai de l'Avenir. Je n'allais pas consoler Philibert en lui faisant le coup du « bois ta soupe, il y a des enfants en Afrique qui meurent de faim ». Son blues passerait. Quant à moi, je ne sortais pas non plus indemne. L'angoisse surgissait pendant la nuit. Depuis la Bretagne, la proximité de l'eau me réveillait. Je finissais mes cauchemars, redressé dans mon lit. Conscient des choses, les yeux ouverts sur la chambre que je prenais pour l'Océan, je touchais le plancher comme on caresse le clapot des vagues. Je vivais embarqué en haute mer, et cherchais mes lunettes autour de moi. Je retrouvais aussi des visages croisés sur la route. Nous avions pris le large tous ensemble, comme sur l'arche de Noé. Et le réveil définitif était mon deuil en quelque sorte. Au bout du compte, il y avait une chambre, un lit.

Pour l'heure, l'eau continuait son grand repassage sur la plage. Elle se retirait dans des étreintes incessantes. Derrière nous, les glaciers avaient fermé leurs volets. La récolte du sorbet attendrait la prochaine saison. On voyait le ciel dans les fenêtres de l'Hôtel Aguado. Dieppe avait longtemps été le premier port bananier de France. Les bateaux de la Compagnie générale transatlantique revenaient des Antilles, les cales pleines du précieux fruit conservé dans des bottes de paille. Ils débarquaient les cartons sur le port, dans des hangars de mûrissement. En une nuit, la banane était remontée à Paris. Puis la conteneurisation du commerce maritime avait sonné le glas du beau temps dieppois. Le port était devenu trop petit pour les nouveaux monstres marins. Aujourd'hui, la banane arrivait toujours à Dieppe : par les étals du Carrefour Contact et dans les glaces au sorbet. La mer de Manche, ses plages de galets et ses falaises rouillées, me rappelait *L'Été 80* de Marguerite Duras. Nous étions bien plus au nord, mais l'été 17 finissait comme dans son livre. Avec la même tristesse que ses phrases taillées au couteau. À ma droite, Philibert était allongé sur les pierres, la tête contre le sac à dos. « Serait-il malheureux ici ? » Il devenait « l'enfant » de Duras, sur la plage de Trouville.

Jean V. était un « expert » BlaBlaCar. Le site de covoiturage décernait ce statut aux conducteurs chevronnés, habitués à partager leurs trajets. Sur son profil, nous apprenions que Jean était étudiant à Boulogne-sur-Mer et effectuait souvent les voyages entre Dieppe et Boulogne. Des commentaires dithyrambiques se succédaient en bas de page : « Jean V. est

ponctuel, agréable et arrangeant. Je recommande ! »,
« Bon conducteur, conduite agréable, pas de problème. » Et même : « Jean V. est très sympathique, il
a de la conversation et il est arrangeant quant aux
points de rendez-vous et de dépose ! Grande voiture
confortable et conduite agréable. Je vous le recommande sans hésitation. »

Pour passer d'un port à l'autre, il fallait désormais prendre l'autoroute. Afin de lutter contre les
travailleurs clandestins, il était interdit d'embarquer
sur les chalutiers sans autorisation. Un va-et-vient
de paperasse qui décourageait les pêcheurs les plus
conciliants. Ainsi, nous rallierions Boulogne-sur-Mer
avec les armes de l'époque : en créant un compte sur
internet, et en utilisant les sites de covoiturage. Jean V.
avait accepté notre demande, et nous avait donné rendez-vous en fin d'après-midi à Neuville-lès-Dieppe. Il
fallait ainsi passer de l'autre côté du chenal et traverser le quartier du Pollet. Puis grimper la falaise,
par les ruelles humides et sombres. Nous avons fait
une courte halte à Notre-Dame de Bonsecours. La
chapelle en brique se dressait face au large. Ses murs
étaient couverts d'ex-voto, de plaques à la mémoire
des disparus en mer.

Dieppe était la ville la plus pauvre d'un département riche. Elle devait notamment cette mauvaise
réputation au nombre de ses logements sociaux.
Quelques tours se dressaient ici et là, à Neuville, au
Val Druel et aux Bruyères. Sous les HLM du nouveau Neuville, le chômage touchait plus d'un tiers

des jeunes. Cet après-midi, sur l'esplanade Henri-Dunant, une douzaine d'enfants jouaient au foot devant les grands frères qui buvaient une grenadine à la terrasse du café Les Flandres. Nous étions en avance sur l'horaire de rendez-vous. C'était donc décidé, on taperait un coup dans le ballon. Les chefs d'équipe acceptaient notre intégration et désignaient nos coéquipiers du doigt. Phil rejoignait l'équipe de Serkan, un môme de huit ans qui gravitait à 50 centimètres du sol. J'entrais en jeu aux côtés d'Abdullah et sa clique. On a construit deux buts avec nos sweatshirts et on a posé la balle au centre. Je retrouvais l'excitation des parties de foot du mercredi après-midi, interminables, et tous les défauts de nos dix ans : l'esprit de compétition, le jeu perso et la peur du contact. « Rentrez-leur dedans ! » répétait Abdullah, mon meneur de jeu. Il répétait ce qu'il entendait en club. En trois touches de balle, Abdullah portait le ballon devant le but adverse. Puis notre avant-centre était décisif dans le dernier geste : un plat du pied droit, à l'aveugle, qui rentrait dans les buts. Après chaque action, il redressait sur son nez les lunettes qu'il avait manqué de perdre. L'esplanade était notre carré de pelouse, et chaque vieille dame qui s'y aventurait risquait gros. Les gamins frôlaient l'accident. Autour de nous, les gradins étaient d'un simple appareil : quatre barres d'immeubles identiques. Les mêmes qu'en banlieue parisienne, les mêmes que partout ailleurs, avec la maison de la presse, le coiffeur, l'opticien et le bureau de poste à leurs pieds. Le ballon venait taper sur un commerce, il arrivait dans les pieds d'un client du café. Plus tard, une voiture pilait même devant le cuir. Mais on ne râlait pas. On ne klaxonnait pas. Le foot était un jeu sacré, et dix ans, l'âge auquel on pardonnait tout. La partie reprenait, plus vive, plus technique. « Une touche de balle, une touche de balle, les gars ! » avisait Abdullah sur les phases offensives. Il gardait la mine sérieuse après chaque but. Il trottinait puis débordait d'un coup sur la gauche, dribblant deux, trois joueurs, un banc public et une poubelle.

On retrouvait nos jambes d'enfant, mais dans leurs voix nous avons compris que nous n'étions plus des leurs. Dès que nous touchions un ballon, la tribu hurlait dans tous les sens : « Monsieur, monsieur ! », « Ici, monsieur ! » On pouvait gagner un peu d'admiration en récupérant proprement un ballon ou en partant dans une série de dribbles… Peu importait. Nous restions des « monsieur » à leurs yeux. Surtout, ces mobylettes ne fatiguaient jamais. Elles zigzaguaient dans tous les sens, arrivaient par-derrière et ne nous lâchaient pas d'une semelle. Nous avions intégré les équipes de football de Lilliput. On vacillait, harcelés à gauche, à droite, dans les cris qui couvraient ceux des goélands.

Après trente minutes de jeu, on a abandonné nos postes, crevés, les jambes cassées en deux. On a quitté le terrain en tapant dans la main de chacun. « Salut les potes, à la prochaine… » Puis on est entrés au café Les Flandres. Avec son comptoir circulaire en formica, au milieu des tables, Les Flandres était un décor de banlieue des années 80. La baie vitrée, cerclée de jaune, avait la forme de deux grandes alvéoles. On a refait le match autour d'un Perrier menthe. À l'extérieur, c'était la mi-temps. Les enfants étaient assis par terre en petits groupes. Serkan est rentré dans le bar, chambré par trois Arabes qui buvaient leur café. Son front n'arrivait pas au comptoir. Comme un grand, il a demandé : « Sylvie, je peux avoir un verre d'eau, s'il te plaît ? » Le portable de Philibert a sonné. Jean V. nous attendait devant La Poste. On a eu le temps de tirer au sort pour savoir qui s'assiérait devant, ne dormirait pas et ferait la conversation. J'ai perdu, comme d'hab'.

XX. – Le tribunal de Boulogne-sur-Mer. La procédure de comparution immédiate.

Dans le ciel, les oiseaux faisaient des triangles isocèles. Un par un se relayaient en pointe. Ils traverseraient la mer d'un jet d'aile sans montrer leurs papiers. À l'arrière du Kangoo, j'attrapais au vol des bribes de conversation. Pierre parlait RC Lens à Jean V., et Jean V. s'en foutait. « Sept défaites en sept matchs, quand même... Je me demande s'ils vont se maintenir. Hein ? Qu'est-ce que t'en dis, toi ? »

La départementale filait droit. Traversait des bourgades qui scintillaient d'une lumière bleutée, lavasse. Il était vingt heures. Jean a tourné le bouton des informations. Les Compagnons de la Libération venaient de perdre l'un des leurs. Le colonel Fred Moore. Après lui, les héros de la Résistance se compteraient sur les doigts d'une main. Dix survivants, âgés de quatre-vingt-treize à cent deux ans. Nous vivions la fin d'une ère. Le jour viendrait où personne ne connaîtrait plus la Seconde Guerre. Leurs histoires deviendraient pour de bon de l'Histoire. Jean a balayé les fréquences. Nous captions *Le Masque et la Plume*, plus vieille émission radiophonique française. Presque aussi vieille que le colonel Moore. Une auditrice appelait pour dire que le film *120 battements par minute* aurait « mieux fait de s'appeler 120 bâillements par minute » et un critique démontait le dernier Bruno Dumont, « à mi-chemin entre *Perceval le Gallois* et le spectacle de fin d'année de ma petite nièce »…

Dans les champs alentour poussaient des éoliennes qu'il faudrait un jour moissonner. Jean s'est déporté sur la file de droite, très proprement. Sortie 29, « Boulogne-centre, Le Portel, Outreau ». Outreau qui portait depuis quinze ans le nom d'un fiasco judiciaire. Le plus retentissant du demi-siècle. Malgré les acquittements, la honte demeurait sur la ville, injustement stigmatisée. Personne ici n'avait oublié, surtout pas les habitants du quartier de la Tour-du-Renard, que la municipalité prévoyait de raser. Politique de la pelleteuse, réduction du cauchemar à l'état de gravats.

On est entrés à Boulogne de nuit, sous le halo des réverbères. Jean V., très arrangeant quant aux points de dépose, nous a débarqués devant une grue, quai Gambetta. J'entendais clapoter l'eau noire contre les docks. Dans quelques heures les pêcheurs rentreraient au port. Et la criée retentirait. Nous avons loué une chambre à l'Hôtel des Gens de la Mer. Des marins, quoi. Boulogne, a priori, n'était pas une destination des plus idyllique. Les agences de voyages vous la recommandaient rarement pour une lune de miel. Et pourtant ! Ville d'art et d'histoire, station classée de tourisme et Ville fleurie, la capitale de la Côte d'Opale avait du patrimoine à revendre. En particulier sa ville haute, citadelle ceinte de remparts qui nous rappelaient le bon temps de Phalsbourg.

Notre décrassage du lendemain, ischio-jambiers et quadriceps, nous l'avons fait sur le chemin de ronde. Au-dehors, c'était la mer, les grues, les étraves. Au-dedans, une plage de tuiles et le dôme de la basilique, culminant à 101 mètres. Juste assez haut pour être vu des Anglais ; façon peu catholique de leur faire la nique. Place Godefroy-de-Bouillon, face au beffroi, nous avons reconnu le palais de justice. Celui-là même où s'était jouée la partie d'Outreau. Deux gendarmes aux polos bleus comme on aurait voulu le ciel supervisaient le portique d'entrée. « On peut voir ? » j'ai demandé. « Affirmatif », ont-ils répondu. Et voilà comme on s'est retrouvé, sans préméditation aucune, encabanés au tribunal correctionnel de Boulogne-sur-Mer.

Le même spectacle s'y répétait inlassablement. De pauvres types, dealers, camés, voleurs, barboteurs, crocheteurs, cogneurs, coffrés la veille ou l'avant-veille, défilaient menottés pour ramasser leur punition. Les magistrats du parquet leur offraient le coupe-file, le flag, qu'on appelait aujourd'hui la « comparution immédiate ». Prostrés sur des bancs de bois, comme des cancres chez le proviseur, ils attendaient en brochette leur jugement. Les substituts du procureur firent entrer le premier bougre, visage carré, cerné d'une gendarmette. Il refusait de décliner son nom, son âge, son adresse et sa nationalité. « Ça promet quelques rebondissements », a lancé la juge. C'était une petite femme, coupée au carré, l'air pas commode. « Jusqu'à temps que vous changiez d'avis, nous vous appellerons Monsieur X. » La greffière prit la dictée.

Monsieur X, donc, avait été interpellé la nuit précédente en possession de vingt-trois trousseaux de clés. « Curieux pour un sans-domicile », observa la juge. X avait eu l'inspiration de cambrioler une agence immobilière, et la présence d'esprit de ramasser les adresses correspondantes. « Un génie ! » soufflai-je à Pierre. J'avais parlé trop vite. Non content de jouir de vingt-trois pied-à-terre, il s'était dans la foulée piqué de braquer une bijouterie au moyen d'un tournevis cruciforme. Mieux vaut vingt-trois tu l'as que vingt-quatre tu l'auras, disait le proverbe.

Les procédures de comparution immédiate avaient ceci de particulier qu'on y jugeait sans perdre de temps. Quinze minutes d'instruction suffisaient quelquefois pour vous mettre en cage. Cette course à la vérité se voulait le moyen de désengorger les tribunaux. À la différence du théâtre de moulures et d'hermine des Assises, le « flag » s'affranchissait du décorum. On délibérait sans pompe, sans jurés ni témoins, à la va-comme-je-te-condamne. Une justice qui claquait comme le maillet d'un commissaire-priseur. Six mois ferme, qui dit mieux ? Sept ? Huit ? Adjugé-jugé ! Toutefois, cette procédure nécessitait le consentement du prévenu. Monsieur X, ce jour-là, ne consentit pas à consentir. Sous mandat de dépôt, le présumé X, présumé génie, présumé innocent, dormirait ce soir en prison. Dans une cellule dont il n'aurait cette fois pas les clés.

Ce fut au tour du deuxième prévenu de comparaître. Grand, mince, les cheveux noirs de jais et l'air apitoyé, celui-là avait battu sa femme. Il le reconnaissait volontiers. C'était la morsure à l'avant-bras qu'il réfutait.

« Madame la juge, croyez-moi, j'ai pas mordu. Ou alors y a longtemps, ou bien j'ai oublié. »

Le prévenu n'en était pas à son coup d'essai. Ni d'ailleurs à son premier coup tout court. Sur sa compagne il s'était déjà fait la main et, des ecchymoses, en avait plein le casier. Quatre actes de récidive en cinq ans, une seule année blanche, passée pour majeure partie derrière les barreaux. Du simple stage de citoyenneté aux mises à l'épreuve, il avait goûté à peu près de tout.

Le procureur qui bâillait jusque-là prit la parole. « J'avoue ne pas savoir quoi requérir. Vous faites partie de ces gens pour lesquels on se demande à quoi sert la justice, et quels sont les recours. » Puis, s'adressant au parquet : « Ce monsieur, je vous le dis, représente l'échec de nos institutions. »

Ça devait faire mal à entendre. Pas tant que les castagnes, cela dit. La principale intéressée n'avait pas attendu le verdict pour entamer ses six jours d'ITT. L'avocate commise d'office reprit la main. Son client, dit-elle, avait l'habitude de se réfugier dans l'alcool. Les mots-clés s'enfilèrent ensuite comme des perles. « Milieu compliqué », « enfant de l'Assistance », « ballotté de foyer en foyer », « engrenage », « cercle vicieux »... J'avais plus ou moins décroché quand la juge annonça la première suspension d'audience. Restaient trois dossiers à traiter ce jour-là. Des affaires de passeurs. La routine.

J'en profitai pour demander l'heure à l'un des deux types occupés à gratter sous la greffière. En déballant un Twix, il m'enseigna qu'il était journaliste. « On prend tout en notes et on décide ensuite de ce qui nous intéresse. Par exemple, les passeurs, il y en a tellement qu'on ne les traite plus. » En moyenne, six ou sept faisaient chaque semaine l'objet d'une audience au tribunal de Boulogne-sur-Mer. Le business marchait à plein. Une petite filière de trois ou quatre passeurs par exemple, en travaillant sérieusement, pouvait convoyer quinze à vingt migrants chaque nuit, dimanches et jours fériés compris. À raison de 1 000 à 3 000 euros par tête de pipe, leurs petites entreprises ne connaissaient pas la crise. Oui, mais voilà, disait en substance le chroniqueur, les clandés, ça ne passionne plus le lectorat. Dans les premiers temps si, bien sûr. Puis on s'était lassé. Il fallait trouver autre chose ; du plus corsé, du moins barbant. « Bon, c'est pas l'tout », a-t-il fait en se tournant vers son confrère : « Dédé, je t'appelle dans l'aprem pour les verdicts. Et on se fait un pot sous huitaine. » Après quoi il s'est essuyé la main sur le jean, nous l'a tendue et sans demander son reste a pris congé. L'audience reprenait.

XXI. – Le bassin minier. Un match de football à Lens.

On aurait pu découvrir Lens en silence. C'était sans compter sur la municipalité et les cascadeurs El Drivers. La première avait installé des enceintes dans la rue de Paris, câblées sur Chérie FM, sa pop musique bien baveuse, ses publicités de véranda et d'entretien automobile. Les deuxièmes tournaient en ville, annonçant à grand renfort d'enceintes « Deux heures de spectacle, ce soir, deux heures de caaaaascade ! Des autos, des motos, des camions, oh, la la ! Sur le parking du Cora, à Lens 2, ce soir et demain, venez découvrir les plus grands cascadeurs d'Europe ! »

Agressés par ces nuisances gratuites, nous avions trouvé refuge dans un café, sur le boulevard Émile-Basly, qui ressemblait davantage à une galerie commerciale. On ne se fiait jamais assez au nom des rues pour savoir l'histoire d'une ville. Il était d'ailleurs devenu rare de dire au téléphone : « On se retrouve

boulevard Basly, à l'angle de la rue François-Huleux. »
C'était plus simple de préciser : « Rendez-vous devant
la Caisse d'Épargne. » Pourtant, la grand-rue de Lens
portait le nom d'un syndicaliste illustre, surnommé
le « Mineur indomptable ». Mieux encore : « Le Tsar
de Lens ». Dans *Germinal*, le roman qui avait trauma-
tisé des générations de collégiens, Zola s'était inspiré
de Basly pour créer le personnage d'Étienne Lantier.
Émile Basly avait été le leader de la grève des mines
d'Anzin, en 1884. On doit à cette guerre d'usure la
création de la loi Waldeck-Rousseau qui acta la création des syndicats professionnels. En feuilletant le livre
d'Augustine Fouillée, je n'avais pas trouvé la moindre
trace du bassin minier. Pourtant, depuis la révolution
industrielle, l'exploitation du charbon allait bon train
dans les galeries labyrinthiques. Les compagnies des
mines se multipliaient. Dans mon manuel, le « grand
homme auquel le Nord doit une partie de sa prospé-
rité » était même un Provençal : Philippe de Girard.
On lui devait l'invention de la machine à filer le lin.
André et Julien visitaient une filature à Lille, mais ils
ne s'aventuraient pas dans le bassin minier. J'avais
tourné les pages, encore et encore. Augustine Fouillée parlait seulement des mines de fer et de houille,
en Haute-Saône et à Saint-Étienne. À cet endroit, la
morale de début de chapitre était :

> *« Les richesses d'un pays ne sont pas seulement à la*
> *surface de son sol : il y en a d'incalculables enfouies*
> *dans la terre et que la pioche du mineur en retire. »*

Je trouvais qu'elle y allait un peu fort. Aux gosses, elle donnait une vision bien romantique de cette vie de forçat. Et puis, ces richesses « incalculables enfouies », c'était la porte ouverte au gaz de schiste... L'enfer sous terre était donc passé sous silence en 1877. Aujourd'hui, les mines étaient pourtant gravées dans la mémoire française. Avec leurs corons pour HLM, Courrières, Lens, Liévin, Béthune et bien d'autres portaient la cicatrice des grandes catastrophes. Sur ce pays couché, les terrils se dressaient encore comme des furoncles matés par la végétation. Les collines de résidu minier étaient notre devoir de mémoire. Ne pas oublier ; n'oublier, jamais. Une cinquantaine de terrils avaient même été classés au patrimoine mondial de l'Unesco.

À sa décharge, dans les années 1870, Augustine Fouillée ignorait les exploits d'Émile Basly et les soulèvements ouvriers qui survinrent plus tard. Le « Mineur indomptable » fut aussi le témoin de l'occupation de Lens pendant la Grande Guerre et de la déportation des Lensois par l'armée allemande en 1917. Il publierait un livre à la mémoire de sa ville, rasée des cartes par les bombardements : *Le Martyre de Lens*. Dans *Le Petit Journal* du 5 octobre 1918, Albert Londres, en reportage, écrivait déjà :

> « *Lens est fantastique. Il reste dix-sept fenêtres de rez-de-chaussée, une fenêtre de premier étage, un numéro de rue – un seul, pas deux –, le numéro 14, une clochette d'enfant de chœur. Un morceau d'enseigne où l'on peut encore lire deux lettres : les lettres*

S et O et, gisant sur les barbelés, une vieille tenture rouge et blanche. C'est tout. »

C'est tout. Un S et un O... Plus tard, les deux lettres deviendraient les initiales d'une autre légende lensoise. Celle de son football, et du club Sang et Or. Au bar Le Reinitas, devant les colonnes à bière en faïence, je jetai un œil sur le journal local. Il empruntait à Émile Basly le titre de son livre. Entre « martyre » et « Lens », il fallait simplement ajouter « Racing Club ». Oui, le club était à l'agonie et restait sur sept défaites consécutives en sept matchs de deuxième division. Du jamais vu. À ce rythme-là, le sport amateur s'ouvrait pour l'un des clubs historiques du football européen. Dans *La Voix du Nord*, les informations sportives étaient alarmistes. Le soir même, la rencontre contre Quevilly-Rouen serait « sous haute tension ». Les joueurs continuaient d'afficher leur vie sur les réseaux sociaux. Ils traînaient dans les boîtes de nuit et les bars à chicha les soirs de défaite. Ce genre d'histoire ne passait pas à Lens, où il y avait plus de places au stade que d'habitants en ville. Ici, le Racing était une passion unique dans un football globalisé. À l'heure des « dream team », de la mutation de quelques joueurs en produits marketing et du basculement du supporter en consommateur, les enfants lensois soutenaient le club familial, le club du pays, du bassin. Ils ne rêvaient pas de Neymar, CR7 ou Paul Pogba faisant visiter aux télés sa « Poghouse ». En ville, à l'école, ils portaient le survêtement du Racing et nourrissaient un seul rêve : jouer un jour à Bollaert. Le stade portait le nom d'un directeur de la Compagnie des mines, auquel on avait accolé celui d'un maire emblématique de la ville : André Delelis. Le stade Bollaert-Delelis résistait ainsi au « naming » qui repeignait les enceintes françaises aux couleurs des grandes entreprises.

La devise d'un club tunisien résumait bien le football du deuxième millénaire : « Créé par les pauvres, volé par les riches. » Le football était le champ de bataille entre investisseurs et passionnés. Ceux qui pensaient l'avenir et ceux qui regardaient le passé. Le supporter était un nostalgique ; le « c'était mieux avant » était de rigueur dans les tribunes populaires. Les investisseurs qataris, américains, russes ou chinois, se jetaient sur les clubs français comme des morts de faim. À Lens, l'actionnaire était luxembourgeois. Si le Racing avait perdu son rond de serviette à la table des grands du foot français, la famille lensoise tenait. Aucun autre club en France ne déplaçait vingt mille personnes un lundi soir pour un match entre bons derniers de deuxième division. La France n'était pas un pays de football. Il n'y avait qu'à Saint-Étienne, Marseille et Lens que la vraie vie était au stade. Les grands-pères y emmenaient leur petit-fils ; les petits-fils, un jour, y emmèneraient leur grand-père. En sautant du train à Lens, nous savions, avec Philibert, que nous n'avions pas seulement rendez-vous avec une ville. Nous venions voir un club. Au Reinitas, la une des quotidiens locaux, la rumeur du comptoir, les fanions du Racing, les photos de vestiaire et le maillot encadré, tout ce jaune, ce rouge étaient un prélude à notre aventure du soir. À vingt heures, le peuple de Lens convergerait vers Bollaert.

La nuit était tombée. Elle frappait toujours plus tôt. Elle était toujours plus froide. Il ne pleuvait pas tout à fait. La vraie pluie viendrait plus tard, sévère et drue. Elle mouillerait la brique, et la buée capturerait les fenêtres des estaminets. Devant La Loco, un type se penchait jusqu'à lécher le bitume. Il vomissait ses bières. Face à la gare de Lens, le café abritait les supporters ultras du Racing. Ils buvaient leur bière, debout sur la terrasse, par petits groupes. Des hommes, exclusivement, sapés à l'anglaise, en couleurs sombres, « casual ». On retrouvait les codes des tribunes : la virilité, les marques de fringues, le silence et les regards en coin. Toute cette faune se déplacerait plus tard en « Marek », la tribune des ultras lensois. Le football était affaire de rituel. Et, dans le rituel, l'avant-match avait le plus beau rôle. Philibert trépignait. Elle était loin, sa mélancolie dieppoise. On vivait notre dernier raout avant le retour au pays. On marchait vers Bollaert à toute vitesse, et nos muscles se raidissaient. On était remplis d'électricité. Phil proposait une dernière escale Chez Muriel. Émile et sa femme tenaient là un bistrot d'irréductibles. Avec le classement amovible au mur, la diffusion de tous les matchs, les trophées sous verre et les maillots dédicacés. La foule sang et or se pressait au comptoir.

Blasée, attristée par ce « zéro point » qui ne bougeait plus en face du RC Lens sur le tableau des scores, elle finissait ses gobelets. Sur le pas de la porte, chacun saluait Émile qui refusait d'aller au stade depuis 1983.

« Ma dernière fois, c'était un Racing-Lille et le match était truqué. Je me suis endormi. Ma femme, elle m'a réveillé. J'ai dit aux copains : "Ciao, je reviens plus !" Et je suis plus jamais revenu...

– Il a même pas vu les travaux ! a repris Muriel affolée.

– Enfin, vu le foot qu'on voit en ce moment, je m'en tape.

– T'inquiète pas, Émile, a gueulé un habitué. Ce soir, je te ramène les trois points.

– Ouais, Mimile, cette fois c'est la bonne ! »

Ainsi, Émile, fan du Racing, servait des bières à 200 mètres de Bollaert et n'avait toujours pas revu les murs depuis plus de trente ans. C'était sa manière de durer. Dire « non » et aimer Lens. Loin des yeux, droit au cœur. Dehors, la pluie annoncée a fini par tomber. Un vrai coup de balai, nettoyant les déchets des friteries. La pluie chassait les derniers zonards, et on s'entassait contre les portiques de sécurité pour entrer dans les tribunes. Deux fois nous avons été palpés comme des taulards. Enfin, la montée des marches, à l'ombre des projos, puis la vue sur la pelouse, le spectacle, venaient clore l'avant-match.

En tribune, Marek, le « capo », a annoncé au méga-phone la grève des encouragements. On ne chanterait pas ce soir. On parlerait aux joueurs et aux dirigeants avec des banderoles : « Pas que pour le pognon, res-pectez notre blason ». Quelques semaines plus tôt, certains supporters lensois avaient envahi le terrain. Les nerfs étaient à vif, et la consigne était claire : « Réveillez-vous ou dégagez ! » Le football était une guerre de position, où des gosses de vingt ans étaient capables de réveiller la grande Histoire pour mieux haïr l'ennemi. On avait vu des supporters lyonnais déployer sans complexe une banderole à l'intention des Stéphanois : « Les gones inventaient le cinéma quand vos pères crevaient dans les mines. » À Lens, on n'oublierait jamais qu'un soir de finale de Coupe de la Ligue le virage parisien avait fait voir à la France entière ce message : « Pédophiles, chômeurs, consan-guins : Bienvenue chez les Chti's. »

Le match s'est déroulé avec le calme et la monoto-nie des parties de tennis. C'était un lundi dégueulasse à Bollaert, sous une pluie incessante. On regardait du foot en bâillant, le nez sur son portable. Les vannes fusaient dans les gradins. Dans la morosité, on se réchauffait en rigolant :

« On est la risée de la France... J'espère qu'on n'est pas retransmis, que les Français voient pas ça !

— Eux au moins ils ont la zappette, pas nous...

— Bon, si on reste vingtième ce soir, on pourra au moins dire qu'on est constant. »

Bollaert s'est levé une seule fois, pour chanter Pierre Bachelet au retour des vestiaires. Alors, on a vu un mur d'écharpes sang et or, et des gosses de dix ans chanter avec leur papa :

Mon père était « gueule noire » comme l'étaient ses parents.
Ma mère avait les cheveux blancs.
Ils étaient de la fosse, comme on est d'un pays.
Grâce à eux je sais qui je suis...

Nous étions entourés de fils et petits-fils de mineurs. Ici, le football et la mémoire des mines étaient liés pour toujours. Un an plus tôt, Bollaert avait même rendu hommage aux morts de Courrières, cent dix ans après l'explosion qui avait condamné plus d'un millier de mineurs et de galibots. Ce soir-là, la banderole déployée par les ultras lensois disait : « 110 ans après, nous n'avons rien oublié. Reposez en paix ! »

Le Nord n'ignorerait jamais ses corons, et la terre garderait à jamais la couleur du charbon. Dans sa chanson, Bachelet avait presque tout dit. Il oubliait le Racing Club de Lens, qui résisterait à toutes les catastrophes. Ce lundi soir, les Lensois glanèrent les trois premiers points de la saison. Sûr qu'avec Philibert on portait bonheur. Le coup de sifflet final a retenti sous la grisaille. Et un stade qui se vide sous la pluie est d'une tristesse infinie. Ce qui formait un peuple uni s'est évaporé d'un seul coup, sur les parkings, dans les autocars, en ville. Nous avons marché en rentrant les épaules, gênés par le vent qui poussait le dernier rab de pluie. On avait trouvé un Hôtel de

France en face de la gare ferroviaire. Dans la nuit, elle surgissait comme une locomotive d'avant-guerre, avec sa cheminée et ses grandes roues motrices. La fin de notre tour de la France approchait, et je me rendais compte que nous avions traversé une France découpée en deux mondes qui ne se rencontraient jamais : celui des jeunes, celui des vieux. Ils avaient leurs horaires, leurs cafés, leurs canaux d'information et leurs préoccupations. Mais, hors des familles, ils ne se confondaient pas. Au stade, j'avais pour la première fois assisté au mélange. Des mômes répondaient aux vieux briscards. Ils partageaient les mêmes références. En tribune, le peuple tenait bon. *Le Tour de la France par deux enfants* avait été un des instruments d'unification du pays sous la IIIe République. J'étais désormais convaincu que le football tenait aujourd'hui ce rôle.

XXII. – L'aéroport de Paris-Charles-de-Gaulle.

Je ne sais plus comment ni pourquoi j'avais eu cette idée. L'idée saugrenue de nous faire ausculter par une voyante. À Arras, elles étaient quatre dans les Pages jaunes, sans compter les officieuses et les marabouts. J'ai choisi la première. Cathy. Cathy-Médium, qui n'a pas su deviner que nous l'appellerions.

« Attendez voir... pouf, pouf, je peux vous prendre aujourd'hui mais ce sera en début de soirée. Dix-neuf heures trente, ça vous irait ? » J'avais l'impression de bloquer un créneau chez Diminu'tif. « Vous ne pourrez pas vous tromper, j'habite sur le boulevard Robert-Schuman, juste après l'agence Pôle Emploi. »

On a lanterné, comme ça, des plombes, attendant l'heure de la consultation. Rue Ronville, j'ai même bien failli perdre Pierre dans une embuscade de bénévoles en gilet bleu. On marchait, sans trop faire gaffe, quand une contrefaçon de Zaz nous a foncé dessus, battant des bras comme un noyé.

« Saluuuuuuut, t'as deux minutes à m'accorder ? »

Elle voyait bien, pourtant, qu'on était sans le rond, et pas de taille à endiguer la faim dans le monde. Je me suis composé une mine de muet lâche et pressé. Tu parles qu'on était pressés ! Six semaines que personne ne nous attendait plus nulle part... Mais Pierre n'a pu réprimer un sourire. Il n'en fallait pas plus à la bénévole pour donner l'assaut. J'ai tenté une manœuvre de repli mais d'autres gilets bleus coupaient la retraite. Le piège se refermait, nous étions faits.

Un quart d'heure plus tard, Pierre est allé faire imprimer son RIB, ravi. Sa munificence m'impressionnait. J'ai pensé qu'il était peut-être sous le charme de Zaz et de ses boucles d'œufs. Si mes soupçons venaient à se confirmer, je pourrais dire à leurs enfants : « J'y étais ! Quand papa a rencontré maman. Et que maman a demandé de l'argent à papa. » Réflexion faite, je ne leur dirais rien.

C'est à cet instant-là que Cathy a rappelé. Sous le coup des émotions, nous l'avions presque oubliée.

« Vous êtes où ? a demandé la voyante.

– Devinez ! » j'ai répondu. Ça n'a pas eu l'air de la dérider.

Cathy habitait au troisième étage d'un immeuble moderne. Nous nous doutions qu'elle ne serait pas la vieille Irma des contes d'enfant, chat noir et boule de cristal dans le fond d'une roulotte, mais tout de même, j'étais un peu déçu. Cheveux blond-blanc, manucure impeccable, elle nous fit entrer dans son bureau. On se serait cru chez l'orthodontiste. Un orthodontiste qui aurait trop fumé d'encens. Cathy-Médium a lancé la piste 4 d'un CD Nature & Découvertes et sorti son tarot de Marseille. Pierre guérissait à peine de son chagrin d'amour. « Ouvre tes chakras, connecte-toi à ton âme », ai-je eu le temps de lui glisser. Cathy m'a fait signe de la fermer et de respirer par le ventre. Puis elle m'a attrapé les mains, que je craignais d'avoir moites, et s'est redressée. « Ça ne va pas, a-t-elle dit. J'ai des interférences. » Pierre s'est reculé un peu. Cette fois, c'était bon. Liaison établie, contact 5 sur 5 avec les divinités. Cathy s'est mise à taper le carton. Une fois, deux fois, pour du beurre. Je sentais Pierre s'impatienter. Trente balles, même pour deux, ça faisait chérot la partie de solitaire. Puis elle m'a regardé avec insistance et j'ai pensé qu'il était temps de poser ma question.

« Ça concerne le foot, j'ai dit. On voudrait savoir si Lens se maintiendra en première division. »

La carte du Pendu est sortie la première, avant le Chariot et la Mort. « Ça va être dur », a reconnu

Cathy. Puis, comme Pierre soupirait, elle a bien voulu retirer les cartes encore une fois. C'était sympa. D'autant que la Force est tombée ce coup-là. Et le Soleil.

« ... Ne vous en faites pas, ils vont y arriver. »

Rassurés, on a encore demandé si le vin de la Piche serait cette année convenable, quand Albert publierait ses poèmes ; et aussi ce que deviendraient mon vélo, les classards de Violay et la petite fleuriste. Chaque fois que ça ne convenait pas, on demandait à rejouer. Pierre a pris le relais. Il voulait savoir comment se portait Jacky, si Michel remporterait un trophée, et combien de tours de Méditerranée feraient encore les marins d'Agde.

Quand le CD est arrivé en bout de piste, elle n'en revenait pas, la Cathy, qu'on ait posé tant de questions sur tant de gens, et pas une seule nous concernant. Ça ne devait pas lui arriver souvent, deux gus sentant la faluche et la vadrouille, inquiets du sort de lointaines connaissances. La séance touchait à sa fin et la voyante son oseille. Je n'ai pas demandé de feuille de soins. Ma mutuelle ne remboursait pas les séances de Cathy.

C'est dans l'ascenseur qu'on s'est trouvé un peu cons. On n'avait même pas pensé à lui demander où on crécherait ce soir. En gare d'Arras, le guichetier a fait la moue. « Pour Paris, désolé, il faudra attendre demain. À moins... » À moins qu'on ne change à Roissy.

Tout compte fait – et nous comptions très mal –, l'idée n'était pas si mauvaise. L'aéroport Charles-de-Gaulle, tout le monde le connaissait et tout le monde s'en foutait. Un non-lieu de catalogue à présenter dans toutes les écoles de non-lieu. Paillasson des confins, de l'ailleurs et du très loin, il était l'envers de Paris, ses coulisses. Le train nous a jetés dans le terminal 2. Le plus grand. Pierre a tiré un caddie et, comme au Leclerc de Moulins, je suis monté dessus. Cette fois sans mettre de pièce. Travelling avant vers le McDonald's, dernier commerce de bouche ouvert à cette heure tardive. Des Jaunes, des Noirs, des Blancs, des Rouges y confluaient, par l'odeur du Big Mac alléchés. Passé onze heures, une par une les autres tables se sont vidées. Quand nous sommes restés les derniers, le nez dans la sauce Creamy Deluxe, le personnel nous a priés de nous envoler. Mais au-delà de cette limite notre ticket n'était plus valable. Plus exactement nous n'avions pas de ticket du tout. Sur l'afficheur à palettes, rien ne nous concernait de près ou de loin. Pas le moindre embarquement imminent. On avait le droit, seulement, de faire semblant. Comme ce chibani déambulant depuis vingt ans – globe-trotteur de son monde intérieur – qui vraisemblablement n'irait jamais plus loin que ses babouches. « On l'aime bien, il fait pas de mal. Des fois je lui paye même un Actimel. » C'est la caissière du Relay qui nous l'avait dit. Qui avait dit aussi de jouer les endormis quand passeraient les maîtres-chiens. On n'avait en théorie pas le droit de stationner sans billet. Dans la pratique, nous étions une trentaine d'énergumènes à venir ce soir nous lover sous les ailes. Grande couvée immobile d'oisillons tolérés.

L'aérogare s'est vidée subitement. On attendait encore un vol en provenance des Émirats. Et un autre de Dzaoudzi vers les cinq heures. Roissy ne s'endormait jamais tout à fait.

Drôle de destin que celui de ce petit village agricole, choisi dans les années 60 pour recevoir un hub multimodal et mondial. La commune était devenue riche, qui profitait des taxes professionnelles pour gâter ses administrés. Roissy-en-France, 2 800 habitants, comptait un complexe sportif, une piscine, un terrain de foot, un dojo, un skatepark, une piste de BMX, un plateau d'évolution, un terrain d'aventure et prochainement un golf dix-huit trous. C'était la rançon des nuisances. À l'été 1999, on avait recensé des cas de paludisme auprès de Roisséens n'ayant jamais voyagé. Des moustiques l'avaient fait pour eux. Plusieurs milliers de perruches à collier habitaient aussi les parages. La légende voulait que leurs ancêtres se soient échappés d'un conteneur.

Adossé à l'emballeuse de bagage, je cherchais le sommeil. Il n'y était pas. Sur les coups de minuit, le balai des lessiveuses a débuté. L'immensité de l'aérogare et la petitesse de leurs autolaveuses... C'était du Sempé. Qui étaient-ils au juste ces « surfaceurs » ? D'où venaient-ils ? Où vivaient-ils ? Resteraient-ils comme nous sur le seuil ?

J'ai versé la tête en arrière. Pour une raison qui m'échappait, il y avait 16 mètres de hauteur sous plafond. Plus que jamais nous étions les paumés du petit matin, les noyés de la dernière pluie. Nous goûtions ici l'illusion d'un nouveau départ. Plus rude serait l'atterrissage. « La France est un petit paradis peuplé de gens qui se croient en enfer », disait un écrivain cabossé. Nous l'avions regardé bien en face, notre pays. Hors des guides et des sentiers rebattus, chargés des nostalgies d'un temps que nous n'avions pas connu. La France n'allait pas fort, c'est vrai. Mais elle n'allait pas trop mal non plus. Pour son âge, je la trouvais même plutôt bien conservée.

C'est nous, en somme, qui avions le plus dégusté. À Pierre il était venu quelques poils sous le menton. Quant à moi je savais désormais ma droite et ma gauche. Ce tour de la France par deux enfants accouchait d'adultes débutants. Il n'était pas loin le jour où nous sentirions l'aftershave, l'eau de Cologne et les cigarettes blondes.

À la toute dernière page de *La Guerre des boutons*, un enfant frissonnait :

> « *Et dire que, quand nous serons grands, nous serons peut-être aussi bêtes qu'eux.* »

C'était l'heure des pare-brise gelés. Il faisait un froid canaille ; la nuit noire, et pas encore le chant d'un oiseau. Là, à Sevran, sous les tours, il régnait un silence fantastique. Il fallait un sacré sens de l'orientation pour deviner la transversale nord-sud, et marcher vers Paris. « Alors Mister Gadget, où t'as mis ta boussole ? » Phil avait oublié l'essentiel. Nous étions perdus dans la forêt, à Sevran 93. Une forêt sans arbres, mais des lotissements à vous donner le tournis et des barres d'immeubles pour feuillage. On a avancé au jugé, comme des clebs, reniflant les odeurs de canal. On devait redescendre l'Ourcq jusqu'au bassin de la Villette, route la plus sûre pour rentrer à la ville natale. Après une nuit totalement blanche, chahutée par le roulement des chariots, les surfaceuses, les talons des hôtesses et les discussions en anglais, on avait quitté Roissy comme des fugitifs et pris le RER des travailleurs. Dans cette diligence, des bonnes femmes somnolaient, entourées de sacs recyclés. Des hommes discutaient déjà, dans la langue de leur pays d'origine. Tout ce monde irait passer l'aspirateur sur les moquettes des bureaux d'affaires et laver les toilettes de ceux qui dormaient encore. Parmi ce peuple noctambule, nous étions les seuls visages pâles. Les Blancs que vous trouverez sous terre à 4 h 30 rentrent de soirée cramés à l'alcool et aux amphets, ou partent prendre un vol à Roissy.

On avait donc laissé passer deux arrêts, Ville-pinte, son Parc des expositions et ses entrepôts, et on était sortis en gare de Sevran-Beaudottes. Après des heures de lumière artificielle, on avait retrouvé la nuit. Enfin, trois types occupés à dégivrer les vitres d'une Nevada blanche nous ont donné une idée du chemin à prendre. Il fallait longer le cimetière de Sevran, laisser la mairie sur notre gauche, puis traverser le centre-ville. On passerait au-dessus des rails, et puis, en contrebas, on tomberait sur le canal. On a fait tout comme ils avaient dit, oubliant la moitié, et on s'est repérés grâce au plan d'un arrêt de bus. Enfin, entre cinq et six heures du matin, on a rejoint les bords de l'Ourcq.

« Imagine un peu, si on avait encore Crin-Blanc et Tornado, on serait à Paris en une heure.

– Pour moi, facile. Toi, c'est pas sûr.

– L'arrivée royale, comme Henri IV : "Paris vaut bien une messe !"

– Tu parles...

– Je vais te manquer, hein ?

– Sans aucun doute... Plus voir ta tronche au réveil, ça va me mettre un coup. En attendant, vise un peu le panneau : on a encore 13 kilomètres de marche jusqu'à Paris.

– Je suis rincé, mais c'est notre dernier exploit...

– Notre baroud d'honneur ! »

On avançait au fil de l'eau, sac au dos, pleins de l'abattement des nuits blanches. De cette fatigue mêlée à l'agitation et à la mélancolie des retours. La fatigue qui ne vous endort jamais. De la Méditerranée au canal de l'Ourcq, l'eau avait été notre guide depuis Marseille. Notre voie rapide. Dans l'élastique du sac de Philibert, *Le Tour de la France* dépassait. Il était rempli de brochures, de Post-it. Dans le chapitre du retour à la terre natale, j'avais lu :

> *« Les deux enfants se sentirent tout émus d'être enfin arrivés au but qu'ils avaient poursuivi avec tant d'énergie et de persévérance. »*

Énergie, persévérance : c'était tout nous. Et dire que c'était à cause de cette histoire-là qu'on avait rôdé en France d'avril à septembre. On avait parlé d'un prétexte, mais le prétexte nous avait hantés. Et comme des millions de petits écoliers *Le Tour de la France par deux enfants* était devenu le manuel de nos savoirs et de nos rêves. Une obsession d'enfant que nous avions réalisée adultes, à l'épreuve de la route. Cette mémoire des lieux et des gens, cette mémoire du temps, était devenue la nôtre. Après tout, nous étions à l'heure des bilans. Que garderions-nous du territoire ? Notre voyage était-il un dernier inventaire avant liquidation ? Le tour d'une France dézonée, à l'agonie, foutue ? «Tout fout le camp », disaient les uns. « C'était mieux avant », répondaient les autres. Même avec ça, personne n'était d'accord. Mais ce pays râleur tenait. La marge des périphéries, des banlieusards, des ruraux, la marge qui s'infiltrait jusqu'aux centres-villes des préfectures, elle tenait, ouais. On l'avait vue, de nos yeux.

« N'aimez-vous pas la France ? Oh ! moi, de tout mon cœur j'aime la France ! » s'exclamait Julien devenu grand dans un chapitre cocardier. Cette exclamation un peu naïve, nous la partagions pourtant. Avec naïveté, justement, avec innocence. On aimait d'un amour imparfait, inégal, inachevé. Dans l'incompréhension des méfiances, de certains caractères, dans la déception devant l'enlaidissement du territoire. Le paysage avait déteint sur nos états d'âme. On avait trouvé de la tristesse dans la joie, et de la joie dans chaque tristesse. Au bout du compte, tout était la faute d'une chose : ce qui ne reviendrait plus.

Et puis, nous nous étions réconciliés avec notre manuel. Car Augustine Fouillée n'avait pas choisi son pseudonyme, G. Bruno, par hasard. Giordano Bruno, moine hérétique, avait fini sur le bûcher en 1600, condamné à mort par l'Église. Je me souvenais de sa statue encapuchonnée sur le Campo dei Fiori, à Rome. Des autocollants et des fleurs rappelaient au passant qu'il était un exemple de résistance et de subversion. Avec un tel patronage, Augustine ne pouvait pas être celle que nous imaginions d'abord : une instit' sévère et sermonneuse. Elle avait eu aussi un fils d'un premier mariage. Poète libertaire, Jean-Marie Guyau passait pour le Nietzsche français. Son *Esquisse d'une morale sans obligation ni sanction* était, paraît-il, un livre de chevet du philosophe allemand. Sous ses allures de grand-mère-la-morale, Augustine n'avait-elle pas caché son jeu ? *Le Tour de la France*, pensions-nous, devait se lire entre les lignes. Il nous avait offert un modèle à contester, faisant de nous les arrière-petits-fils de la malicieuse Augustine Fouillée.

Sans doute était-ce l'heure des conclusions. Mais nous n'en tirerions aucune, ou si peu. Notre *Tour de la France par deux enfants*, aujourd'hui, n'était pas l'enquête d'une commission parlementaire. Il n'était pas un reportage au long cours ou un voyage initiatique. C'était le besoin de voir la France avec des yeux d'enfant. Avant que ces paupières-là ne se ferment à tout jamais. Cesare Pavese écrivait dans son journal :

> *« Voici comment finit la jeunesse : quand on voit que personne ne veut de votre naïf abandon. Et cette fin a deux modes : s'apercevoir que les autres n'en veulent pas et s'apercevoir que c'est nous qui ne pouvons l'accepter. »*

Peu à peu, le ciel s'ouvrait. On a vu des sablières au boulot, sur des barges entre deux néo-quartiers. Au loin, les tours HLM de Bobigny sont apparues derrière un parc réaménagé. Avec des balançoires, des instruments de sport, une pelouse rasée de frais. Nous avons marché sous des bretelles d'autoroute, et le bruit des voitures est devenu une rumeur constante. On a croisé les premiers vélos. La journée serait belle. L'aube froide découvrait un ciel bleu, où s'envolaient les avions que nous n'avions pas pris.

« Regarde le cygne, regarde, regarde ! » Philibert m'a montré l'oiseau blanc qui dérivait sur l'Ourcq.

Il avait la couleur des barres d'immeubles en arrière-plan. Comme elles, il se tenait droit. Il restait muet.

Voilà où nous en étions, sur le chemin de halage qui progressait vers Paris. Au pied des villes dressées, dans la banlieue qui était devenue le miroir du pays : une zone anonyme et triste où surgissait la vie. Comme André et Julien s'exclamant sans cesse : « C'est comme à Phalsbourg ! », « Je reconnais Phalsbourg ». On pouvait dire aujourd'hui : « C'est comme la banlieue », « Tiens, ça ressemble à ma banlieue ». Paris s'éveillait comme chez Dutronc. Nous rêvions d'un café-croissant. Chose faite à Pantin, dans un café qui surplombait le canal.

On avait marché comme des somnambules, et on reprenait conscience en plein trafic. Autour de la mairie, les voitures jouaient à touche-touche. Des mamans emmenaient leurs petits à l'école. Les camions de livraison mangeaient le trottoir en warnings. Puis on a découvert le bassin de la Villette. Le nouveau monde, avec des bâtiments aux formes insensées, aux couleurs criardes. La ville de verre, et les gens tout autour affairés. Le canal était devenu une grande mare et la Villette marquait notre entrée définitive dans Paris. On s'est mis à croiser des regards, des dizaines de regards, des regards qui s'évitent. Le contact à l'homme n'était plus le même, et notre vie nomade touchait à sa fin. On reconnaissait des lieux liés aux souvenirs d'avant. Les habitudes avaient fini par nous manquer. Encore une fois, on se retrouvait dans la peau des mômes :

*« Julien et André, le cœur gros de souvenirs, sui-
vaient avec émotion les rues de la ville natale. »*

Nous marchions depuis trois heures, et il s'était
passé une journée depuis Roissy. On a quitté le quai
de Valmy. Devant la gare de l'Est, des clochards
cuvaient leurs boîtes de bière. Il a fallu traverser le
boulevard Magenta. On était des Indiens dans la
ville, effrayés par les scooters jaillissant, les autobus
la bouche pleine, le tintamarre des klaxons. Rue du
Faubourg-Saint-Martin, les immeubles nous ont
recouverts d'ombre. Le soleil n'était plus qu'une
idée. Les boutiques ouvraient leur rideau en fer, et
on fumait la cigarette sur le pas des portes. Enfin, on
a vu au loin l'objectif final. La porte de France avait
été le point de départ. La porte Saint-Martin serait
notre ligne d'arrivée. Dans notre vie ultérieure, c'était
là qu'on avait l'habitude de traîner. On se retrouvait
porte Saint-Martin ; on s'y quittait. Et puis elle marquait l'entrée dans l'ancienne enceinte de la capitale.

*« Paris est l'image en raccourci de la France, et son
histoire se confond avec celle de notre pays. »*

Voilà la leçon tirée par les frères Volden quand ils
ont découvert Paris. La porte Saint-Martin racontait l'histoire de France à sa manière. Son arc de
triomphe célébrait les victoires de Louis XIV pendant les guerres de Hollande, la prise de Besançon. À
finir sous les exploits d'un roi, on se serait fait taper
sur les doigts par la règle du maître.

Entre le Al Shoes qui bradait des paires de grolles à 10 balles et le supermarché G20 où Philibert faisait ses commissions on a tenté de se dire adieu. On savait pas trop comment s'y prendre. Devait-on se serrer la main, après des semaines de compagnonnage ? S'embrasser, se donner l'accolade ? L'intimité nous avait fait oublier les gestes de l'affection.

«Tu vas aller dormir ?

– Je vais essayer, ouais. Toi ?

– Je sais pas. Je vais traîner un peu, et puis je rentrerai.

– Bon, bah, salut… Julien.

– Salut, André ! »

Par une belle et fraîche matinée d'automne, deux adultes, deux frères, se quittaient sous la porte Saint-Martin, à Paris. Ils étaient pleins de la science et des rêves d'un long voyage. Ils étaient fatigués mais heureux. Ils rentraient. Et vous, oublierez-vous l'histoire que vous venez de lire ?

Remerciements

Nous remercions affectueusement notre marraine Anne Pons, partie elle aussi sur les traces des deux enfants du *Tour*, et auteur du *Tour de France par Camille et Paul, deux enfants d'aujourd'hui* (Tchou, 1977).

Pierre Adrian remercie la Villa Yourcenar, où il a pu terminer d'écrire le manuscrit de ce livre.

Table des matières

PREMIÈRE PARTIE

Reproduit et achevé d'imprimer
par Corlet Numéric, Z.A. Charles Tellier
à Condé en Normandie
en novembre 2018.
Dépôt légal : mai 2018.
Numéro d'imprimeur : 152559.

ISBN 978-2-84990-572-2./Imprimé en France.